FXトレーディング

通貨取引で押さえておきたいテクニカルとファンダメンタルの基本

キャシー・リーエン【著】 古河みつる【訳】

DAY TRADING THE CURRENCY MARKET
Technical and Fundamental Strategies To
Profit from Market Swings
by Kathy Lien

WIZARD BOOK SERIES Vol. 118

Pan Rolling

DAY TRADING THE CURRENCY MARKET : Technical and Fundamental Strategies To Profit from Market Swings by Kathy Lien

Copyright © 2006 by Kathy Lien. All rights reserved.

All Rights Reserved. This translation published under licence from John Wiley & Sons International Rights, Inc. through The English Agency(Japan)Ltd.

訳者まえがき

　日本において一般の個人投資家による外為取引が自由化されたのが、外為法が改正された1998年4月。その後　トラブルの多発を受けて金融先物取引法が改正され、取引業者に対する規制が強化されたのが2005年7月。

　一般投資家が安心して参加できる環境が整ってきたとはいえ、買いからの仕掛けが中心の株式投資とは異なり、外為取引がハイリスクであることに変わりはありません。証拠金取引というその名が表すように、レバレッジを掛けることや売りから入ることなど、株式であればやや敷居の高い取引方法が市場の特性から前提となっているともいえるからです。

　本書は、読者を惑わすような甘い言葉とは無縁の、外為取引を「知的」に行ううえで心得ておくべき事項、目配りすべきイベントと指標がしっかりと網羅されている「正しい」入門書であると同時に、ユニークなトレードアイデアとアイデアの種となる情報や視点が満載されている「使える」実践書です。

　原題は『DAY TRADING the CURRENCY MARKET』ですが、デイトレードに限定される部分はほぼありません。

　なお、本文中に付記した日本時間は、夏時間などの実施によってずれることがあるのでご注意ください。

　本書が外為というきわめて大きく魅力的な市場への良きガイダンスとなり、パフォーマンスの向上に貢献することになれば幸甚です。

　　2007年早春

　　　　　　　　　　　　　　　　　　　　　　古河みつる

目次

- 訳者まえがき……………………………………………………… 1
- 序文………………………………………………………………… 11
- 謝意………………………………………………………………… 17

●第1章●外国為替──当世無比の急成長市場…… 19
- 株式と債券に対する為替の影響……………………………… 20
  - EUR/USDと企業収益
  - 日経平均と米ドル
  - ジョージ・ソロス
  - 中国元の切り上げと債券
- 外為市場と先物・株式の比較………………………………… 23
  - 外為と株式
  - 外為と先物
- 外為市場の参加者……………………………………………… 38
  - 集中化された市場
  - 分散化された市場における参加者の階層

●第2章●外為史上の重要イベント…………………… 43
- ブレトンウッズ──ドルを世界通貨に選定（1944年）…… 43
- ブレトンウッズ体制の終焉──金融資本市場の自由化（1971年） 45
- プラザ合意──米ドル高の是正（1985年）………………… 47
- ジョージ・ソロス──イングランド銀行を叩き潰した男…… 50
  - 英国がERMに参加
  - ソロス、英国のERM離脱に玉を張る
- アジア通貨危機（1997年～1998年）………………………… 54

CONTENTS

　　バブル
　　膨張する経常赤字と不良債権
　　通貨危機
　ユーロの発足（1999年）……………………………… 58

●第3章● 為替の長期的な変動要因 …………………… 63
　ファンダメンタル分析………………………………………… 64
　　資金フローと貿易フロー
　　資金フロー──売買された通貨量
　　貿易フロー──輸出と輸入の差
　　トレードのヒント──経済的なサプライズをチャート化する
　テクニカル分析…………………………………………………73
　　テクニカル分析とファンダメンタル分析のどちらが優れているか
　為替の予測──学究派やエコノミストが利用しているモデル ……… 76
　　国際収支理論
　　購買力平価理論
　　金利平価理論
　　マネタリーモデル
　　実質金利差モデル
　　資産市場モデル
　　通貨代替モデル

●第4章● 為替の短期的な変動要因 …………………… 93
　統計指標の相対的な重要性は時とともに変化……………… 95
　GDP──重要性が低下 …………………………………… 96

目次

　　経済指標を利用して儲ける方法…………………………………… 97
　　　　参考資料
　　外為市場をさらに深く考察する…………………………………… 99

●第5章●各通貨ペアにとって最適な取引タイム … 101
　　アジアタイム（東京）
　　　　――19～4時、米国東部標準時（9～18時、日本標準時）… 101
　　米国タイム（ニューヨーク）
　　　　――8～17時、米国東部標準時（22～7時、日本標準時）… 104
　　欧州タイム（ロンドン）
　　　　――2～12時、米国東部標準時（16～2時、日本標準時）… 106
　　米国と欧州の重複タイム
　　　　――8～12時、米国東部標準時（22～2時、日本標準時）…… 108
　　欧州とアジアの重複タイム
　　　　――2～4時、米国東部標準時（16～18時、日本標準時）… 110

●第6章●通貨間の相関性とその利用法 ……………… 111
　　正の相関と負の相関――その意味と利用法………………………… 112
　　相関は変化する………………………………………………………… 115
　　相関の計算方法………………………………………………………… 116

●第7章●相場環境に応じた取引パラメータ ……… 119
　　取引日誌をつける……………………………………………………… 119
　　　　通貨ペア・チェックリスト
　　　　狙いをつけているトレード

CONTENTS

  仕掛け中のトレードと手仕舞い済みのトレード
 相場環境に応じて手法を使い分ける……………………………… 129
 ステップ１──相場環境を見極める……………………………… 130
  レンジ相場の見極め基準
  トレンド相場の見極め基準
 ステップ２──取引の時間枠を決定する………………………… 135
  デイレンジ取引
  中期レンジ取引
  中期トレンド取引
  中期ブレイクアウト取引
 リスク管理…………………………………………………………… 138
  リスク・リワード・レシオ
  逆指値注文
 心の管理……………………………………………………………… 142
  感情を排除する
  休み時を知る

●第８章●テクニカル戦略 ……………………………………… 145
 マルチタイムフレーム（複数時間枠）分析 ……………………… 145
 ダブルゼロで逆張り………………………………………………… 153
  戦略ルール
  相場環境
  勝率を高めるには
  例
 真の値動きを待つ…………………………………………………… 160

戦略ルール

　　　例

　インサイドデイ・ブレイクアウト……………………………… 166

　　　戦略ルール

　　　勝率を高めるには

　　　例

　ダマシのブレイクアウトで逆張り……………………………… 173

　　　戦略ルール

　　　勝率を高めるには

　　　例

　ダマシのブレイクアウトを回避する…………………………… 177

　　　戦略ルール

　　　例

　チャネル戦略……………………………………………………… 181

　　　例

　パーフェクトオーダー（完璧な順序）………………………… 185

　　　例

●第9章●ファンダメンタル戦略 ……………………………… 191

　最強のペアを選択する…………………………………………… 191

　レバレッジド・キャリートレード……………………………… 195

　　　キャリートレードの仕組み

　　　キャリートレードが機能する理由

　　　キャリートレードにとって最適な状況

　　　キャリートレードに適さない状況

CONTENTS

    リスク回避性向の重要性
    キャリートレードで考慮すべきその他の事項
ファンダメンタル投資戦略
――マクロ経済的に重要なイベントを把握する……………… 206
    2003年9月ドバイG7会議
    政治情勢の不透明性――2004年米国大統領選挙
    戦争――米国によるイラク戦争
先行指標としてのコモディティ価格……………………… 212
    相関
    取引機会
利回り格差を外為の先行指標として利用する…………… 218
    金利差――先行指標、一致指標、それとも遅行指標？
    金利差の計算と通貨ペアのトレンドのフォロー
ファンダメンタル投資戦略――リスクリバーサル……… 223
    リスクリバーサル表の構成
    リスクリバーサルの利用方法
    例
オプションのボラティリティで相場変動を見極める……… 227
    ルール
    これらのルールが機能する理由
    これらのルールで儲けられるのはだれか？
    ボラティリティの追跡方法
ファンダメンタル投資戦略――市場介入………………… 232
    日本
    ユーロ圏

目次

●第10章●主要通貨の要点と特徴 ……………… 241
米ドル（USD）……………………………………………… 241
　米国経済の概要
　米国の金融財政政策当局——FRB
　USDの主な特徴
　米国の主要経済指標

ユーロ（EUR）……………………………………………… 253
　ユーロ圏経済の概要
　ユーロ圏の金融財政政策当局——ECB
　EURの主な特徴
　ユーロ圏の重要な指標

英ポンド（GBP）…………………………………………… 265
　英国経済の概要
　英国の金融財政政策当局——BOE
　GBPの主な特徴
　英国の主要経済指標

スイスフラン（CHF）……………………………………… 275
　スイス経済の概要
　スイスの金融財政政策当局——SNB
　CHFの主な特徴
　スイスの主要経済指標

日本円（JPY）……………………………………………… 284
　日本経済の概要
　日本のバブル崩壊
　日本の金融財政政策当局——日本銀行

CONTENTS

  JPYの主な特徴
  日本の主要経済指標
オーストラリアドル（AUD）……………………………… 293
  オーストラリア経済の概要
  オーストラリアの金融財政政策当局――RBA
  AUDの主な特徴
  オーストラリアの主要経済指標
ニュージーランドドル（NZD）……………………………… 302
  ニュージーランド経済の概要
  ニュージーランドの金融財政政策当局――RBNZ
  NZDの主な特徴
  ニュージーランドの主要経済指標
カナダドル（CAD）………………………………………… 310
  カナダ経済の概要
  カナダの金融財政政策当局――BOC
  CADの主な特徴
  カナダの主要経済指標

序文

　外為（FX）取引に関する良い本はないか。私が外為取引に関するノウハウを教えるセミナーで全米を回っていたとき、熱心なトレーダーの皆さんから、外国為替市場について本格的に勉強してみたいので、為替取引に関する良い本があったらぜひ紹介してほしいというご要望を何度も受けました。本書では、そのご要望におこたえすべく、外為取引のテクニカル戦略とファンダメンタル戦略にとどまることなく、為替市場の仕組みについても詳しく説明しています。初心者にもベテランのトレーダーにも満足していただけるものと自負しています。どんなタイプの読者でも、なにがしかの収穫が得られるものと思います。本書では大きな目標を２つ設定しました。あらゆるトレーダー、とりわけデイトレーダーが知っておくべき、主要な外為市場に関する基本的な知識と各通貨の特徴についてカバーすること。そして、あなたの投資戦略のいくつかのベースとして実際に使える戦略を提供することです。本書ではほかの外為取引に関する書籍では一切取り上げられていないトピックスまでをカバーし、「米ドル相場に最も影響力のある指標は何か」「通貨相関とは何で、取引にどう利用するか」など、興味深いトピックスについても深く掘り下げています。

　ご参考までに、本書でカバーしているトピックスに関する簡単なロードマップを以下に示します。

外国為替――当世無比の急成長市場

　外為取引を始めようか、どうしようかお迷いなら、まず、この世界最大の市場がヘッジファンドや機関投資家などのビッグプレーヤーたちにとってお気に入りの市場である理由をいくつか見てみましょう。

外為市場がこの3年間に爆発的に成長した理由、そして経験豊富なトレーダーたちが何十年も前から知っていた、伝統的な株式や先物の市場と比較した場合の、外為スポット市場の優位性を探ってみましょう。

外為史上の重要イベント

外為市場が現在のような形になる過程で影響を与えたいくつかの重要な出来事について知らずして、外為市場で取引できるでしょうか？

起こってから何年もたっているにもかかわらず、いまだに話題に上る出来事がたくさんあります。この章では、ブレトンウッズ、ブレトンウッズ体制の終焉、プラザ合意、ジョージ・ソロス、ソロスが有名になったきっかけ、アジア通貨危機、ユーロの登場、ハイテクバブルの崩壊について説明します。

為替相場の長期的な変動要因は何か？

初心者が最もよく尋ねる質問のひとつが「為替相場は何によって動くのか」です。為替の変動は短期的な変動と長期的な変動に分けることができます。この第3章では、為替相場に影響を与えるマクロ的・長期的ないくつかの要因を説明します。この章を設けた理由は、トレーダーに大局を見失ってほしくないこと。そして、たとえ短期的な変動はあっても、テクニカルにも、ファンダメンタルにも、長期的な要因が相場を本来の軌道に戻すのが常であることを理解してもらうためです。また、数理的なファンダメンタル派トレーダーが、独自の為替変動予測の手法を開発するために役立つ、為替レートの予測に関するさまざまな評価モデルについて検討します。

為替相場の短期的な変動要因は何か？

　デイトレーダーにとって、どの米国統計が相場に最も影響力があるかを知ることはきわめて価値あることです。システムトレーダーならシステムをオフにするタイミングを知ることが必要であり、ブレイクアウトトレーダーならどの経済指標が大きな変動を誘発することが多いのかを認識したうえで売買のタイミングを定めることが必要です。このセクションでは、重要度に応じて米国統計を格付けするだけでなく、無条件反射的なお決まりの反応をピップス値で示したり、当日いっぱい余波が残るか否かについても説明します。

各通貨ペアの取引に最適な時間帯はいつか？

　為替トレードではタイミングがすべてです。効果的かつ時間的に効率的な投資戦略を策定するには、24時間にわたる市場の活動量に着目し、自分が居住する地域の市場時間帯における投資機会を最大限に生かすことが重要です。このセクションでは、さまざまな時間帯における主要通貨ペアの一般的な取引量を概観し、最も変動が大きい時間帯を明らかにします。

通貨相関とは何で、相関を利用したトレードとは？

　外為市場ではあるゆる事象がある程度まで相互に関連しているため、さまざまな通貨ペア間の関係の方向性と強さを知っていれば、トレード上優位に利用することができます。外為市場で取引する場合、戦略を策定するうえで覚えておくべき重要な事実のひとつが、いずれの通貨ペアも隔絶されていない、ということです。あなたのポートフォリオ内の各通貨ペアがどの程度緊密に相関しているかを知ることは、エ

クスポージャーとリスクを判断する良い方法です。多くのトレーダーは、さまざまな通貨ペアに投資することによってポートフォリオを分散化していると考えがちですが、歴史的に多くのペアが実際には同方向もしくは逆方向に動く傾向があることを認識していません。ペア間の相関には強弱があり、数週間、数カ月、ときには数年間も継続することがあるため、相関データの使用法と計算方法を学ぶことはきわめて重要です。

相場環境に応じた取引パラメータ

　どの市場でトレードをするかにかかわらず、あらゆるトレーダーにとって最も大切な第一歩は、取引日誌（トレーディングジャーナル）をつけることです。とはいえ、私が言う外為取引日誌はいわゆる単なる取引日誌ではありません。取引のアイデアや実際に行った取引のターゲットとストップを記すという一般的な記述以外に、外為取引日誌には、約10分間で記入でき、各通貨ペアのテクニカルな状況をほぼ即座に確認できる、通貨ペア・チェックリストが含まれています。効果的に取引するには、ゲームプランを持つことが必要です。この第7章では、ゲームプランをシステマティックに分解し、相場環境を分析し、その相場環境に適した指標を見極める方法を説明します。

テクニカルな投資戦略

　初心者以外のトレーダーにとっては、ここが本書の"肉"の部分になるでしょう。第8章では、デイトレーダーとスイングトレーダー向きの、私のお気に入りの投資戦略をいくつか紹介します。戦略ごとにルールと例を示します。「ダブルゼロで逆張り」や「インサイドデイ・ブレイクアウト」などの戦略があります。それらの戦略の多くは、時

を超えて見られてきた外為市場の具体的な特徴を巧みに利用しています。これら戦略は、レンジ、トレンド、ブレイクアウトなど、あらゆるタイプのトレーダーに適しています。

ファンダメンタルな投資戦略

ファンダメンタル戦略の第9章は、どちらかといえば、15〜20ピップスではなく、150〜200ピップス以上を狙う中期スイングトレーダー向きです。このセクションでは、コモディティ価格、債券、オプションのボラティリティ、リスクリバーサルを利用した取引方法を説明します。また、市場介入トレード、マクロ・イベント・トレード、そして2002年から2004年の間にヘッジファンドによってひそかに使用されていた利殖戦略であるレバレッジド・キャリートレードについても説明します。

主要通貨の要点と特徴

本書の最後の章では、最も取引量が多いのはいつか、値動きの要因、最も影響力のある経済指標など、各主要通貨の特徴について説明するため、最も価値ある部分のひとつになると思います。マクロ経済的な視点からの各通貨の概要や、中央銀行による通貨政策の慣行についても説明します。

謝意

かけがえのないリサーチとサポートを提供してくれた最高のチームに感謝します。

ボリス・シュロスバーグ
リチャード・リー
サム・シェンカー
メリッサ・タズロ
ダニエル・チェン
ボスコ・チェン
ジェニー・タン
ビンセント・オルティス
ジョン・キックライター
エーレン・グーセンス

下記の方々にも感謝します。
クリスチャン・カー
ランダル・ニシナ
FXCMの全スタッフ

第1章

外国為替——当世無比の急成長市場
Foreign Exchange — The Fastest Growing Market of Our Time

　外国為替市場とは、通貨を交換または取引するために存在する全世界の機関の総称です。外国為替は「フォレックス」とか「FX」とよく呼ばれます。外国為替市場はOTC（相対取引）市場です。つまり、注文が集中的に処理されるような取引所や交換所は存在しません。世界中の為替ディーラーやマーケットメーカーは、電話、コンピューター、ファクスなどを介して24時間結ばれており、それらがひとつのまとまった市場を構成しているのです。

　この数年間、通貨は取引の対象として最も人気のある商品のひとつになりました。3年間で取引高が57％増加した市場はほかにありません。BIS（国際決済銀行）が実施し、2004年9月に発表された外国為替市場に関する3年に一度の中央銀行調査によると、2001年に1.2兆ドル（または恒常為替レート換算で1.4兆ドル）であった1日当たりの取引高が1.9兆ドルに達したそうです。これはニューヨーク証券取引所とナスダックの1日当たりの取引高を合計した額の約20倍と推定されます。このような取引の活発化の説明となる要因はいくつもありますが、最も興味深いのは、取引高上昇のタイミングが個人投資家向けのオンライン為替取引サービスが登場した時期とほぼ重なっていることです。

株式と債券に対する為替の影響

市場全体の取引高の増大に貢献したのはオンライン為替取引サービスの登場だけではありません。この数年間における為替相場のボラティリティによって、多くのトレーダーが、為替の動きが株式や債券の相場にも影響を与えていることに気づき始めています。そのため、株式、債券、コモディティのトレーダーがもっと知的な投資判断をしたいと考えた場合、為替相場にも目を向けていることが重要になったのです。以下は、為替の動きが過去において株式と債券の相場にどのような影響を与えたかを示す例です。

EUR/USDと企業収益

株式トレーダー、とりわけ米国へ多額の商品を輸出している欧州企業に投資しているトレーダーにとって、企業収益を予測するうえで為替レートをモニターすることはきわめて重要です。2003年から2004年にかけて、欧州の製造企業はユーロ急騰と米ドル安に苦しめられていました。当時のドル安の主な要因は急速に膨張していた米国の貿易赤字と財政赤字でした。それがEUR/USD（ユーロ／米ドル）の為替レートの上昇を引き起こし、米国の消費者にとって欧州の輸出業者の商品が割高になり、欧州企業の収益性に著しい打撃を与えました。2003年、ヘッジングが不十分であったために、フォルクスワーゲン社は利益を約10億ユーロ目減りさせました。一方、化学企業グループのドイツ・ステート・マインズ（DSM）はEUR/USDレートが1％動くと700万から1100万ユーロの減益を被ることになると予告しました。残念ながら、ヘッジングが不十分であることはいまだに欧州における現実であり、欧州の輸出業者の収益を予測するうえでEUR/USDの為替レートに注目することの重要性は一層高まっています。

日経平均と米ドル

　日本の株式に投資してるトレーダーは、米ドルの動きや日経平均株価に対する米ドルの影響にも注意する必要があります。日本は最近やっと10年間の不況から抜け出しました。その10年間、米国のミューチュアルファンドとヘッジファンドは日本株を著しく過小評価し、配分比率を下げていました。景気が回復するにつれ、日本の回復に便乗する絶好の機会を逃すまいと、それらのファンドは急速にポートフォリオの組み替えを進めました。ヘッジファンドはエクスポージャーの増大をまかなうために多額のドルを借り入れました。問題は、その借り入れが米国金利とFRBの金融政策の引き締めサイクルに対してきわめて敏感であったことです。金利上昇がドルの資金コストを上昇させるため、ドルの借り入れコストの増大が日経平均の反騰の妨げとなる可能性があるのです。しかも、膨大な経常赤字を抱え、ドル建て資産の魅力を増すためにFRBは利上げを続ける必要があるかもしれません。その結果、継続的な利上げと日本経済の低成長が相まって、大きなレバレッジをかけ、日本株を多めに組み入れているファンドの収益性が低下する可能性があります。このように、米ドルの動きは日経平均株価の将来の方向性を決定するうえでも大きな役割を果たしています。

ジョージ・ソロス

　ポンドといえば思い出される、外為市場の歴史において最も話題に上る人物のひとりがジョージ・ソロスです。彼は「イングランド銀行を叩き潰した男」として悪名をはせています。この件については歴史をテーマにした第2章で詳しく取り上げますが、簡単にいえば、ドイツ中央銀行であるブンデスバンクによって生み出された低インフレの

安定性の高い経済に参加するために、1990年に英国がEMS（欧州通貨制度）のERM（為替相場メカニズム）に参加することを決めたことに始まります。この協定は英ポンドと独マルクを結びつけ、ブンデスバンクが展開する通貨政策に英国が従うことを意味しました。1990年代初頭、ドイツは統合に伴うインフレ圧力を抑えるために積極的な高金利政策を進めました。しかし、国家の威信とERM内における固定為替レートに対するコミットメントから、英国によるポンド切り下げは阻まれました。1992年9月16日水曜日、いわゆるブラックウエンズデーに、ジョージ・ソロスはファンド全額（10億ドル）をレバレッジに掛け、ERMに対抗して100億ドル相当のポンド売りに出たのです。これがイングランド銀行を事実上「破綻」させ、ポンドの切り下げを強いることになったのです。英ポンドはわずか24時間のうちに約5％、つまり5000ピップス下げたのです。イングランド銀行は投機筋のポンド買いを誘うために利上げを約束しました。その結果、債券市場も大きく動き、1カ月物LIBOR（ロンドン銀行間貸し手金利）が1％上昇し、その後24時間でその上昇分だけ戻したのです。外為市場の状況をまったく知らなかった債券トレーダーがいたら、このような利回りの急変動を目にし、あまりのことにおそらくただただぼうぜんとしたことでしょう。

中国元の切り上げと債券

　米国債トレーダーの場合にも、外為市場の動向を監視することを必修科目に格上げさせるような出来事がありました。過去数年間、中国元が切り上げられるという憶測がさかんに流れました。堅調な経済成長と多数の国々に対する貿易黒字にもかかわらず、中国は急成長と近代化の継続を可能にするために、為替レートの幅を人為的に狭い範囲に維持していました。そのことが米国や日本をはじめとする世界各国

のメーカーや政府筋からの強い反感を招いていました。中国の固定相場制は元の価値を本来よりも15～40％人為的に低く抑えてきたと推測されます。通貨を弱く、為替レートの変動を一定の狭い幅の範囲内に維持するために、元がその幅の上限を超えるたびに中国政府は元を売り、米ドルを買わなければなりませんでした。中国はそのドルを使って米国債を買うことになります。この方法によって中国は世界第二位の米国債保有国になり、その需要によって米国金利は歴史的な低さに維持されていました。それ以降、中国は通貨体制を多少は変更したとはいえ、全体的な切り上げ幅は控えめであり、今後のさらなる切り上げが見込まれています。さらなる切り上げがあれば大口の買い手が撤退する可能性があることから、米国債市場にとってトラブルを意味します。その種の発表は利回りを急上昇させ、価格を暴落させる可能性があります。そのため、債券トレーダーが効果的にリスクを管理するためにも、この種のショックでパニックになることがないよう、外為市場の動向を見守ることが重要です。

外為市場と先物・株式の比較

　外為は伝統的にあまり一般受けする取引対象ではありませんでした。なぜなら、外為市場の参加者は、規制と必要な資金量やテクノロジーがネックになり、主としてヘッジファンド、多額の資金を運用するCTA（商品投資顧問業者）、大手企業、機関投資家に限定されていたからです。外為市場が伝統的にそのようなビッグプレーヤーたちが好む市場であった主な理由は、トレードに賭けるリスクが完全に選択可能であるからです。つまり、100倍のレバレッジを掛けることも、レバレッジをまったく掛けないこともできるのです。しかし近年では、多数の企業が外為市場を小口トレーダーへ開放し、即時執行可能なプラットフォーム、チャート、リアルタイムニュースが利用可能な証拠

金取引サービスを提供しています。その結果、代替資産クラスとしての魅力が増大し、取引対象としての外為の人気が急上昇しています。

多数の株式・先物トレーダーが取引対象に通貨を加えたり、通貨取引専門に完全に乗り換えてしまうトレーダーも現れ始めています。この傾向が現れた理由は、外為には株式や先物に勝る魅力的な特徴があることをトレーダーたちが気がつき始めたからです。

外為と株式

株式市場と比較した場合の、外為スポット取引の主な特徴をいくつか以下に示します。

外貨市場の主な特徴
- 外国為替は世界最大の市場であり、その流動性はますます高まっている
- 24時間取引が可能
- トレーダーは強気相場でも弱気相場でも儲けることができる
- 空売りに関する取引制限がなく、アップティックなしでも許される
- 即時執行可能なプラットフォームによって、スリッページやエラーが最小限に抑えられている
- レバレッジが高いほどリスクは増大するが、多くのトレーダーが外為取引を効率の良い取引だと見ている

株式市場の特徴
- 市場の流動性は悪くないが、主としてそれぞれの株式の日々の出来高に依存する
- 市場がニューヨーク時間の午前9時半から午後4時までしか開いておらず、時間外取引も限定されている

- 取引手数料を取られるため、コストとコミッションが高くなる
- 株式の空売りにはアップティックルールが適用され、それが多くのデイトレーダーの不満のタネになっている
- ひとつの取引を完了するためにいくつかのステップを踏む必要があるため、スリッページやエラーが増加する

　外為市場は世界で最も流動性の高い市場のひとつであり、その出来高と流動性ゆえに、低い取引コストと高いレバレッジを利用し、強気相場でも弱気相場でも儲けることができ、最小限のエラー率、限定されたスリッページ、そして取引制限やアップティックルールもなしに、24時間市場取引が可能になっています。トレーダーは株式市場の分析に使用しているのと同じ戦略を外為市場でも利用することができます。ファンダメンタル派トレーダーなら、各国を株式の個別銘柄のように分析すればいいのです。テクニカル派トレーダーなら、外為市場こそ最適な市場だと言えます。なぜなら、同市場においてプロのトレーダーたちが従来から最も一般的に利用している分析ツールがテクニカル分析だからです。外為市場がトレーダーにとってなぜそれほど魅力的な市場であるかを本当に理解するには、外為市場の個々の特徴をもっとじっくり見てみることが必要です。

24時間市場
　外為市場が人気のある最大の理由のひとつは、アクティブなトレーダーにとって理想的な市場だからです。24時間市場が開いているため、世界情勢の変化に即応して１日中いつでも市場に直ちにアクセスすることができます。この特徴から、トレーダーは１日の使い方をきわめて自由に決定することもできます。アクティブなデイトレーダーなら、株式市場のようにニューヨーク時間の午前９時半まで待つ必要がなくなります。ニューヨーク時間の午後４時から午前９時半の間に国内も

しくは海外で重要な発表や動きがあった場合、株式なら、時間外取引用にインスティネットなどの電子証券取引ネットワーク（ECN）にアクセスできるトレーダーは別にして、ほとんどのデイトレーダーは取引所が午前9時半に開くまで待ってから注文を出すことになります。そのころには相場は十中八九あなたの思惑と反対にギャップアップまたはギャップダウンしてしまっているのがおちです。その他大勢の一般トレーダーたちが市場にアクセスさえできないでいる間に、プロの連中がやるべきことをすべてやりつくしてしまっていることになります。

　それに加え、トレードしようという人のほとんどが日中は本来の仕事に携わっています。時間外取引ができることで、外為市場はすべてのトレーダーにとってきわめて好都合な市場になっています。世界中の主要な金融センターがいずれも外国為替に積極的に関与しているため、時間帯によってそれぞれ異なる取引機会が提供されています。外為市場の場合、大手のオンライン外為ブローカーにおける時間外取引でも、ほかのどの時間帯とも変わらない流動性とスプレッドが提供されています。

　各国市場の流れを見ると、例えば、ニューヨーク時間（米国東部標準時）日曜日午後5時に、オーストラリアのシドニーで市場が開き取引が始まります。それからニューヨーク時間の午後7時に東京市場が開きます。次に、シンガポールと香港が午後9時に開き、それから欧州へ移り、フランクフルト（午前2時）、そしてロンドン（午前3時）が開きます。午前4時になると欧州の各市場がフル回転状態になり、アジアは取引日を終えています。欧州が徐々に静かになる月曜日午前8時、米国ではまずニューヨーク市場が開きます。午後5時にはシドニーが再び開くことになります。

　最もアクティブな取引時間帯は複数の市場が重複するときです。例えば、アジアと欧州の取引時間は午前2時から午前4時ごろまで重複

し、欧州と米国は午前8時から午前11時ごろまで重複し、米国とアジアは午後5時から午後9時まで重複しています。ニューヨークとロンドンが同時に開いている時間帯にはすべての通貨ペアがまんべんなく活発に取引されますが、アジアの時間帯にはGBP/JPYとAUD/JPYなどのペアの取引がピークに達する傾向があります。

低い取引コスト

　取引コストがきわめて低いことも外為市場の魅力です。株式市場ではスプレッド（すなわち、買値と売値の差額）やコミッションを支払わなければなりません。オンライン株式ブローカーの場合、1取引当たり20ドルのコミッションを取られるところもあります。10万ドルのポジションの場合、コミッションが往復で平均120ドルもかかってしまうことがあります。外為市場はOTC（相対取引）的な構造であるため、取引所とクリアリング（清算）の手数料がないため、取引コストが安くなっています。また、純粋に電子的な市場であるゆえの効率性から、さらにコスト削減が実現されています。トレーダーはマーケットメーカーと直接やりとりすることができ、チケットコストもなければ、仲介人もいません。外為市場は24時間流動性を提供しているため、日中でも夜間でも競争力のある狭いスプレッドを提示されます。株式トレーダーのほうが流動性リスクに対して脆弱であり、一般的に、特に時間外取引では、より広い取引スプレッドを提示されています。

　取引コストの低さがオンライン外為取引を短期トレーダーにとって最高の市場にしています。1取引20ドルのコミッションで1日に30回程度取引するアクティブな株式トレーダーの場合、毎日取引コストとして最高600ドル支払うことになります。それは利益に大きく食い込んでしまうか、損失をさらに深めてしまうほどの大きな金額です。コストがこれほど高い理由は、株式取引には何人もの人間が関与しているからです。より具体的にいえば、取引ごとに、ブローカーがいて、

取引所があって、スペシャリストがいます。これら全当事者が支払いを必要とし、その支払いはコミッションやクリアリングフィーから得られのです。外為市場には、取引所もなければ、クリアリングハウスもなく、分散化されているため（すべてをマーケットメーカーが面倒を見ている）、そのような手数料は必要ありません。

選択可能なレバレッジ

　レバレッジが高ければリスクも高いことは知っていても、トレーダーも人間なので、他人のお金で取引するチャンスを簡単に拒めるトレーダーはけっして多くありません。あらゆる市場のなかで最も高いレバレッジを提供する外為市場は、そんなトレーダーにうってつけです。ほとんどのオンライン外為取引会社は、通常規模の口座に対して100倍、小口口座には最高200倍のレバレッジを提供しています。平均的な株式投資家なら2倍、プロのトレーダーでも10倍という状況と比べてみれば、多くのトレーダーが外為市場へ乗り換えている理由が理解できるはずです。外為市場におけるレバレッジに対するマージンデポジット（預託証拠金）は、株式市場で多くの人がマージン（証拠金）をそう見ているように、株式購入に対する頭金とは見られていません。そうではなく、マージンとは、取引損失に対して保証するパフォーマンスボンド（履行保証）、または信義誠実を表すための保証金なのです。手っ取り早くリターンを稼ぐために資金を増やしたい短期トレーダーにとって、これはきわめて有用です。レバレッジが選択可能、つまり10倍から20倍までのレバレッジを使うこともできれば、レバレッジをまったく使わないほうが快適と感じるリスク回避型のトレーダーなら使わないこともできます。レバレッジはまさに両刃の剣です。適切なリスク管理がなければ、高いレバレッジは大きな損失につながる可能性もあるのです。

強気相場でも弱気相場でも稼げる

外為市場では強気相場でも弱気相場でも利益を稼げる可能性があります。外為取引では、常にある通貨を買い、別の通貨を売ることになるため、マーケットに構造的なバイアスが存在しません。そのため、ある通貨をロング（買い持ち）しているということは、同時にもうひとつの通貨をショート（空売り）していることになるのです。そのため、上昇トレンドでも下降トレンドでも利益を得る可能性が同等にあるのです。これは、ほとんどのトレーダーがショートではなくロングをしていて、弱気相場になると株式投資家全体が損失を被ってしまう株式市場と異なるところです。

取引制限もアップティックルールもない

外為市場は世界最大の市場であり、マーケットメーカーはきわめて競争的な価格を提示するよう強いられています。株式市場と異なり、外為市場では取引制限が課せられたり、取引が停止されたり、再開時にギャップを空けることもありません。そのため、時代遅れの取引所規則が原因で利益を逃すことがないのです。外為市場では１日24時間、ほぼ絶え間なしに注文を出すことができます。

株式デイトレーダーの最大の悩みのひとつが、アップティックがないかぎり下降トレンド中に空売りすることが禁止されていることです。それはトレーダーにとって実にいらだたしいことです。アップティックが起きないかと下降トレンドをじっと見続けていなければならないからです。外為市場にはそんなルールは存在しません。通貨ペアを空売りしたいなら、直ちにそうすることができます。そのため、即時かつ効率的な執行が可能なのです。

オンライン取引でエラーが減少

一般に取引プロセスが短いほどエラーは少なくなります。オンライ

ン外為取引は一般的に３つのステップから構成されています。トレーダーはプラットフォーム上で注文を出し、外為取引デスクは自動的にそれを電子的に執行し、注文確認がトレーダーのトレーディングステーションにポストまたはログされます。これら３つのステップは通常、ものの数秒で完了します。一方、株式取引の場合、一般的に５つのステップから構成されます。トレーダーはブローカーに電話をして注文を出し、ブローカーはその注文を取引所フロアへ送り、フロアのスペシャリストが注文のマッチアップを試み（ブローカーはトレーダーのために最善の成約を得るためにほかのブローカーたちと競争する）、スペシャリストが取引を執行し、トレーダーがブローカーから確認を受け取ります。このように外為取引では仲介者がいないことによってエラー率が減少し、取引の効率性が向上しています。

スリッページが限定されている

　株式市場と異なり、多くのオンライン外為マーケットメーカーは２ウエークオート（売値＝オファーと買値＝ビッドの両建値）をリアルタイムで提示しており、注文を入れれば即時に執行されます。それら建値は、だいたいの取引水準を示すあいまいかつ尊重されない数値ではなく、各社がその通貨を売買する意思のある価格です。注文は数秒以内に執行され、確認されます。システム的に実施されるため、建値の提示を受ける前に注文数量や売りか買いかなどの情報を求められることは絶対にありません。ディーラーがやるとなると、投資家が買い手か売り手かを見極め、その取引における自分の利益を増やすために価格に手心を加えるような不効率な状況が発生する可能性があります。

　株式市場は一般的に「ネクスト・ベスト・オーダー」制で運営されています。つまり、希望する価格で執行されず、次善の価格で執行されることがあるのです。例えば、マイクロソフトが52.50ドルで取引されていたとします。その価格で買い注文を出しても、立会場のスペ

シャリストに届くころには53.25ドルに上がってしまっていることがあります。その場合、52.50では執行されず、53.25で執行されることになります。つまり0.75ポイントの損失を被ることになるのです。一部の良質なマーケットメーカーでは価格の透明性が確保されているため、常に公正な価格を受けることができます。

テクニカル分析に最適な市場

通貨は狭い取引レンジを長く持続することがめったになく、強力なトレンドを形成する傾向の高い相場であるため、テクニカルアナリストにとって最適な市場です。出来高の80％以上が投機的な性質を持っているため、相場がオーバーシュートし、それから自律的に調整に入ることがしばしばあります。テクニカル分析は外為市場において良好に機能し、テクニカル分析を学んだトレーダーなら、売り買いを繰り返す機会を提供する新しいトレンドやブレイクアウトを容易に見極めることができます。チャートやインジケータはすべてのプロ外為トレーダーの必須ツールであり、ローソク足チャートはほとんどのチャートプログラムで利用可能です。加えて、フィボナッチリトレースメント、ストキャスティックス、MACD（移動平均収束発散法）、移動平均線、RSI（相対力指数）、支持線・抵抗線が多くの状況で有効であることが実証されています。

図1.1のGBP/USDチャートを見れば、フィボナッチリトレースメント、移動平均線、ストキャスティックスが、何らかの時点で取引を成功させるシグナルを発していることが分かります。例えば50％リトレースメント水準は、2005年の１月中と２月の一部にかけてGBP/USDの支持線として機能しています。10日SMA（単純移動平均線）と20日SMAの交差も、2005年３月21日のGBP/USDの急落を見事に予想しています。テクニカル分析に重きを置いている株式トレーダーなら、株式市場で使用していたのと同じテクニカル戦略を外為市場でも

図1.1　GBP/USDチャート

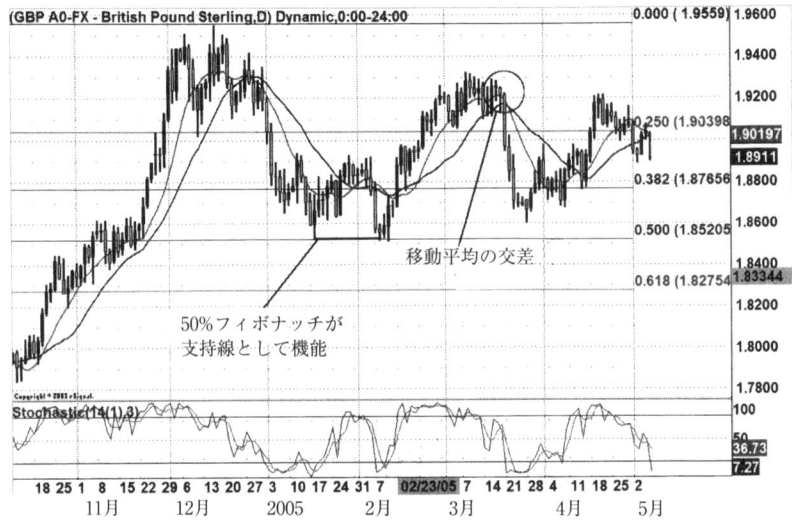

出所＝www.eSignal.com

活用できるので、きわめて簡単に移行することができます。

株式のように国を分析する

　外為取引はファンダメンタル派トレーダーにとっても難しいものではありません。国は株式とまったく同じように分析することができます。例えば、株価の上昇率を分析しているなら、GDP（国内総生産）を使用して国の成長率を分析すればいいのです。在庫や稼働率なら、工業生産や耐久財統計。売上高に注目しているなら、小売売上高統計です。成長率が高く、他諸国よりも経済状況が良い国の通貨に投資したほうが良いのは株式投資と同じです。通貨の価格は通貨の需給バランスを反映しています。通貨の需給に影響を与える2つの主な要因は

金利と全体的な経済力です。GDP、海外投資、貿易収支などの経済指標は経済の全体的な健全性を反映しているため、その通貨の需給の基本的な方向性を決めています。重要なものからそうでないものまで、膨大な数の統計が定期的に発表されています。なかでも金利と国際貿易に関する統計は最も注目されています。

マーケットが金利に関して不確実な状態では、金利に関連するどんな小さな材料でも外為市場に直接影響を与えます。ある国が金利を上げると、投資家たちはより高いリターンを求めて資金をその国へ移すため、その国の通貨が他国の通貨に対して強くなります。一方、金利の上昇は株式相場にとって一般的に悪材料です。金利が上がると一部の投資家はその国の株式市場から資金を引き揚げるため、その国の通貨が弱くなります。どの影響が優先するかは一筋縄では見極められませんが、金利の動向が何をもたらすかについてはおおむねコンセンサスが存在します。金利に対して最も影響力を持つ指標はPPI（生産者価格指数）、CPI（消費者価格指数）、GDPです。金利が動くタイミングは多くの場合、事前に分かっています。BOE（イングランド銀行）、FRB（連邦準備制度理事会）、ECB（欧州中央銀行）、BOJ（日本銀行）、その他の中央銀行の定例会議後に実施されるからです。

貿易収支は一定期間における国の輸出と輸入の差額を示します。ある国の輸入が輸出よりも大きい場合、その国の貿易収支は赤字になります。赤字は一般的に望ましくないことと見られています。例えば、米国で（輸入代金の支払いのために）外貨を買うために米ドルが売られた場合、米国からドルが流出することによってドルの価値が下がることになります。同様に、米国の輸出が増加している場合、米国へドルが流れ込み、ドルの価値が上がります。国家経済の立場からは、貿易赤字や赤字そのものは必ずしも悪いことではありません。しかし赤字がマーケットの予想よりも大きいと価格の下落を誘発することになります。

外為と先物

外為市場は、株式市場だけでなく、先物市場に対しても数々の優位性を持っています。多くの先物トレーダーはポートフォリオに外為スポット取引を加えています。外為スポットの主な特徴をあらためて見直してから先物の特徴と比較してみましょう。

外為市場の主な特徴
- 世界最大の市場であり、その流動性はますます高まっている
- 24時間取引が可能
- 強気相場でも弱気相場でも儲けることができる
- 空売りに関する取引制限がなく、アップティックなしでも許される
- 即時執行可能なプラットフォームによって、スリッページやエラーが最小限に抑えられている
- レバレッジが高いほどリスクは増大するが、多くのトレーダーが外為市場を効率の良い取引市場だと見ている

先物の特徴
- 取引される先物の限月によっては、市場流動性が限定されている
- 取引所手数料が存在するため、コストやコミッションが高くなる
- 先物取引の市場時間は外為スポットと比べてはるかに短く、商品ごとに開場時間が異なることがあり、時間外取引も限定されている
- 先物のレバレッジは株式の場合よりも高いが、外為と比べればまだまだ低い
- 弱気相場が長引く傾向がある
- ピット取引であるためにエラーとスリッページが増える

株式市場と同様、先物市場の分析で使用している同じ戦略を外為市

場でも活用することができます。ほとんどの先物トレーダーはテクニカルトレーダーであり、株式のところで言及したように、外為市場はテクニカル分析にうってつけの市場だからです。現にプロのトレーダーが最も利用しているのがテクニカル分析です。次に先物市場が外為市場と比較してどう違うかをもっと細かく見てみましょう。

開場時間と流動性を比較する

　外為市場における取引高は先物市場の５倍以上と推定されます。外為市場は１日24時間開場していますが、先物市場の開場時間は取引される商品に応じて異なり複雑です。例えばCOMEX（ニューヨーク商品取引所）で金先物取引ができるのは午前７時20分から午後１時30分まで。NYMEX（ニューヨーク・マーカンタイル取引所）で原油先物取引をするなら午前８時30分から午後２時10分までの間です。このように時間が異なることは混乱を招くだけでなく、突然の発表などに対応して行動することを難しくしています。

　加えて、日中はフルタイムの仕事を持っているために時間外でしか取引できない人が取引するには、先物はきわめて不便な商品です。基本的に現在の価格ではなく過去の価格に基づき注文を出すことになります。そのような透明性の欠如は取引をきわめて扱いにくいものにします。外為市場なら、適切なマーケットメーカーを選択して時間外取引をしているかぎり、ほかのどの時間帯とも変わらない流動性とスプレッドを確実に享受することができます。加えて、各時間帯には、各通貨ペアを動かす可能性を持つユニークな材料や動向がそれぞれ存在するのです。

取引コストが低い（もしくはゼロ）

　先物市場ではスプレッドやコミッションを支払わなければなりません。先物ブローカーの場合、10万ドルを超えるポジションの１取引当

たりの平均コミッションは160ドル近くになることがあります。外為市場はOTC的な構造であるため、取引所とクリアリング（清算）の手数料がなく、取引コストが安くなっています。また、外為市場は純粋に電子的な市場であるゆえの効率性から、コストがさらに削減されています。トレーダーはマーケットメーカーと直接やりとりすることができ、チケットコストもなければ、仲介人もいません。外為市場は24時間流動性を提供するため、日中でも夜間でも競争力のある狭いスプレッドが提示されます。先物トレーダーのほうが流動性リスクに対して脆弱であり、特に時間外取引では、より広い取引スプレッドが提示されています。

　オンライン外為取引は取引コストが低いかゼロであるため、短期トレーダーにとって最適な市場です。1日平均20取引を1取引当たり100ドルのコミッションで行うアクティブな先物トレーダーの場合、取引コストとして毎日2000ドルを支払うことになります。典型的な先物取引では、ブローカー、FCM（先物取次会社）のオーダーデスク、立会場の係員、ランナー、ピットトレーダーが関与します。これらの全当事者が支払いを必要とし、その支払いはコミッションやクリアリングフィーから得られるのです。一方、外為市場は電子的な市場であるためそれらのコストが最小限に抑えられています。

ストップ高ストップ安の規則がなく、強気相場でも弱気相場でも利益

　外為市場では、先物市場の厳しい規制とは異なり、ストップ高やストップ安の規則がありません。例えばS&P500指数先物の場合、価格が前日の終値よりも5％下げたらストップ安規則が適用され、その後10分間にわたり、その価格以上でしか取引できません。20％下がると取引が完全に停止されます。外為市場は、その分散性から、日々の活動に対する取引所による規制は存在しません。そのため古式ゆかしい

取引所規則が原因で利益を逃すことがありません。

執行の質と速度が高く、エラー率が低い

　先物市場は価格と執行時間の両方に関して、執行に一貫性がないことでも知られています。先物トレーダーならだれもが、成り行き注文が成約するまで30分前後待たされ、注文時とはかけ離れた価格で約定した経験があるでしょう。電子取引と執行速度に関して限定された保証があっても、成り行き注文での約定価格は確実とはほど遠いものです。このように非効率であることの原因は、先物取引にはいくつものステップが絡むことです。先物取引は多くの場合、以下の7つのステップを要します。

1．トレーダーがブローカーに電話またはオンラインで注文を出す
2．取引デスクがその注文を受け取り、処理し、立会場の注文デスクへ回す
3．注文デスクがその注文を注文係に渡す
4．注文係がその注文を使い走りへ渡すか、ピットへ伝達される
5．取引係がピットへ行き、取引を執行する
6．取引の確認が使い走りへ行くか、注文係へ伝達され、注文デスクによって処理される
7．ブローカーが取引確認を受け取り、それをトレーダーに知らせる

　これに対して外為取引は多くの場合わずか3つのステップで構成されます。トレーダーがプラットフォーム上で注文を出し、外為取引デスクは自動的にそれを電子的に執行し、注文確認がトレーダーのプラットフォームにポストまたはログされます。先物取引で関与している人たちがいないことで、外為取引では執行速度が向上し、エラーが減少します。

　加えて、先物市場は一般に「ネクスト・ベスト・オーダー」制によ

って運営されています。つまり、最初の成り行き注文で約定されずに、次善の価格で約定されることがしばしばあります。例えば、3月ダウ・ジョーンズ先物5枚を8800で買い持ちしていて、損切り注文を8700に設定しているとします。価格がその水準まで下がった場合、損切り注文は8690で約定される可能性がきわめて高いのです。この10ポイントの差がスリッページであり、先物市場ではきわめてよくあることです。

　ほとんどのオンライン外為取引システムでは、リアルタイムに提示される価格を指定して直接執行します。予想外の状況を除けば、表示価格と執行価格には総じて差異はありません。それは、ボラティリティが激しいときでも、動きの速い相場においても変わりません。これとは逆に、先物市場では執行が不確実です。なぜなら、すべての注文が取引所で処理されなければならず、流動性が参加者の数によって制限される状況が生まれ、ひいては所定の価格で取引可能な数量が限定されてしまうからです。外為ではリアルタイムに提示される価格によって、成り行き、損切り、指値の各注文がスリッページもほとんどなく、部分成約もなしに執行されることが保証されています。

外為市場の参加者

　外為市場は集中的な取引所が存在しないOTC市場であるため、マーケットメーカー間の競争によって独占的な価格戦略が不可能になっています。あるマーケットメーカーが価格を大きくゆがめようとしても、トレーダーはほかのマーケットメーカーを見つければいいだけの話です。さらに、マーケットメーカーが取引コストを勝手に操作していないかどうか、スプレッドが厳しく監視されています。これとは逆に、多くの株式市場はまったく異なる形式で運営されています。例えばNYSE（ニューヨーク証券取引所）は、NYSEに上場している企業の株を取引できる唯一の場所です。集中化された市場は「スペシャリ

図1.2 集中化された市場構造

買い手
ひとりのスペシャリストからしか買えない

↓

スペシャリスト
買い手と売り手を結びつけるスプレッドに関して独占的な権限を有している

↑

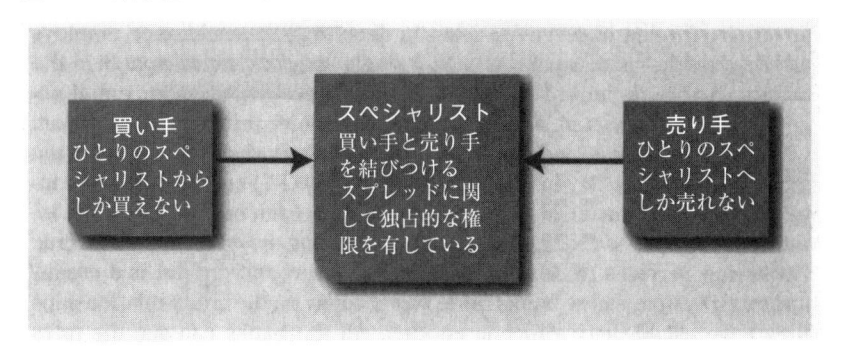

売り手
ひとりのスペシャリストへしか売れない

図1.3 分散化された市場構造

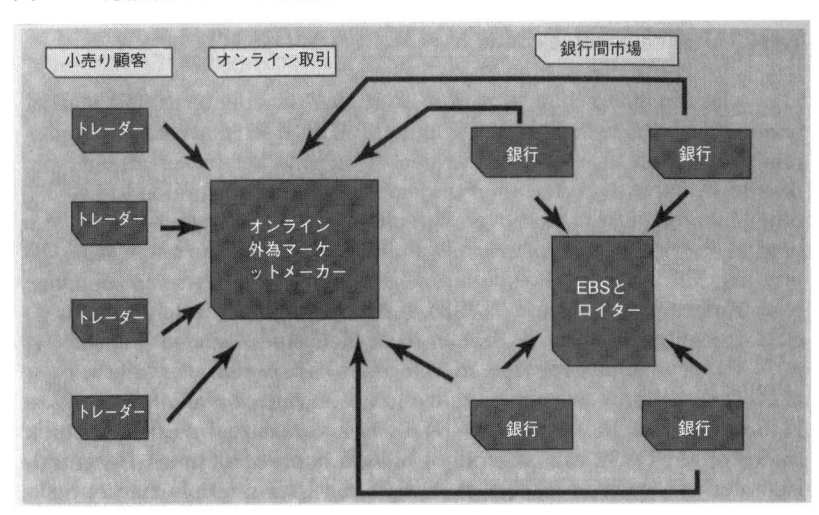

小売り顧客 / オンライン取引 / 銀行間市場

トレーダー → オンライン外為マーケットメーカー ← 銀行
トレーダー →
トレーダー →
トレーダー →

銀行 → EBSとロイター ← 銀行
銀行 →   ← 銀行

スト」と呼ばれる人たちによって運営され、分散化されている市場はマーケットメーカーと呼ばれる人たちによって運営されています（**図1.2と図1.3を参照**）。NYSEは集中化された市場であるため、NYSEで取引されている株式は常に1組の売値と買値の建値しか存在することができません。外為のような分散化された市場では、複数のマーケットメーカーがそれぞれ異なる価格を提示する権利を有しています。次に、集中化された市場と分散化された市場のそれぞれの仕組みを見てみましょう。

集中化された市場

　集中というまさにその性質ゆえに、集中化された市場は独占的になる傾向があります。ひとりのスペシャリストが市場をコントロールし、トレーダーではなく、スペシャリストの都合に合わせて価格を簡単に操作することができます。例えば、売り手がたくさんいるのにその反対側の買い手がいない場合、スペシャリストは売り手から買わなければなりませんが、売るには買い手を誘うために値を下げていかなければならないという状況に陥ります。その場合、スペシャリストはスプレッドを広げて取引コストを引き上げることで、それ以上に参加者が現れるのを防ぐことができます。あるいは、提示している建値を大幅に変更し、スペシャリスト自身のニーズに合うように価格を操作することができます。

分散化された市場における参加者の階層

　外為市場は分散化されているため、ひとりのスペシャリストではなく複数のマーケットメーカーがいます。外為市場の参加者は"階層化"されており、信用アクセス、取引高、ソフィスティケーション（設

備・知識・情報）で勝っている参加者が市場において優先されます。

　その"食物連鎖"の先頭にいるのが、比較的少数（ほとんどG7）の通貨が毎日膨大な量で取引されているインターバンク（銀行間）市場です。インターバンク市場では、最大級の銀行がインターバンクブローカーやEBSやロイターのような電子仲介システムを通じて互いに直接取引することができます。インターバンク市場は相互に確立された信用関係に基づき取引が行われる信用を前提とした相対取引市場です。すべての銀行がすべての取引レートを見ることができますが、その提示されているレートで取引するには相手の銀行と個別の信用関係が確立されていることが必要です。オンライン外為マーケットメーカー、ヘッジファンド、一般企業などのほかの機関は商業銀行を通じて外為取引をすることが必要です。

　多数の銀行（小規模な地方銀行、新興市場の銀行）、一般企業、機関投資家は、大手銀行との与信枠が設定されていないため、それらレートを利用することはできません。そのため、小口の参加者は外為ニーズに関してひとつの銀行だけと取引することが求められます。このことは多くの場合、下方の階層に属する参加者は競争力のはるかに低いレートしか得られないことを意味します。最も不利なレートを強いられているのは銀行や外為取次業者の顧客です。

　しかし近年、外為サービスのエンドユーザーとインターバンク市場との間に立ちはだかっていたその壁がテクノロジーによって崩壊しました。オンライントレーディング革命がマーケットメーカーと市場参加者を効率的かつ経済的な方法で結びつけることによって、リテール顧客にもその扉が開かれたのです。つまり、オンライントレーディングが流動性の高い外為市場への玄関口の役割を果たしているのです。現在では普通のトレーダーが大手メガバンクと肩を並べて、ほぼ同等のレートと執行方法で取引できるようになっています。機関投資家などのビッグボーイたちによって牛耳られてきたゲームが徐々に、大銀

行と同じ機会を活用して個人が儲けることのできる公平な競争の場になりつつあります。外為はもはやビッグボーイ専用のクラブではありません。つまり、熱意さえあれば、普通のオンライン外為トレーダーにもチャンスが豊富にあるのです。

ディーリングステーション――インターバンク市場

　外為出来高の大半は主としてインターバンク市場を通じて取引されています。世界の主要銀行が２つの電子仲介システム――EBSとロイターD3000（ロイターディーリング3000スポットマッチング）――を介して互いに電子的に取引しています。両システムとも主要通貨ペアの取引を提供していますが、EBSとロイターD3000では特定の通貨ペアに関して流動性と取引頻度に差があります。これら２社は常にマーケットシェアを奪い合っていますが、以下に参考としてそれぞれのシステムで最も流動性の高い通貨を示しておきます。

EBS ―― EUR/USD、USD/JPY、EUR/JPY、EUR/CHF、USD/CHF
ロイター ――GBP/USD、EUR/GBP、USD/CAD、AUD/USD、NZD/USD

　クロス通貨ペアはどちらのシステムでも通常取引されていませんが、主要通貨ペアのレートに基づき計算し、２回取引をして対応します。例えば、インターバンクトレーダーは、AUD/JPYをロングしたいという顧客がいた場合、ロイターD3000システム上でAUD/USDを買い、EBS上でUSD/JPYを買うのが普通です。それからそれら２つのレートを掛け合わせたAUD/JPYレートを提示します。そのような通貨ペアは合成通貨とも呼ばれますが、クロス通貨が主要通貨ペアよりも一般的にスプレッドが広いのはこのためです。

第2章
外為史上の重要イベント
Historical Events in the FX Market

　外為取引の具体的な仕組みへ話を進める前に、外為市場における重要な出来事について理解しておくことがすべてのトレーダーにとって重要です。なぜなら、それらの出来事は今日でもプロの外為トレーダーによって繰り返し言及され、判断の基準にされているからです。

ブレトンウッズ──ドルを世界通貨に選定（1944年）

　1944年7月、44カ国の代表がニューハンプシャー州ブレトンウッズに集い、第2次世界大戦後の国際経済を運営していくための新たな体制を取り決めました。国際経済の不安定が戦争の主たる原因のひとつであり、今後はそのような不安定を防止する必要があるという考えが戦後大勢を占めました。著名なエコノミストであるジョン・メイナード・ケインズとハリー・デクスター・ホワイトが練り上げた協定は、当初英国によって武器貸与法（戦後復興において英国を支援するために考えられた米国の法律）の一部として提案されました。さまざまな交渉を経て、ブレトンウッズ協定は最終的に以下の主要ポイントから構成されました。

1．公正な貿易と国際経済の調和を促進することを目的とする国際機関を設立する
2．通貨間の交換レートを固定する
3．金と米ドルとの交換を保証することによって米ドルを世界の準備通貨にする

　上記3ポイントのなかで現在でも存在するのは最初のポイントだけです。ブレトンウッズの直接的な結果として設立された組織には、IMF（国際通貨基金）、世界銀行、GATT（関税と貿易に関する一般協定）があります。これら機関は現在でも存在しており、国際経済の発展と規制に重要な役割を果たしています。例えば、当初IMFは金とドルとの交換比率を金1オンス＝35ドルに決めましたが、ブレトンウッズ体制のもとでその交換比率と為替レートが固定されました（さらに固定為替レートによって国際経済に基本的なゆがみをもたらさないようにするために必要な融資が決められました）。
　ブレトンウッズ体制の崩壊後、IMFはブレトンウッズのもうひとつの申し子である世界銀行と密接に連携しています。これら2つの機関は現在恒常的に開発途上国へ資金を貸し出すことによって、国際貢献が可能な、健全な商業経済を支える公共インフラの開発を支援しています。さらに、それらの国々が相手先の先進諸国と実際に同等かつ正当な貿易が行えるよう、世界銀行とIMFはGATTと密接に協力していくことが必要です。GATTは当初暫定的な組織と想定されていましたが、現在では貿易障壁つまり関税と割り当ての廃止を促進するために運営されています。
　ブレトンウッズ協定は1944年から施行され、1971年にスミソニアン合意に引き継がれました。スミソニアン合意は、ブレトンウッズの欠点を補う必要から米国のリチャード・ニクソン大統領が主導してまとめた一種の国際的な取り決めでした。残念ながらスミソニアン合意も

同様な致命的な弱点を持っていました。米ドルと金の交換性は含まれていませんでしたが、固定為替レートが維持されていました。そのため、当時の米国の貿易赤字と国際的な米ドル安ニーズに対応することができず、スミソニアン合意は短命に終わりました。

そうして世界の為替レートは、需要と供給が通貨の価値を決定する唯一の基準となる自由市場へと発展しました。その結果、過去と現在において、いくつかの通貨危機と通貨間のボラティリティの増大が生じていますが、市場の自己調節が可能になり、市場が何事にも邪魔されることなく通貨の適切な価値を決定することができるようになりました。

国際経済に対するブレトンウッズの最も記憶に残る貢献は、おそらく米ドルに対する認識を変えたことでしょう。英ポンドがその強さを維持し、ユーロが社会的にも国際貿易の面でもニューフロンティアを切り開く革命的な通貨であるなか、米ドルは世界でえり抜きの準備通貨であり続けています。そうなった大きな原因のひとつがブレトンウッズ合意にあったことは否定できません。金とドルの交換性を確立することよって、世界で最も使いやすく信頼できる通貨としてのドルの役割が確固たるものになりました。その意味で、ブレトンウッズは過去の協定ではあっても、米ドルと国際経済に対する影響力は現在も消えていないのです。

ブレトンウッズ体制の終焉——金融資本市場の自由化（1971年）

1971年8月15日、通貨の価値を金の価値に固定させる制度であるブレトンウッズ体制が正式に廃止されました。以前に"悪魔払い"されたときは新しい形態ですぐに復活しましたが、ブレトンウッズ体制の崩壊によってその息の根が完全に止められました。為替レートが1

％の範囲内だけで変動することが許される金の価値に対して固定された体制は消滅し、貿易の流れや海外直接投資など、自由市場の動向によって公正な評価が下されるようになったのです。

米国のニクソン大統領はブレトンウッズ体制の終焉が、国際経済にとってより良い時代をもたらすことを確信していましたが、自由市場が公正かつ混乱なしに通貨の真の評価を決定できるとは考えていませんでした。ニクソンをはじめほとんどのエコノミストは、体制のまったく存在しない外為市場は切り下げ競争をもたらし、ひいては国際貿易と投資の崩壊につながると予測しました。ニクソンと大統領経済諮問委員会は究極的に世界的な不況が生じると推測しました。

そのため数カ月後にスミソニアン合意が結ばれました。ニクソン大統領によって「世界史上最高の通貨合意」と称賛されたスミソニアン合意は、金の後ろ盾なしに固定為替レートを維持することを目指しました。ブレトンウッズ体制との主な違いは、ブレトンウッズではわずか１％未満だった米ドルの変動幅が2.25％になったことです。

結局スミソニアン合意も実施不能であることが証明されました。為替レートのしばりから解放された金が自由市場において１オンス＝215ドルまで急騰したのです。さらに米国の貿易赤字がふくらみ続け、ファンダメンタルな観点から、米ドルはスミソニアン合意によって設定された2.25％の限度を超えて切り下げることが必要になりました。1972年２月、これらの問題によって外為市場を停止することが余儀なくされました。

外為市場は1973年に再開されましたが、その時点ではスミソニアン合意による拘束はありませんでした。米ドルの価値は特定の商品に固定されず、交換レートの変動幅の制限もないため、完全に市場によって決定されることになったのです。そのことが米ドルとその他の通貨に、新たな急展開を見せている国際貿易環境に適応するために必要な敏捷性を与えました。また未曾有のインフレのお膳立ても務めたので

す。ブレトンウッズ体制とスミソニアン合意の終焉、さらに原油価格の高騰を招いた中東における対立は、米国経済のスタグフレーション化（失業とインフレが共存する状態）に一役買ったのです。米ドルが正常な評価に戻ったのは、ポール・ボルカーFRB議長が新経済政策を打ち出し、ロナルド・レーガン大統領が新財政政策を導入した70年代後半でした。そのころには外為市場は十分に発展を遂げ、国際貿易に対する自由放任型の規制の採用に加え、いくつもの目的に利用できるようになっていました。また、比類のない流動性と継続的な成長に着目した投機筋を市場へ引きつけ始めていました。1971年のブレトンウッズ体制の終焉は、国際貿易の自由化と同時に投機機会が急激に広まる経済の新時代の幕開けを記したのです。

プラザ合意──米ドル高の是正（1985年）

20世紀を特徴づけたさまざまな為替レートの規制メカニズム──金本位制、ブレトンウッズ体制、スミソニアン合意──がすべて崩壊したあと、需要と供給の経済的均衡をもたらすと信じられている自由市場資本主義の神話的な「見えざる手」を除き、外為市場には実質的に規制がなくなりました。ところがいくつかの予想外の経済的事件──OPEC（石油輸出国機構）による石油危機、1970年代を通じたスタグフレーション、FRBによる財政政策の抜本的な変更など──が原因で、需要と供給だけでは外為市場を規制する手段として不十分になりました。ある種の仕組みが必要でしたが、何よりも柔軟性が重要でした。通貨価値を金などの商品に対して固定化することは、為替レートの変動幅を固定化するという考え方と同様、経済発展のためには硬直的すぎることが実証されたのです。仕組みと硬直性とのバランスこそが20世紀を通じて外為市場を苦悩させたものであり、進歩はあったものの、決定的な解決策が強く求められていました。

そのため1985年、世界の経済先進諸国——つまり、フランス、ドイツ、日本、英国、米国——の財務大臣と中央銀行総裁が、外為市場の経済的有効性を最適化する何らかの外交的合意を取り決めるべくニューヨークに集まりました。プラザホテルで開催された会議において、各国リーダーは特定の国々と国際経済全体に関して一定の合意に到達しました。

　インフレは世界的にきわめて低い水準を維持していました。高インフレと低実質経済成長率の1970年代のスタグフレーションとは対照的に、1985年における世界経済は低インフレと高成長へと完全に180度の転換を果たしていました。

　経済成長は堅調だったもののインフレ率が低かったため、低金利——発展途上国にとって特に望ましい状況——が維持されていましたが、関税のような保護主義政策の危険性が頭をもたげ始めていました。米国は増大する膨大な経常赤字を、日本とドイツは増大する膨大な黒字を抱えていました。本質的な不均衡は深刻な経済的不均衡を生み出し、ひいては外為市場と国際経済に歪みをもたらす可能性があります。

　経常収支の不均衡とそれに続く保護主義政策の台頭に対して行動を起こすことが求められました。根本的な問題として、主要な貿易相手国の通貨に対して80％以上上昇した米ドルの価値の高騰がその主たる犯人だと見られたのです。ドル高が膨大な貿易赤字の一因になっていたのです。逆にドル安になれば、すべての国の輸出力と輸入力が均衡化することになるため、国際経済の安定化により貢献すると考えられました。

　プラザホテルにおける会議で、米国はほかの参加者たちに国際的な協調介入を実施するよう説得し、1985年9月22日、プラザ合意が発効しました。この合意は、ドルの下落とドル以外の主要通貨の上昇を意図的に実現することを目的としています。各国はその経済政策を変更し、必要に応じてドル安へ誘導するために市場に介入することに合意

図2.1　プラザ合意前後の値動き

独マルクと日本円（対米ドル）

日付（すべて1月）

したのです。米国は財政赤字を削減し、金利を引き下げることに合意し、フランス、英国、ドイツ、日本の各国は金利を引き上げることに合意しました。ドイツも減税の実施に合意し、日本は円の価値に「日本経済の基礎的な力を完全に反映」させることに合意しました。ところが、プラザ合意の実施面に関していえば、必ずしもすべての国がその約束を守らなかったことが問題になりました。特に米国は財政赤字を削減するという当初の約束を成し遂げられませんでした。日本は円の急騰によって深刻な打撃を受けました。日本の輸出業者は海外での競争力を失いました。それがやがて日本の10年間にわたる不況の誘因になったといわれています。それとは対照的に米国は同合意の結果として高い成長と価格の安定を達成したのです。

国際的な協調介入の効果は直ちに見られ、2年以内に米ドルは独マルク（DEM）と日本円（JPY）に対してそれぞれ46％と50％下落しました。**図2.1**はDEMとJPYに対して米ドルが下落の様子を示しています。その結果、米国経済は大きく輸出志向に転換し、ドイツや日本などほかの先進工業国は輸入国の役回りを担うようになりました。これによって当面の経常赤字が徐々に解消され、保護主義的な政策もなりを潜めるようになりました。とはいえ、プラザ合意で最も重要なことは、為替レート相場の規制における中央銀行の役割を確固たるものにしたことでしょう。つまり、レートは固定されず、主として需給によって決定されるものの、究極的にはそのような見えざる手だけでは不十分であり、必要な場合には国際経済に代わって介入することが世界の中央銀行の権利であり責任になったことです。

ジョージ・ソロス──イングランド銀行を叩き潰した男

　ジョージ・ソロスが英ポンドに対して100億ドルの投機的な賭けを仕掛けて勝利したことによって、ソロスは「イングランド銀行を叩き潰した男」として世界中で知られるようになりました。賛否は別にして、ソロスは外為取引史上最も興味深い出来事のひとつで主役を演じたのです。

英国がERMに参加

　1979年、フランスとドイツによる主導で、為替レートを安定化し、インフレを削減し、通貨統合のための準備を行うために、EMS（欧州通貨制度）が設立されました。EMSの主要な構成要素のひとつであるERM（為替相場メカニズム）によって、ECU（欧州通貨単位）

という通貨バスケットに対する中心為替レートが各参加通貨に対して設定されました。参加国（当初は、フランス、ドイツ、イタリア、オランダ、ベルギー、デンマーク、アイルランド、ルクセンブルグ）は、２通貨間基準レートに対して為替レートを上下2.25％幅以内に維持することが求められました。ERMはアジャスタブルペッグ（調整可能な固定相場制）を採っており、1979年から1987年の間に９回の調整が実施されました。英国は当初メンバーではありませんでしたが、1990年に１ポンド2.95独マルクのレートを基準にプラスマイナス６％の変動幅で参加することになりました。

　1992年半ばまでは、ドイツ中央銀行主導による厳しい体制によって欧州全体でインフレが抑制され、ERMは成功したかに見えました。しかしその安定は長くは続きませんでした。国際投資家たちがERM内の一部通貨の為替レートが不適切だと気をもみ始めたのです。1989年の東西ドイツの統一に伴い、ドイツ政府の支出が急増し、ドイツ中央銀行は紙幣増刷を余儀なくされました。それがインフレを招き、ドイツ中央銀行は金利の切り上げ以外に選択肢がほとんどない状態に追い込まれました。しかしその利上げはさらなる余波を生むことになります。独マルクに対する上昇圧力が生まれたのです。その結果、固定為替レートを維持するためにほかの中央銀行も利上げを余儀なくされました（アービング・フィッシャーの金利平価理論の生きた事例）。低迷する経済と高い失業率を抱えている英国政府がこの政策を長期的に維持することは難しいという判断から、ジョージ・ソロスは勝負に出たのです。

ソロス、英国のERM離脱に玉を張る

　ソロスが率いるヘッジファンドであるクオンタムファンドはポンド下落に賭けようとしていました。英国がポンドを切り下げるか、

図2.2　ソロス後のGBP/DEM

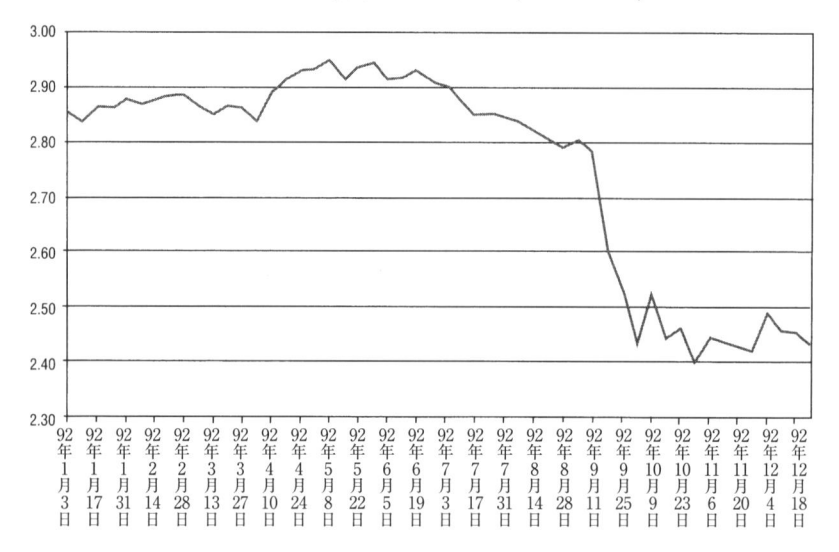

英ポンドの対独マルクレート(GBP/DEM)

ERMを離脱すると考えたからです。EMS時代の資本規制の撤廃が進められたことで、当時の国際的な投資家たちは不均衡に乗ずるという千載一遇の好機を享受していました。そんななかソロスはポンドを借りてマルク建て資産に投資することによって、ポンドでショートポジション、マルクでロングのポジションを取りました。オプションと先物も大幅に利用しました。彼のポジションは全体で100億ドルに達していました。ソロスだけではなく、多くの投資家がすぐに追随しました。みんなでポンドを売り、猛烈な下方圧力を加えたのです。

当初イングランド銀行はその膨大な準備資産を使い150億ポンドの買いで固定レートの防衛に努めましたが、その防衛的介入（公開市場介入であるためにマネタリーベースは一定）の効果は限定されていました。ポンドはその固定幅の下限ぎりぎり近くで取引されていました。

図2.3　ソロス後のGBP/USD

英ポンドの対米ドルレート(GBP/USD)

1992年9月16日、のちに「ブラックウエンズデー」と呼ばれるようになる日、イングランド銀行はポンドの魅力を増すべく2％の利上げ(10％から12％へ)を発表し、そのさらに数時間後15％への利上げを約束しました。ソロスを筆頭とする国際投資家たちは、膨大な利益がすぐ目の前にあることを知っていたので、そんな発言に左右されることはありませんでした。大量にポンドを売り浴びせ続け、イングランド銀行は買い続けたのです。同日午後7時、英国蔵相ノーマン・ラモントはERMを離脱し、金利を当初の水準である10％へ戻すことを発表しました。混乱のブラックウエンズデーはポンドの実効価値の急激な下落の始まりを記したのです。

変動相場へ戻った原因が、ソロス主導によるポンド攻撃にあったのか、または単純なファンダメンタル分析的な理由だったのかは現在で

も議論が分かれています。ただ確かなことは、その後5週間におけるポンドの独マルクに対する約15％の下落と米ドルに対する25％の下落（図2.2と図2.3を参照）がソロスを筆頭とするトレーダーたちに膨大な利益をもたらしたことです。1カ月以内に、ソロスのクオンタムファンドは高くなった独マルクを売り、安くなったポンドを買い戻して約20億ドルの利益を手にしました。「イングランド銀行を叩き潰した男」は、中央銀行が投機的な攻撃に対していかに脆弱になり得るかを示したのです。

アジア通貨危機（1997年〜1998年）

1997年7月2日、一連のドミノ倒しのように下落することによって、比較的新興のアジアのタイガー諸国が、世界資本市場における相互依存性と外為市場に対する波及効果を示す完璧な例を示しました。いくつかのファンダメンタルな破綻に基づくこの連鎖は、不透明な融資慣行、貿易赤字の増大、未成熟な資本市場が大きな原因になっています。それらの要素が組み合わさることによって、各地域の主要市場を麻痺させ、かつて高く評価されていた各通貨を著しく低い水準へ下落させる「パーフェクトストーム（史上最大の嵐）」を引き起こしました。この期間中、株式相場と為替相場もほぼ同様に打撃を受けました。

バブル

1997年まで、主に不動産開発と各国内株式を中心に、投資対象としてのアジアに対する関心が増大していました。そのため、マレーシア、フィリピン、インドネシア、韓国など、生産設備の向上を基盤に経済成長率を伸ばしているアジア諸国に海外から投資資本が流れ込みました。バーツの里、タイは、1988年に13％の成長を達成しました（1996

年に6.5％に下落）。これらの成長する経済に対する新たな融資支援は、強い米ドルに対する固定ペッグ制を実施することで実現しました。米ドルに対して固定されたことによって、タイのような国々はそれぞれの市場における経済的な安定と世界最大の経済大国への固定レートによる輸出貿易を確保することができました。基礎的なファンダメンタルズが評価され、同地域の通貨が上昇し、その価値がさらに高まるという期待感から投機的なポジションが膨らみました。

膨張する経常赤字と不良債権

しかし1997年初め、国際収支の赤字がそれぞれの政府の手に終えない規模に達し、融資慣行が経済インフラにとって不利益であることが明らかになるにつれ、センチメントが変化し始めたのです。特にタイの経常赤字が1996年に147億ドルに膨張した（1992年以来増加していた）という事実に、エコノミスト筋の警戒心が呼びさまされたのです。米国の赤字と比べれば小さいとはいえ、その額は同国GDP（国内総生産）の8％に相当していました。不透明な融資慣行もその崩壊を大きく加速しました。借り手と銀行幹部との緊密な個人的関係が融資に大きくものを言う状況が同地域において驚くほどまん延していたのです。その状況が過大な借入金を抱えていた韓国の多くのコングロマリットに影響を与え、不良債権の総額をGDPの7.5％にまで膨張させていました。

このような融資慣行は日本の金融機関においても一般的に見ることができます。日本の当局は1994年に不良債権の総額を1360億ドルと発表した1年後、総額がなんと4000億ドルあることを認めたのです。当時低迷していた株式市場、冷え切った不動産価格、厳しい景気減速を背景に、投資家たちは下落している円にチャンスを見いだし、続いて近隣通貨に対して売り圧力を加えました。日本の資産バブルが崩壊し

図2.4　アジア危機時の値動き

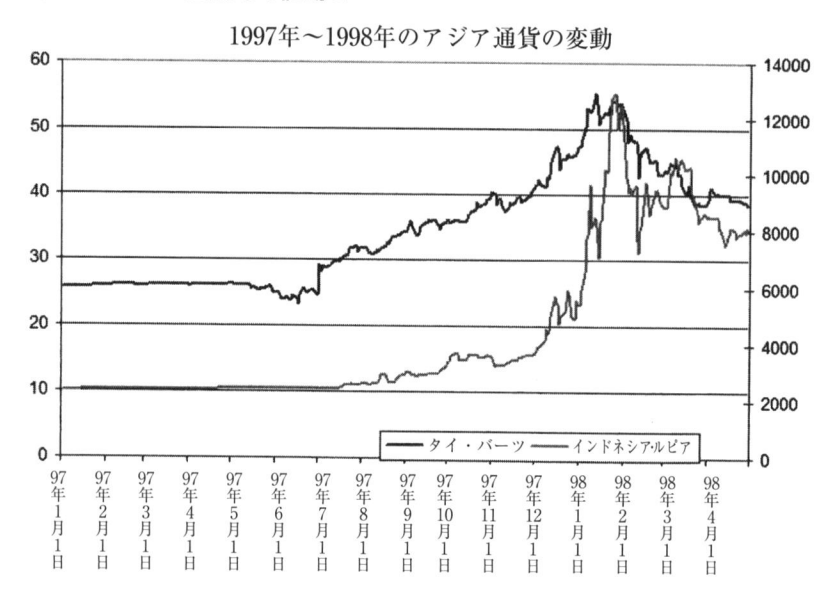

1997年～1998年のアジア通貨の変動

（タイ・バーツ　　インドネシア・ルピア）

たとき、資産価格が10兆ドル下落しましたが、そのうち不動産価格の下落が全下落の65％を占めていました。それは2年分のGNPに相当しました。その資産価格の下落が日本における銀行危機の口火を切ったのです。1990年代初頭に始まり、1997年に全面的なシステム危機へ発展し、その後いくつもの大手金融機関が倒産しました。これに対して日本の通貨当局は自国通貨の評価を防衛すべく、基準金利の切り上げの可能性を示唆しました。残念ながらそれらの検討事項が具体化することはなく、結果としてショートフォール（準備金不足）が発生しました。主としてタイ政府によるバーツの管理フロート制への移行の発表がきっかとなり下方売り圧力が雪だるま式に膨み、中央銀行の準備金が消滅し、通貨の価格水準を支えきれなくなったのです。

図2.5　USD/JPYのアジア危機時の値動き

アジア危機時のUSD/JPY

通貨危機

　大量の売り投機と介入を経て、前述したアジア諸国は荒廃し、通貨的に麻痺をきたしました。かつては高い評価を受けていたタイのバーツは48％も下落し、新年を迎えるころには100％近くまで下落していました。最も打撃を受けたのはインドネシアのルピアでした。タイのバーツとともにクローリングペッグ（段階的平価変動制）を開始するまでは比較的安定していたルピアは、高値から１米ドル１万2950ルピアまでなんと228％の暴落を演じました。その激しい値動きの模様が**図2.4**に示されています。**図2.5**に示すように、主要通貨のなかでは日本の円が1997年から1998年に対米ドルで高値から約23％下落しています。

1997年から1998年にかけた金融危機は、経済の相互結合性と世界の外為市場に対するその影響力を明らかにしました。加えて、安全確実な経済的ファンダメンタルズなど存在せず、圧倒的な市場の力に伍して介入に成功する能力が中央銀行にないことが示されました。今日、IMFの支援パッケージによる援助とより厳しい要件の施行によって、アジアの4頭のリトルドラゴンたちは再び息を吹き返しつつあります。インフレ基調と回復した輸出市場によって、東南アジアは世界の工業経済地域のなかでかつて一目置かれていた地位を取り戻しつつあります。外貨準備金を消滅させた経験を有するアジアのタイガーたちは、再び通貨攻撃があれば防衛できるだけの豊富な準備金を確保するために積極的な対策を実施しています。

ユーロの発足（1999年）

　ユーロの発足は歴史上最大の通貨切り替えとなる記念碑的な偉業でした。ユーロは1999年1月1日に電子取引通貨として公式に開始されました。EMU（欧州通貨同盟）の発足メンバーは、ベルギー、ドイツ、スペイン、フランス、アイルランド、イタリア、ルクセンブルグ、オランダ、オーストリア、ポルトガル、フィンランドの11カ国でした。2年後にギリシャが加入しました。それぞれの通貨はユーロに対して特定の交換レートで固定され、ECB（欧州中央銀行）によって決定される共通の通貨政策が採択されました。多くのエコノミストにとっては、EU（欧州連合）の全15カ国が参加することが理想でしょうが、英国、スウェーデン、デンマークが当面それぞれの通貨を維持することを決定しました。ユーロ紙幣と貨幣の流通は2002年の1月〜2月の併用期間を経て開始されました。ユーロを採用するか否かについて、すべてのEUメンバーはそのメリットとデメリットをはかりにかけて決定する必要がありました。

EMU圏の市民にとっては旅行のしやすさが最も大きなメリットかもしれませんが、ユーロはそのほかにも数多くのメリットをもたらします。

- 為替レートの変動がなくなり、ユーロ圏内の取引環境が安定化する
- 地域内からすべての為替レートリスクを追放することによって、企業が確実性の高い投資決定を計画することができる
- 取引コストが減少する（主として、外為オペレーション、ヘッジングオペレーション、国際決済、複数の通貨口座の管理に関連）
- 消費者と企業が各国間の価格比較を容易にできるため、価格の透明性が増し、競争が促進される
- 巨大な単一通貨市場は海外の投資家にとって大きな魅力になる
- 経済の規模と安定性によって、ECBは信用の増大を背景により低い金利でインフレを抑制することが可能になる

とはいえ、ユーロに弱みがないわけではありません。政治的主権の問題は別にして、主たる問題はユーロを採用することによって各国が必然的に一切の独立した通貨政策を失うことになることです。各国経済がEMU経済に完全に相関しているわけではないため、自国が国内的に不景気でもECBが利上げを実施してしまうことがあり得るのです。この問題は特に多くの小規模な国々に当てはまります。結果として、各国は財政政策に対する依存度を増すことになりますが、財政政策は通貨政策との効果的な組み合わせなしでは効果に限界があります。しかもその効果は、安定成長協定でのGDP比3％以内の財政赤字という規定によってさらに弱められることになります。

中央銀行としてのECBの有効性に関してもいくつかの懸念が存在します。ECBのターゲットインフレは2％弱ですが、ユーロ圏のインフレは2000年から2002年に同基準をわずかに上回り、最近は自ら設

定した目標を上回り続けています。1999年から2000年後期まで、同連合の通貨（そして同連合自体）に対する信頼性の欠如によって、1999年1月の1.15ドルから2000年5月の0.88ドルへと24％の下落を招きました。そのため2000年の最後の数カ月間、ECBは外為市場への介入を余儀なくされました。しかしそれ以降、事態は大きく様変わりしました。ユーロは現在ドルに対してプレミアム付きで取引され、世界の国際的な支配通貨としていつの日かユーロがドルに取って代わると主張するアナリストもたくさんいるほどです（**図2.6**は1999年ユーロ発足以来のチャート）。

　この先数年間にユーロを採用することが予定されているメンバーがあと10カ国あります。EMUの人口を20％増加させるその拡大は政治的にも経済的にも画期的な出来事です。新規参加国中の2カ国以外はすべて旧ソ連からで、15年間にわたる再構築を経てEUへ加入することになります。それらの国が加入すると、4億5000万人からなる世界最大の自由貿易圏が生まれることになります。そのなかの3大加盟国であるポーランド、ハンガリー、チェコ——新規全加盟国の合計GDPの79％を構成——が直ちにユーロを採用することになる可能性は低いと思われます。ユーロ加盟国は財政赤字をGDP比3％以内に抑えることが義務づけられていますが、これら3カ国については現在6％近い赤字が予測されています。ポーランド、ハンガリー、チェコによるユーロ採用は早くても2009年まで延びるというのが最も可能性の高いシナリオです。現時点でEUの諸要件を満たしている小さな国々でも、その国家通貨を切り替えるには長いプロセスが必要になります。ユーロに対して固定されている為替レートをすでに維持している国々——エストニアとリトアニア——は早期にERMに加盟できるかもしれませんが、比較的速いコースでも2007年まではユーロを採用できないでしょう。

　1993年のマーストリヒト条約は、EMUに参加する加盟国に対して

図2.6　発足以来のEUR/USD価格

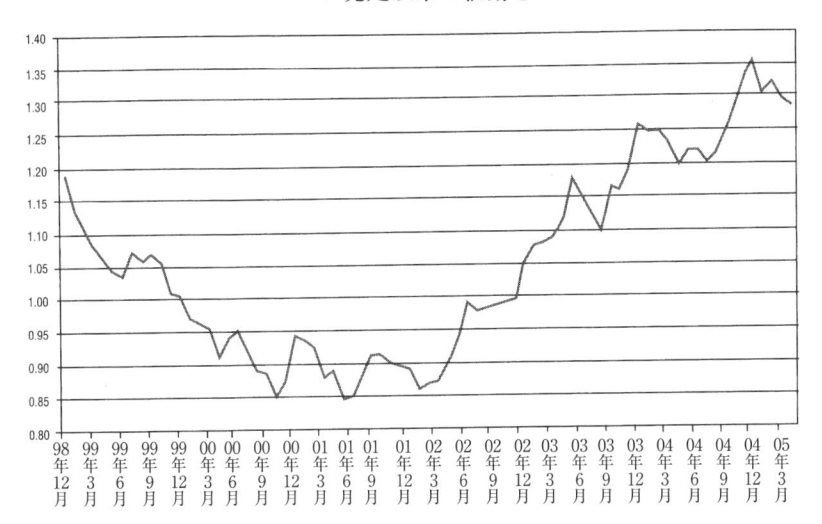

ユーロ発足以来の値動き

5つの統合基準を設定しています。

マーストリヒト条約の統合基準

1. 加盟国の政府財政赤字は、GDP比3％以内でなければならない
2. 加盟国の政府債務は、GDP比60％以内でなければならない
3. 加盟国の為替レートは、加入前2年間にわたり、為替レートの変更なしにERM変動幅内に維持されていなければならない
4. 加盟国のインフレ率は、最低インフレ率を有するEU3カ国の平均インフレ率＋1.5％以内でなければならない
5. 加盟国の国債の長期金利は、最低インフレ率を有する3カ国の同種レートの平均＋2％以内でなければならない

第3章
為替の長期的な変動要因
What Moves the Currency Market in the Long Term?

　金融市場を分析するには大きく分けて、ファンダメンタル分析とテクニカル分析の2種類の方法があります。ファンダメンタル分析は基礎となる経済状況に基づき、テクニカル分析は過去の価格を参考にして将来の値動きを予測します。テクニカル分析が登場して以来、どちらの手法のほうが優れているかという議論が続いています。短期トレーダーはテクニカル分析を好み、主として値動きに主眼を置いた戦略を使用します。一方、中期トレーダーは通貨の適正な評価を見極め、将来の価値を予測するためにファンダメンタル分析を使用する傾向があります。

　勝てる投資戦略を構築するには、外為市場における通貨の動きの原因について理解することが重要です。ファンダメンタル分析とテクニカル分析の両方を組み合わせることが、最高の戦略を練るための秘訣です。テクニカル的に完璧なフォーメーションでも、ファンダメンタル的に大きなイベントが発生したために外れることがきわめて多いからです。同じことがファンダメンタルでも起こります。経済的な材料がまったくない日でも、値が乱高下することがあります。このことは、値動きはランダムであること、つまり値動きはパターンフォーメーションにつきることを示唆しています。そのため、テクニカルトレーダーの場合は近々予定されている主要な経済指標の発表やイベントにつ

いて、ファンダメンタルトレーダーの場合はマーケット全体が注目するような重要なテクニカルな水準について認識していることがきわめて重要です。

ファンダメンタル分析

　ファンダメンタル分析は、需要と供給の変動要因となる経済的・社会的・政治的な力に主眼を置きます。投資ツールとしてファンダメンタル分析を利用しているトレーダーは、成長率、金利、インフレ、失業など、さまざまなマクロ経済指標に注目します。第10章では主要な経済指標、第4章では米ドル相場の変動要因となるさまざまな経済指標を紹介します。ファンダメンタルアナリストは、それらすべての情報を組み合わせて現在と将来のパフォーマンスを評価します。ファンダメンタル分析では特定の見方を唯一の指針とすることがないため、かなりの作業と徹底した分析が必要になります。ファンダメンタル分析を採用しているトレーダーは、経済的・社会的・政治的な環境に変化を及ぼす可能性のある材料や指標に常に注目している必要があります。すべてのトレーダーは取引に入る前に大局的な経済状況に関してある程度理解している必要があります。それは、材料やイベントに基づき投資判断を下そうとするデイトレーダーの場合、特に重要です。なぜなら、FRBによる通貨政策の判断が常に重要であるとしても、金利の動向がすでに完全に相場に織り込まれている場合、EUR/USDの実際の反応が最小限にとどまる可能性もあるからです。

　一歩離れて大きく見れば、通貨価格は主として需給に基づいて動いています。つまり、最も基本的なレベルでは、ある通貨が高くなるのはその通貨に対する需要が存在するからです。その需要がヘッジング、投機、または両替のためであるか否かに関係なく、真の動きはその通貨に対するニーズに基づいています。通貨の価値は供給が過剰である

と下落します。将来の動きを予測する場合、需要と供給に基づき判断することが必要です。しかし需要と供給をどのように予測するかは多くの人が考えるほど簡単ではありません。通貨の需要と供給に影響を与える要因は、資金フロー、貿易フロー、投機的ニーズ、ヘッジングのためのニーズなどたくさんあります。

例えば、米ドルは1999年から2001年末までユーロに対してきわめて強気でした。その相場は主として、米国のインターネットと株式市場ブームとその高いリターンに便乗しようという海外投資家によって主導されていました。米国資産に対するその需要を満たすために、海外投資家はそれぞれの現地通貨を売って米ドルを買うことが必要でした。2001年末以降、地政学的に不確実な状況が発生し、米国は金利の切り下げを開始したため、海外投資家はより高い利回りをほかに求めて米国資産の売却を開始しました。海外投資家は米ドルを売り始めたために米ドルの供給が増加し、ほかの主要通貨に対する米ドルの価値が下落したのです。ある通貨を買うための資金またはその関心の有無が、その通貨の取引の方向性に影響を与える主要な要因です。対米証券投資（米財務省国際証券投資統計またはTIC統計とも呼ばれる）は、2002年から2005年にかけての米ドルの主要な決定要因であったため、マーケットが注目するきわめて重要な経済指標のひとつになりました。

資金フローと貿易フロー

資金フローと貿易フローは、一定期間における通貨に対する需要量を表す一国の国際収支を構成します。ある通貨が現在の価値を維持するためには、理論的には、国際収支がゼロであることが必要です。国際収支がマイナスであることは、資金がその国に入ってくるよりもその国から出て行くペースが速いことを意味します。その結果、理論的には、その通貨は下落することになります。

このことは、一貫して大きな貿易赤字を抱えながら、その赤字を補うだけの十分な資金流入が存在しないという米国の現状（本書発行時現在）にとって特に重要です。まさにこの問題の結果として、貿易加重ドル指数が2003年から2005年の間で22％下落しました。日本円はもうひとつの良い例です。世界でも最大級の輸出国として、日本はきわめて大きな貿易黒字を稼ぎ出しています。そのため、資金流入を防止するゼロ金利政策にもかかわらず、方程式のもうひとつのサイドである貿易の流れの当然の結果として、高めで取引される傾向があるのです。次に、資金（資本）と貿易の流れとは何であるかを具体的に説明しましょう。

資金フロー———売買された通貨量

資金フローは、資本投資のために購入または売却された通貨の正味額を表します。資金フロー収支がプラスであることは、ある国への物的投資またはポートフォリオ投資のための海外からの資金流入額が流出額を超えていることを意味します。資金フロー収支がマイナスであることは、国内投資家が行った物的投資またはポートフォリオ投資の額のほうが海外投資家が購入した額よりも大きいことを意味します。では、これら2種類の資金フロー———物的フローとポートフォリオフロー———について見てみましょう。

物的フロー

物的フローには、不動産に対する投資、製造、現地調達など、企業による実際の海外直接投資が含まれます。これらすべての投資において海外企業は、現地通貨を売り、海外通貨を買うことが必要であるため、為替相場に影響を与えます。その影響は、株式よりも現金が関与する世界的規模の企業買収においてとりわけ顕著なものになります。

物的フローは、実際の物的な投資活動における基礎的な変化を表しているため、注目することが必要です。その流れは、各国の財政状態や成長の可能性の変化に応じて変わります。海外投資を奨励する国内法の変更も物的フローを促進する役割を果たします。例えば、中国のWTO（世界貿易機構）加盟によって同国の海外投資法が緩和されました。その安価な労働力と市場としての魅力（10億を超える人口）から、世界中の企業が中国投資に走りました。為替の観点からいえば、海外企業は中国への投資資金を調達するために現地通貨を売り、RMB（中国人民幣）を買うことが必要になります。

ポートフォリオフロー
　ポートフォリオフローは、株式市場や債券市場における資金の流入と流出を表します。

　株式市場　テクノロジーによって資金移動がきわめて容易になったため、世界中の株式市場における投資がきわめて現実的なものになりました。そのため、世界のどの地域であっても、上昇している株式市場があれば、どこに居住しているかに関係なく、すべての人にとって絶好のチャンスになります。その結果、株式相場とその国の通貨との間に強い相関が生まれました。株式相場が上昇していれば、そのチャンスをとらえるべく海外投資家のドルが入ってきます。一方、株式相場が下落していれば、海外における投資機会を求めるために、国内上場企業の株式を売るよう国内投資家を促す可能性があります。

　債券市場と比較して、株式市場の魅力が年々高まっています。1990年代初頭から米国株式と米国政府債券の海外取引比率が10対1から2対1に低下しています。**図3.1**に示すように、1994年から1999年の期間、ダウ・ジョーンズ工業平均が米ドル（対ユーロ）と強い相関（約81％）を有していたことが分かります。ちなみに、1991年から1999年、

図3.1　ダウジョーンズ工業平均とUSD/EUR

ダウジョーンズ工業平均とUSD/EUR

ダウは300％上昇し、米ドルは同期間中30％近く上昇しています。そのため、外為トレーダーは短期と中期の株式ベースの資金フローを予測するために、世界各国の株式相場を熱心にフォローしていました。しかし米国におけるハイテクバブル崩壊以降、この関係は変化しました。なぜなら海外投資家が比較的リスク回避型のポジションを保有し続け、米国株式と米ドルのパフォーマンスの相関が低くなったからです。とはいえ、ある程度の関係はいまだに存在し、市場間の機会を求めて世界各国の市場のパフォーマンスに目を向けておくことはすべてのトレーダーにとって重要です。

　債券市場　株式相場が為替レートの動きと相関があるのと同様に、債券相場も相関があります。債券は本質的に安全性を備えているため、

世界的に不確実性の時代に、債券投資がきわめて大きな魅力を持つ可能性があります。その結果、債券に関して最も価値ある機会を提供する国々が海外投資を引きつけることができるようになります。その国に投資するには当然のことながら、まずその国の通貨を購入することが必要になります。

　債券に関する資金フローの良い目安は、国債の短期と長期の利回りです。10年物債券であるＴノートの利回りと海外債券の利回りとのスプレッド差異に注目することが重要です。その理由は、国際投資家が最も利回りの高い資産のある国にその資金を持っていく傾向があるからです。米国資産が最高レベルの利回りを提供している場合、米国の金融商品への投資が促され、ひいては米ドルを押し上げる圧力になります。国際資金の短期フローの目安としては、２年物Ｔノートのスプレッドなど、短期利回りを使用することもできます。国債の利回りは別にして、フェデラルファンド先物も米国資金の動きを推測するために使用できます。FRBの将来の金利政策に対する予測に基づき価格が付くからです。ユーリボー先物、つまり欧州銀行連盟のインターバンク貸出金利に関する先物は、ユーロ地域の将来の金利に関するバロメーターであり、ユーロ地域の将来の政策動向に関する指標として利用できます。債券を参考にした外為取引についてはさらに第９章で取り上げます。

貿易フロー──輸出と輸入の差

　貿易フローはあらゆる国際取引のベースです。その国の投資環境が通貨価値の主たる決定要因であるように、貿易フローはその国の純貿易収支を表します。純輸出国である国々、つまり海外からの輸入額よりも海外への輸出額のほうが多い国々の貿易収支は純黒字です。純黒字の純輸出国の場合、国際貿易上、その国の通貨は売られるよりも買

われるほうが多くなるため、その国の通貨が上昇する可能性が高くなります。輸出される商品やサービスを購入する海外の顧客は、まずその輸出国の通貨を買わなければならないため、純輸出国の通貨に対する需要が生まれるからです。

　純輸入国（つまり海外へ売るよりも海外から買うほうが多い国）は、貿易収支が赤字になるため、その国の通貨価値は下落する可能性があります。海外から購入する場合、輸入業者は自国の通貨を売り、購入する商品またはサービスの小売業者の所在国の通貨を買うことが必要です。大局的に見れば、そのように売られることによってその国の通貨が下落する可能性があります。この概念は重要です。なぜなら、それこそが、米国が貿易赤字の記録を更新し続けるのをストップするためには、米ドルがこの先数年間下落し続ける必要があると多くのエコノミストが説いている主たる根拠だからです。

　これをさらに明確にするために、例えば、英国経済が好調で株式相場も高騰しているとします。一方、米国の経済は精彩なく、投資機会が不足しているとします。このようなシナリオでの自然な成り行きとして、米国居住者たちがドルを売り、英ポンドを買って、上昇する英国経済に便乗する、ということになります。そこで米国から資金が流出し、英国へ資金が流入することになります。為替レート的には、USDの需要が減り、GBPの需要が増えるため、USD安のGBP高に誘導され、GBP/USDが高くなることになります。

　デイトレーダーとスイングトレーダーにとって、大局的な経済状況を把握しておくコツは、その国の経済指標が他国と比較してどうであるかを見極めておくことでしょう。

トレードのヒント──経済的なサプライズをチャート化する

　取引に役立つひとつの分析方法として、値動きに経済指標によるサ

図3.2　経済的サプライズをチャート化

米ドルとEUR/USD

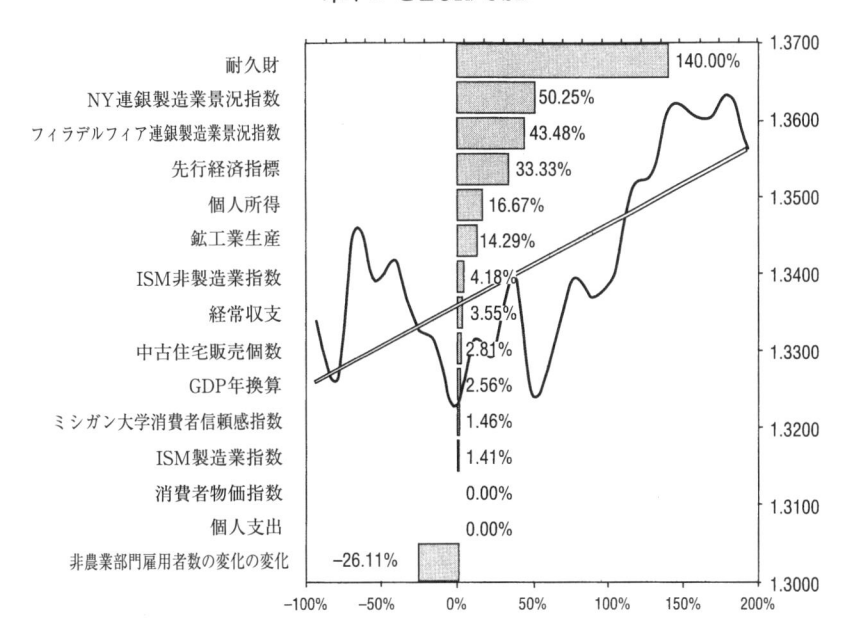

指標	サプライズ%
耐久財	140.00%
NY連銀製造業景況指数	50.25%
フィラデルフィア連銀製造業景況指数	43.48%
先行経済指標	33.33%
個人所得	16.67%
鉱工業生産	14.29%
ISM非製造業指数	4.18%
経常収支	3.55%
中古住宅販売個数	2.81%
GDP年換算	2.56%
ミシガン大学消費者信頼感指数	1.46%
ISM製造業指数	1.41%
消費者物価指数	0.00%
個人支出	0.00%
非農業部門雇用者数の変化の変化	−26.11%

プライズを対応づけることによって通貨の将来の動きを理解し、予測する方法があります。図3.2はその参考となる例です。棒グラフはコンセンサス予測と比較して経済指標が及ぼしたサプライズ（想定外の影響）のパーセンテージを表し、黒線は指標が公表された期間中の値動きを示しています。白線は価格の単純回帰線です。このようなチャートをすべての主要通貨ペアに関して作成することによって、値動きが経済的ファンダメンタルズと一致していたか否かを視覚的に判断することができ、値動きを予測するための参考になります。このデータは http://www.dailyfx.com サイトの「Charting Economic Surprises」のセクションで毎月提供されています。

図3.3　EUR/USDチャート

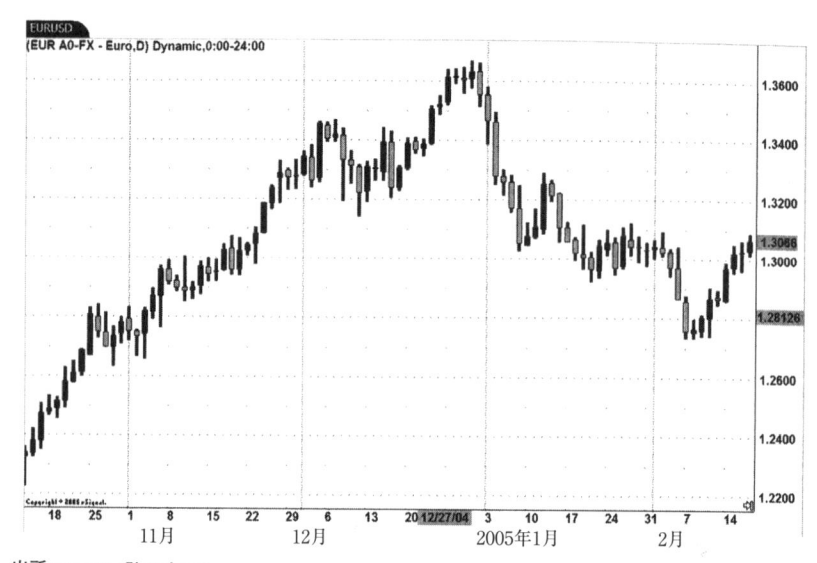

出所＝www.eSignal.com

　図3.2のチャートによれば、2004年11月に15のうち12の経済的サプライズがプラス方向に作用していたにもかかわらず、経済指標が公表された12月に米ドルがユーロに対して売られています。この手法は厳密ではないにしても、分析としてシンプルであり、将来の値動きに関してきわめて有用なヒントを提供したチャートが過去にいくつも存在します。図3.3は翌月のEUR/USDの動きを示しています。ご覧のようにEUR/USDは1月に一気に調整に入っており、12月に発生したファンダメンタルズから乖離した値動きが米ドルをロング（買い仕掛け）するための有用なヒントであったことを示しています。米ドルをロングしていれば、1月にユーロがその上昇分のほとんどを消すなかで

600ピップス近くを稼ぐことができました。この分析手法は「バリアント・パーセプション（特異な洞察力）」と呼ばれ、30年連続で平均24％のリターンを達成したあの伝説のヘッジファンドマネジャー、マイケル・スタインハルトによって考案された手法です。

チャートがこれほど明確なシグナルを発することはまれですが、その分析的価値は異常値データの発見と解釈にもあります。特定の経済指標におけるきわめて大きなプラスとマイナスのサプライズは、将来の値動きに対するヒントとなることが多いのです。EUR/USDチャートに戻ると、10月から12月の期間に米ドルが（ユーロに対して）下落しているのが分かります。この下落は2004年10月の記録的な経常赤字によって引き起こされています。経済的ファンダメンタルズの問題は、ほかのどの市場よりも外為市場に大きな影響を与えるため、この種のチャートは相場の方向性に関して貴重なヒントを提供します。各地域に関して最も重要な15種類の経済指標が選択され、過去20日間の価格データに対して価格回帰線が付加されています。

テクニカル分析

1980年代半ば以前は、外為市場は主としてファンダメンタルトレーダーによって占められていました。その後テクニカル分析の人気上昇と新しいテクノロジーの登場によって、外為市場に対するテクニカル取引の影響が著しく増大しました。高いレバレッジが利用可能なことがモメンタムファンドやモデルファンドの数を増大させ、通貨価格に影響力を持つ、外為市場の重要な参加者になったのです。

テクニカル分析は値動きの研究に主眼を置く手法です。テクニカルアナリストは過去のデータに基づき将来の価格の方向性を予測します。テクニカル分析は、各通貨の価格には市場をとりまくすべての情報が織り込まれているため、値動きを調べるだけで必要な情報に基づく投

図3.4　USD/JPYチャート——2001年9月11日

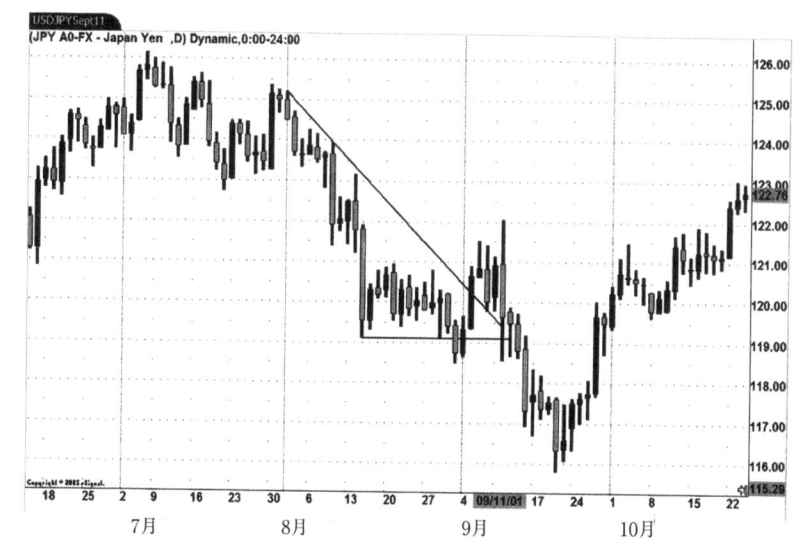

出所 = www.eSignal.com

資判断が下せるということ、そして歴史は繰り返すという前提に基づいています。

　テクニカル分析は短期から中期のトレーダーに特に人気のある手法です。為替市場においてことのほかうまく機能するのは、短期的な価格変動が主として人間の感情、つまり市場の認識によって促されているからです。テクニカル分析における主なツールはチャートです。チャートはトレンドやパターンを見極め、利益の機会を識別するために使用されます。テクニカル分析の最も基本的なコンセプトは、相場はトレンドを形成する傾向があるということです。どれだけ早い段階でトレンドを識別できるかがテクニカル分析の鍵になります。テクニカ

ル分析は値動きとモメンタムを組み合わせて過去の値動きを視覚的に表現し、将来の動向を予測します。フィボナッチリトレースメントレベル、移動平均線、オシレーター、ローソク足、ボリンジャーバンドなどのテクニカル分析手法は、トレーダーの欲と恐怖が極まる水準であり、買い手と売り手の心理的な節目となる値（エクストリーム）に関する情報を提供します。相場には基本的にトレンド相場とレンジ相場の２種類があります。取引パラメータに関するセクション（第７章）では、現在の相場がどちらのタイプの相場であるか、どのような取引機会を求めるべきかを判別するために役立つルールを検討します。

テクニカル分析とファンダメンタル分析のどちらが優れているか

　テクニカル分析とファンダメンタル分析のどちらが優れているかは長年の議論の的であり、白黒はいまだについていません。ほとんどのトレーダーは、何時間も勉強に費やす必要のないテクニカル分析に従っています。テクニカルアナリストなら同時にいくつもの通貨をフォローできます。それに対してファンダメンタルアナリストは、市場データが大量にあるため、専門化する傾向があります。外為市場は強いトレンドを形成する傾向があるため、テクニカル分析がうまく機能します。テクニカル分析をマスターしてしまえば、どんな時間枠にでも、どんな通貨にでも、同様に簡単に適用することができます。

　とはいえ、ファンダメンタルズはブレイクアウトやトレンド反転など、テクニカルな動きを引き起こすことがあり、テクニカル分析は特に静かな相場でのトレンドの抵抗線など、ファンダメンタルズで説明できない動きを説明できるため、両方の戦略を組み入れることが重要です。例えば**図3.4**で見られるように、2001年９月11日までの数日間、USD/JPYはトライアングルパターンからブレイクアウトし、上

値を目指していました。しかしこのチャートが示すように、テクニカル分析で予想されるように上方ブレイクすることなく、テロ攻撃後、USD/JPYは下方へブレイクし、9月10日の高値121.88から115.81の安値へと下落したのです。

為替の予測──学究派やエコノミストが利用しているモデル

ファンダメンタル分析と通貨の評価に関してさらに学びたいと考えている熱心な外為学習者のために、このセクションでは、主要な投資銀行のアナリストたちが採用している通貨予測のためのさまざまなモデルについて検証します。通貨予測モデルは大きく分けて、国際収支理論、購買力平価理論、金利平価理論、マネタリーモデル、実質金利差モデル、資産市場（アセットマーケット）モデル、通貨代替モデルの7種類あります。

国際収支理論

国際収支（BOP＝Balance of Payment）理論では、為替レートは経常収支が安定化する均衡水準になければならないとされます。貿易赤字を抱えている国々では、その国への輸出業者が支払いを受け取るためにその国の通貨を売らなければならないことから、外貨準備高が減少します。通貨が安いほどその国の輸出品が海外で安くなるため、輸出が促進され、均衡水準へ向かうことになります。

国際収支とは何か？

国際収支は、経常収支と資本収支という2つの部分から構成されます。経常収支は、自動車や生産品など有形の目に見える品目に関する

指標です。輸出入の黒字や赤字は貿易収支と呼ばれます。資本収支は、株式や債券に対する投資など資金の流れに関する指標です。米国の国際収支統計は経済分析局（Bureau of Economic Analysis）のウエブサイト（http://www.bea.gov/）に掲載されています。

貿易フロー

貿易収支は、一定期間における一国の輸出と輸入の差額を示します。輸出よりも輸入が多いとその国の貿易収支はマイナス、つまり赤字になり、輸入よりも輸出が多いとその国の貿易収支はプラス、つまり黒字になります。貿易収支は各国間での富の再分配を表し、一国のマクロ経済政策が他国の経済に影響を与える主要なチャネルになります。

貿易赤字は一般にその国の通貨価値にマイナスの影響を与えるという意味から、その国とって望ましくないと考えられています。例えば、米国の貿易統計で輸出よりも輸入のほうが多いと、米国からドルが流出し、米ドルは下落します。逆に貿易収支がプラスだと、ほかの通貨に対して米ドルは上昇します。

資金フロー

貿易の流れに加えて、各国間には資金（資本）の流れもあります。資金フローは、企業、株式、債券、銀行口座、不動産、工場の全体（または一部）に関する支払いなど、国を出入りする投資の流れを表します。資金フローは他国の金融や経済の状況を含む数多くの要素に影響されます。資金フローの形態には物的投資とポートフォリオ投資があります。発展途上国では資金フローの構成が、FDI（海外直接投資）と銀行ローンに片寄る傾向があります。先進国の場合、株式と債券の市場が強いため、銀行ローンやFDIよりも株式や債券が中心になる傾向があります。

株式市場

株式市場は大量の通貨が動く主要な場所であるため、為替の動きに大きな影響力を持っています。その重要性は、大量の資金の流入と流出が発生し、海外投資家が主要な参加者である資本市場が発展している国々の通貨においては特に顕著です。株式市場における海外からの投資流入規模は、企業と特定のセクターの好調さを反映した、その市場の全般的な健全性と成長性に依存します。為替の動きは、海外の投資家が資金を特定の株式市場へ移したときに起こります。資金が国内通貨へ交換され、それが需要を後押しし、その通貨の価値を上昇させます。しかし株式市場が低迷していると、海外投資家が逃げ出し、それぞれの自国通貨へ戻すため、国内通貨は下落します。

債券市場

債券市場が通貨に対して持っている影響力は株式市場と同様、資金が移動したことの結果として現れます。債券市場に対する投資家の関心は企業の具体的な状況や信用格付け、そしてその国の経済の全般的な健全性と金利に依存します。債券市場への海外資金の出入りは通貨の需給に変化を及ぼすため、為替レートに影響を与えます。

貿易フローと資金フローのまとめ

一国の国際収支を確認し、理解することは、ファンダメンタル分析に関心を持つ人たちにとっておそらく最も重要かつ有用な方法です。あらゆる国際取引は貿易フロー（経常勘定）と資金フロー（資本勘定）という2つの勘定への記帳を発生させます。貿易フロー収支がマイナスの流出である場合、その国は海外へ売るよりも多くのものを買っています（輸入が輸出を超過）。プラスの流入である場合、その国は買うよりも多くを売っています（輸出が輸入を超過）。資金フロー収支がプラスなのは、海外からその国への物的投資またはポートフォリオ

投資の流入額が流出額を上回っている場合です。その国が海外投資家に売ったよりも多くの物的投資またはポートフォリオ投資を買った場合、資金フローはマイナスになります。

　これら貿易フローと資金フローという２つの項目を合計すると、その国の国際収支になります。国の経済と為替レートを現状水準に維持するには、理論的にはこれら２つの項目が均衡し、差し引きゼロになることが必要です。

　各国は貿易フローや資金フローがプラスにもマイナスにもなる可能性を持っています。為替レートに対するこれら２つの差し引き効果を最小限に抑えるために、国はこれら２つのバランスを保つよう努めなければなりません。例えば、米国は輸出より輸入のほうが多いため、かなりの貿易赤字を抱えています。貿易収支がマイナスの場合、その国は海外へ売るよりも海外から多くのものを買っていて、その赤字を埋めるための資金が必要になります。貿易フローのマイナスが、海外からの物的投資またはポートフォリオ投資による同国への資金フローのプラスによって相殺される可能性もあります。そのため米国はこの２つがバランスする程度にまで貿易赤字を削減し、資金の流入を増大しようとしています。

　このバランスの変化はきわめて重要であり、経済政策と為替水準にとって大きな意味を持っています。貿易フローと資金フローとの差がプラスかマイナスであるかは、その国の通貨の方向性に影響を与えます。貿易と資金の全体的なバランスがマイナスであればその国の通貨は下落し、プラスであればその国の通貨の上昇につながります。

　国際収支の変化が通貨水準に直接的な影響を与えることは明白です。そのためこのバランスに関連する経済統計を見ることによって、その先の結果を読み取ることが可能です。資金フローと貿易フローに関連する統計は細心の注意を払ってフォローする必要があります。例えば、米国の貿易赤字が増大し、資金フローが減少すると国際収支が赤字に

なる可能性があるため、ドルの下落を予想することができます。

国際収支モデルの限界

国際収支モデルは、国際的な資金フローを無視し、財とサービスの取引に焦点を絞っています。ところが1990年代末まで外為市場では、国際資金フローがしばしば貿易フローを圧倒していたのです。そのおかげで米国のような債務国の経常勘定の収支がしばしば均衡化していました。

例えば、1999年、2000年、2001年、米国は膨大な経常赤字を抱え、一方、日本は膨大な経常黒字を出していました。ところが同期間中、貿易フローが米ドルとって逆風であったにもかかわらず、米ドルは円に対して上昇したのです。その理由は、資金フローが貿易フローを補い、BOP予測モデルを一定期間にわたって機能停止にしたためです。この資金フローの増加こそが、資産市場モデルが台頭するきっかけになったのです。

注——この手法を国際収支理論と呼ぶのはおそらく間違いでしょう。なぜなら国際収支全体ではなく、経常収支のみを考慮しているからです。とはいえ、1990年代までは、世界経済における資金フローの役割はきわめて小さく、ほとんどの国おいて貿易収支が国際収支の大部分を占めていたことも事実です。

購買力平価理論

購買力平価（PPP = Purchasing Power Parity）理論は、為替レートは2国間における同様なものが盛られたバスケット全体の価格（購買力）の比率によって決定される、という考え方に基づいています。一国のインフレ率の変化は、その国の為替レートが逆方向に変化することによって均衡が保たれなければなりません。つまり、この理論に

よれば、ある国の価格がインフレによって上昇していれば、パリティ（平衡）に戻すために、その国の為替レートは下がらなければならないことになります。

PPPにおける財のバスケット

PPP理論を実践するための価格づけされた財とサービスのバスケットには、GDP（国内総生産）の対象となるすべての財とサービスのサンプルが含まれます。それには消費者向けの財とサービス、政府サービス、設備財、建設プロジェクトが含まれます。より具体的には、消費者品目には、食品、飲料、たばこ、衣服、靴、家賃、水道、ガス、電気、医療品とサービス、家具と備品、家財道具、個人用輸送機器、燃料、輸送サービス、娯楽機器、娯楽と文化サービス、電話サービス、教育サービス、個人ケアと家事のための財とサービス、修理と保守サービスが含まれます。

ビッグマック指数

PPPの最も有名な例のひとつがエコノミスト誌によるビッグマック指数です。ビッグマックPPPは、ハンバーガーの値段を米国と同等にする為替レートです。そのレートを実際のレートと比較することによって、その通貨が過小評価されているのか、過大評価されているのかを判断します。例えば、2002年4月における米国・カナダ間の為替レートは1.5でした。米国で2.49ドルだったビックマックが、カナダでは3.33カナダドル（CAD）、つまり米ドル換算で2.12ドルと割安でした。この理論によれば、USD/CADの為替レートは15%過大評価されており、1.34であるべきだということになります。

OECDのPPP指数

もっと公式な指数がOECD（経済協力開発機構）によって発表され

ています。OECDとEC統計局が共同PPPプログラムのもとでPPP算出に関する責任を共有しています。どの通貨が米ドルに対して過小評価または過大評価されているかに関する最新情報は、OECDのウエブサイト（http://www.oecd.org/）で見ることができます。OECDは主要先進諸国の価格水準を示す一覧表を発表しています。各列には、消費者向けの財とサービスが含まれる同一のバスケットを購入するために各国において必要となる指定通貨単位数が記載されています。各ケースにおけるバスケットの価格は、その指定された国の通貨で100単位です。さらにそのPPPレートと実際の為替レートとを比較するチャートが作成されています。そのチャートは最新の為替レートを反映するために毎週更新されます。またPPPの新しい推定値を反映するために年に約2回更新されます。PPP推定値はOECDが実施する調査から得られますが、絶対的なものと見るべきではありません。計算方法によってさまざまなPPPレートが得られます。

　2002年9月のOECD情報によると、米国とカナダの為替レートは1.58でしたが、米国とカナダの価格水準の比率は1.22、つまり為替レートとして1.22が適正だろうということになります。このPPPモデルでは、USD/CADがこの場合も大きく（25％超）過大評価されています（ビッグマック指数と大差なし）。

PPPの利用上の限界

　PPP理論は、長期的なファンダメンタル分析にのみ利用すべきです。PPP理論の前提となる経済的な力は、各通貨の購買力を徐々に均等化していきます。しかしそれには何年もかかることがあります。5年から10年という期間が一般的です。

　PPP理論の主な弱点は、関税、割当、税金などを無視し、財を容易に貿易できると仮定しているところです。例えば、米国が新たな輸入関税を発表すると、国内生産品のコストが上昇しますが、その上昇分

は米国のPPP表には反映されません。

　PPPを比較検討する場合に考慮すべき要素はほかにもあります。インフレ、金利差、経済指標の発表、資産市場、貿易フロー、政治の動向です。いずれにしても、PPP理論が為替レートを判断する場合に使用すべきいくつかの理論のひとつであることは確かです。

金利平価理論

　金利平価（Interest Rate Parity）理論は、２つの通貨の金利が異なる場合、無リスクでのアービトラージ（裁定取引）機会がなくなるように、その金利差が先物為替レートのプレミアムまたはディスカウントに反映されることになる、とする理論です。

　例えば、米国の金利が３％、日本の金利が１％の場合、無リスクでのアービトラージの機会をなくすには、米ドルが日本円に対して２％下落しなければなりません。この将来の為替レートが今日の先物為替レートに反映されることになります。この例での米ドルの先物為替レートは、購入できる日本円が直物レートの場合よりも少なくなるため、ディスカウント状態にあるといわれます。一方、円はプレミアム状態にあるといわれます。

　金利平価理論が近年において機能したという証拠はほとんどありません。高金利の通貨は、過熱気味の景気を減速させるために中央銀行が意図的に利上げしていることが多く、無リスク・アービトラージとはまったく関係ないのです。

マネタリーモデル

　マネタリーモデルは、為替レートがその国の通貨政策によって決定されていると考えます。マネタリーモデルによれば、一貫した通貨政

図3.5 マネタリーモデル

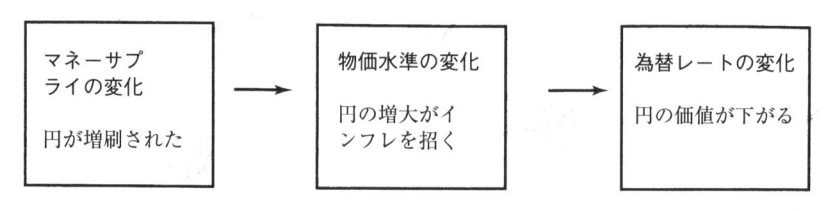

```
┌─────────────┐     ┌─────────────┐     ┌─────────────┐
│ マネーサプ   │     │ 物価水準の変化 │     │ 為替レートの変化│
│ ライの変化   │ ──> │             │ ──> │             │
│             │     │ 円の増大がイ  │     │ 円の価値が下がる│
│ 円が増刷された│     │ ンフレを招く  │     │             │
└─────────────┘     └─────────────┘     └─────────────┘
```

策を実施している国々の通貨は上昇しているのが普通です。通貨政策が一定していないか、過度に拡張的な通貨政策を実施している国々の通貨は下落する、ということになります。

マネタリーモデルの使用法

この理論では、為替レートに影響を与える要因がいくつかあります。
1．その国のマネーサプライ（通貨供給量）
2．その国のマネーサプライに関する予測
3．その国のマネーサプライの伸び率

これらすべての要素が、為替レートの変更を促す可能性のある通貨トレンドを理解し、見極めるための鍵になります。例えば日本経済は10年以上にわたり不況を脱出し切れずにいます。金利はほぼゼロであり、財政赤字が支出による不況からの脱出を阻んでいます。そのため日本の当局に残された経済再生の道はひとつしかありません。貨幣の増刷です。株式と債券を買うことによって日本銀行はマネーサプライを増やし、それによってインフレが生まれ、ひいては為替レートが動きます。図3.5の例は、マネタリーモデルを利用したマネーサプライの変化による影響を示しています。

マネタリーモデルが最も有効なのは、このような拡張的な通貨政策

においてです。通貨の急激な下落を防ぐために一国が取り得る数少ない方法のひとつが金融引き締め政策です。例えばアジア危機において香港ドルが投機筋の攻撃対象になりました。香港の通貨当局は香港ドルの米ドルへのペッグ解消を阻止するために金利を300％まで引き上げました。投機筋はこの途方もない高金利によって排除され、この戦術は完全に成功しました。欠点は、香港経済が不況に陥る危険があったことです。しかし結局ペッグは維持され、マネタリーモデルは機能したのです。

マネタリーモデルの限界

マネタリーモデルには貿易フローも資金フローも考慮に入れられていないため、同モデルだけに依存しているエコノミストはきわめて少数派です。例えば2002年、英国は金利、成長率、インフレ率において米国とEU（欧州連合）を上回っていましたが、ポンドはドルとユーロの両方に対して上昇しました。マネタリーモデルは変動相場制の幕開け以来かなり苦戦しているのが実情です。このモデルでは、高金利は、多くの場合実際にそうであるように、インフレ進行のシグナルであり、通貨の下落が続くと仮定されています。しかしこれには、高金利や好景気に後押しされた株式市場の結果として生じ、通貨を上昇させる可能性のある資金の流入が考慮されていません。

いずれにしても、マネタリーモデルは為替レートの方向性を見極めるためにほかのモデルと連携して使用することができるいくつかの有用なファンダメンタル分析法のひとつです。

実質金利差モデル

実質金利差（Real Interest Rate Differential）理論は、為替レートは国の金利水準によって決定される、という理論です。金利の高い国々

図3.6 実質金利モデル

米ドル比金利差（bp）	ユーロ圏	日本	英国	カナダ	オーストラリア	ニュージーランド
2003年末中央銀行金利	100	−100	275	175	425	400
2003年米ドル比％変化	20%	12%	11%	21%	34%	27%

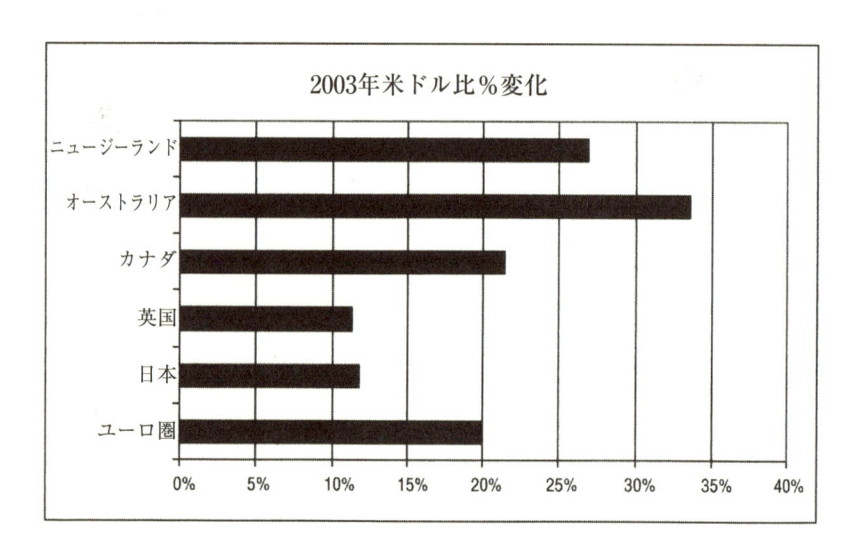

2003年米ドル比％変化

- ニュージーランド: 約27%
- オーストラリア: 約34%
- カナダ: 約21%
- 英国: 約11%
- 日本: 約12%
- ユーロ圏: 約20%

の通貨の価値は上昇し、金利の低い国々の通貨の価値は下落することになります。

金利差モデルの基本

ある国が金利を上げると、国際投資家はその通貨の利回りの魅力が増したことを発見し、その国の通貨を買いに走ります。**図3.6**は、金利差が近年において最も広い水準近くまで広がった2003年にこの理論がどの程度有効であったかを示しています。

このグラフは相半ばする結果を示しています。豪ドルは金利が最も

高く、米ドルに対する利回りも最も高くなっています。これは、投資家が利回りの高い豪ドルを買っているということであり、このモデルの正当性を裏づけているように思われます。同じことは、米ドルよりも利回りが高く、米ドルに対して27％上昇しているNZドルに関してもいえます。しかし、その金利差はわずか1.00％（100ベーシスポイント）であったにもかかわらず米ドルに対して20％上昇したユーロと比較すると（NZドルを除く全通貨を上回っている）、このモデルの正当性は怪しくなります。さらに英ポンドと日本円を比較すると、このモデルの正当性は絶望的になります。円との差は－1.00％であったにもかかわらず、ドルに対して12％近く上げています。一方、英ポンドは、2.75％という大きな金利差があったにもかかわらず、ドルに対する上昇率はわずか11％だったのです。

このモデルでは、金利変化に対する為替レートの感応度の重要性を判断するための要素のひとつとして、その変化がどれくらいの期間持続すると予想されるかが重視されています。簡単にいえば、5年間続くと予想される金利上昇は、1年間しか続かないと予想される場合よりも為替レートに与える影響がはるかに大きいということです。

金利差モデルの限界

ある国の金利と為替レートの変化の間に強力かつ統計的に有意な関係が存在するか否かについては、国際的なエコノミストたちの間で大きな議論が存在します。このモデルの主な弱点は、経常収支を考慮に入れず、資金フローに依存していることです。このモデルは資金フローを過度に重視するあまり、政情、インフレ、成長率など、ほかの多くの要素を軽視する傾向があります。とはいえ、それら要素が除外されているために、同モデルがきわめて使いやすいという側面もあります。なぜなら、投資家はより利回りの高い投資対象へ引き寄せられていくと、論理的にきわめて明快だからです。

資産市場モデル

資産市場（アセットマーケット）モデルの基本的な前提は、株式や債券などの金融資産への資金フローが、その国の通貨に対する需要を増大させる（その逆の場合も同じ）ということです。その証拠としてこのモデルの信奉者たちは、株式や債券などの投資商品に向けられている資金量が、財とサービスの輸出入取引の結果として交換されている資金量を大きく上回るようになっていることを指摘しています。資産市場理論は、経常勘定ではなく資本勘定を考慮に入れているため、基本的に国際収支理論の逆になります。

ドル主導理論

1999年、多数の専門家が、米国の経常赤字拡大とウォール街の割高感から、ドルがユーロに対して下落するだろうと見ていました。それは、米国以外の投資家たちが資金を米国の株式や債券から引き揚げ、経済的により強固な市場へ移し始めたため、ドルを著しく圧迫するというのが根拠でした。しかしその不安は、米国の経常赤字が対GDP比で3.5％という記録的な高さに達した1980年代初めから続いているのです。

過去20年間、ドルの動向評価に関して、資産市場モデルが国際収支理論に代わって主役の座を占めてきました。この理論は米国資本市場の規模の巨大さから、専門家の間で最も強い勢力を保ち続けています。2002年の5月から6月にウォール街に暗雲をもたらした会計スキャンダルに嫌気をさして米国の株式市場から投資家たちが逃げ出したのと同時に、ドルは円に対して10.00円以上下落しました。経常収支はずっと膨大な赤字のままであったにもかかわらず、2002年末、スキャンダルが沈静化するにつれてドルは円に対して115.43円の安値から5.00円近く上げ、120.00円で引けました。

図3.7 米ドル指数とS&P500指数

米ドル指数とS&P500指数

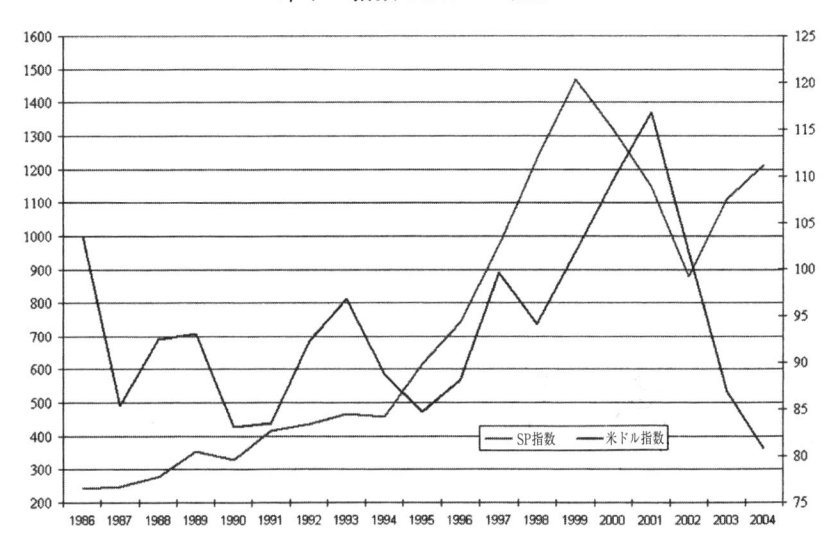

[グラフ：1986年から2004年までのSP指数と米ドル指数の推移]

資産市場理論の限界

　資産市場理論の主な限界は、かなり新しい理論であるため、十分に実証されていないことです。一国の株式市場のパフォーマンスとその通貨のパフォーマンスとの間には、長期的には相関性がないという議論がしばしばあります。**図3.7**の比較を見てください。1986年から2004年の期間中、S&P500指数と米ドル指数の間にはわずか39％の相関しかありませんでした。

　また、株式相場が横ばいで、強気と弱気の間でセンチメントが固まってしまっている場合、その国の通貨はどうなるでしょうか？　それが2002年における米国の主なシナリオでした。そのため外為トレーダーは、金利アービトラージなどの古い投資モデルへ回帰していました。資産市場モデルが生き残るか、はたまた通貨予測レーダー上の単なる

つかのまの輝点に終わるかは、時間のみが明らかにしてくれるでしょう。

通貨代替モデル

　通貨代替モデルは、一国の投資家の流れを考慮に入れるため、マネタリーモデルの続編という位置付けになります。プライベート（私募）やパブリック（公募）ポートフォリオの他国への移行は、為替レートに大きな影響を与える可能性があると仮定しています。個人がその資産を国内通貨から海外通貨へ交換できることを「通貨代替（カレンシーサブスティチューション）」と呼びます。このモデルをマネタリーモデルに追加することで、一国のマネーサプライに関する予測の変化がその国の為替レートに決定的な影響を与えうることが実証されています。投資家たちがマネタリーモデルを見て、マネーフローに変化が起こりそうだ、そうなると為替レートが動く、と判断して投資を行います。このようにマネタリーモデルは自己充足的な予言になってしまいます。この理論を信奉している投資家は「マネタリーモデル」という"パーティー"へ参加するために「通貨代替モデル」という"バス"に飛び乗っているにすぎないのです。

円における例
　マネタリーモデルの例では、日本政府が市場で株式と債券を買うことによって円の増刷（マネーサプライの増加）を行ったことを説明しました。マネタリーモデル派なら、このマネーサプライの増加がインフレを誘発し（多くの円が少ない商品に向かう）、円の需要を減らし、最終的には円の全面安を引き起こすと断定するでしょう。通貨代替派なら、このシナリオに同感し、円をショートして儲けるか、ロングしている場合はすぐにそのポジションを解消して利益を守るでしょう。

図3.8 通貨代替モデル

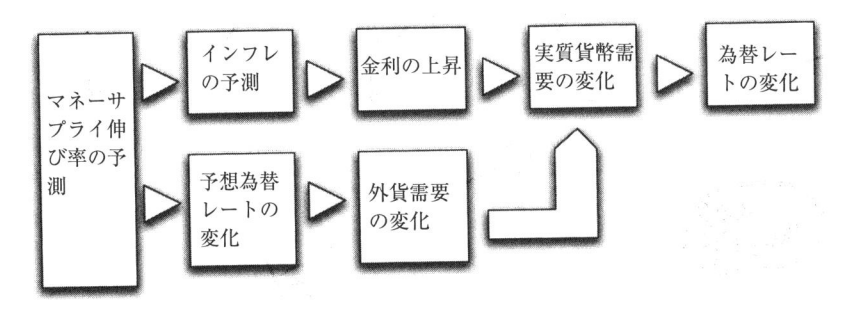

われらが円トレーダーたちは、その行動によって相場をまさにその方向へ向ける手助けをし、マネタリーモデル理論を既成事実にしてしまうのです。**図3.8**はそのプロセスをステップ・バイ・ステップで示しています。

A．日本が新たな株式債券買い戻し計画を発表する。エコノミスト筋は日本のマネーサプライが激増すると予測する。

B．エコノミスト筋は、この新政策の導入を原因とするインフレ上昇も予測する。投機筋は、その結果として為替レートが動くと見る。

C．エコノミスト筋は、インフレが浸透すると金利も上がると見る。投機筋は、為替レートが動くと見て、円をショートし始める。

D．日本経済のマネーフローが増加し、投機筋が円を投げ売りするにつれ、円に対する需要が急落する。

E．円が外貨、特に投資家が容易に代用できる外貨（つまり流動性の高い円クロス）に対して下落すると、日本円の為替レートが劇的に変化する。

通貨代替モデルの限界

　通貨代替モデルは、活発に取引されている主要通貨に関しては、為替レートの変化に関する単独の決定理論として説得力のあるものにはまだ至っていません。この理論は、ホットマネーが台風のように新興市場を出入りする途上国においてのほうが自信を持って使用できますが、現在の代替モデルには考慮されいない変数がまだ多すぎます。例えば、前述の円の例で説明すると、日本がその証券買い戻し計画によってインフレを誘発しようとしても、円を押し上げ続けるほどの膨大な経常黒字が存在することに変わりはありません。また日本は避けなければならない政治的な地雷をその近隣に多数抱えており、日本が通貨を切り下げようとしていることが明らかになれば、大きな反発が起こるでしょう。これらは代替モデルで考慮されていない多数の要素のなかの２つにしかすぎません。とはいえ、このモデルは、ほかの多数の通貨モデルと同様、全体としてバランスのとれた「為替予測用ツールセット」の一部とみなす必要があります。

第4章

為替の短期的な変動要因
What Moves the Currency Market in the Short Term?

　ファンダメンタルであれ、テクニカルであれ、どんなタイプのトレーダーでも、経済指標の重要性を過小評価することはできません。外為市場に長年かかわってきて私が知ったことは、自分は純粋なテクニカル派なので投資戦略にファンダメンタルズを考慮しないというトレーダーでも、重要な経済指標の発表前になると相場から手を引くことが多いということです。米国非農業部門雇用者数など重要な指標の発表前になると、多数のシステムトレーダーがシステムをオフにします。それとはまったく対照的に、投資戦略にファンダメンタルズを組み込み、主要な経済指標の発表だけを狙ってブレイクアウトトレードを仕掛けるテクニカル派もいます。ですからどんなタイプのトレーダーでも、米ドルにとって最も重要な経済指標が何であるかを知っていることが重要です。為替取引全体の90%が対米ドルであるため、当然の結果として為替の動きは米国の経済指標に対して最も敏感に反応します。

　私が行った研究によれば、2004年における経済指標を背景にした米ドル（対ユーロ）の最も顕著な動きは、発表後20分以内の取引において発生しています。**表4.1**に示されているように、非農業部門雇用者数は文句なしに最も重要な米国指標のひとつです。2004年には、EUR/USDは発表後20分間で平均で124ピップス（外為におけるポイント）動いています。予想の10%以内に収まった指標をすべて除外す

表4.1　2004年の経済指標発表後のEUR/USD値幅

直後20分の平均値幅(ピップス)		1日の平均値幅(ピップス)	
非農業部門雇用者数	124	非農業部門雇用者数	193
FOMC金利決定	74	FOMC金利決定	140
貿易収支	64	TIC統計	132
インフレ(CPI)	44	貿易収支	129
小売売上高	43	経常収支	127
GDP	43	耐久財	126
経常収支	43	小売売上高	125
耐久財	39	インフレ(CPI)	123
TIC統計	33	GDP	110

ると、平均値幅は133ピップスでした。EUR/USDの1日枠での値幅は平均で193ピップスでしたが、ほぼ同水準に収まったケースを除外すると208ピップスでした。ちなみにEUR/USDの平均的な1日の値幅は111ピップスでした。それと対照的なのが、最初の20分間でわずか43ピップスであるのに1日枠では平均110ピップス動くGDP（国内総生産）の発表です。GDPの順位が1日枠反応ランキングよりも20分枠反応ランキングのほうが高いのは、価格が1日のなかで行きつ戻りつするからです。最初の20分間で米ドルを最も動かす指標が、全体として最も重要な相場変動要因であるとは限らないのです。20分枠と1日枠での分析に基づき、以下の経済指標ランキングを作成しました。

2004年現在における米ドル相場変動指標ランキング
発表後20分枠
1．失業者数（非農業部門雇用者数）

2．金利（FOMC＝連邦公開市場委員会＝による金利決定）
3．貿易収支
4．インフレ（消費者物価指数）
5．小売売上高
6．GDP（国内総生産）
7．経常収支
8．耐久財
9．対米証券投資（TIC統計）

1日枠

1．失業者数（非農業部門雇用者数）
2．金利（FOMCによる金利決定）
3．対米証券投資（TIC統計）
4．貿易収支
5．経常勘定
6．耐久財
7．小売売上高
8．インフレ（消費者物価指数）
9．GDP（国内総生産）

表4.1に示されているEUR/USDの各平均ピップス幅を、2004年におけるEUR/USDの1日の平均値幅（約110ピップス）と比較してみてください。

統計指標の相対的な重要性は時とともに変化

相場はダイナミックであるため、各経済指標の重要性は時とともに変化することに注意すべきです。1992年に全米経済研究所（NBER）

のチュンとチンが著した『FXトレーダーの発想と行動のマクロ経済的意味（Macroeconomic Implications of the Beliefs and Behaviors of Foreign Exchange Traders)』と題する論文によれば、米国経済指標の発表後20分間における第1位の相場変動要因が貿易収支、非農業部門雇用者数（そして失業統計）が第3位でした。1999年には失業統計が1位を取り、貿易収支は4位に落ちました。前記の2004年の表（**表4.1**）に示されているように、労働市場統計が安定した地位を維持しているなかで、貿易収支とインフレが入れ替わり、2004年にはインフレではなく1997年にランク入りした貿易収支が第3位の相場変動指標になっています。これが直感的に納得できるのは、国内経済の状況に応じてマーケットの注目が別の経済セクターや統計に移るからです。例えば、膨大な赤字を抱えていれば貿易収支の重要性が増し、雇用の創出が困難な状況では失業統計の重要性が増します。

**外為ディーラーによる経済指標の重要性ランキング
――時代によって変化**

1997年現在	1992年現在
1．失業者数	1．貿易収支
2．金利	2．金利
3．インフレーション	3．失業者数
4．貿易収支	4．インフレーション
5．GDP	5．GDP

このランキングは指標発表1分後の反応に基づいています。

GDP――重要性が低下

一般に考えられているのとは逆に、GDP統計も米国カレンダーに

おいてその重要性が低下した経済指標のひとつであり、EUR/USDに与えた相対的な動きが最も小さい指標のひとつでした。考えられるひとつの説明は、この研究で取り上げられたほかの指標と比べてGDP統計の発表頻度が少ないことですが（毎月に対して四半期）、GDP統計は不明瞭なことが多く、誤解されやすいといえます。例えば、輸出増加によるGDP成長なら自国通貨に対してはプラスですが、GDP成長の原因が在庫積み増しが原因だとしたら、通貨への影響がマイナスになる可能性があります。またGDP統計を構成する多数の要素は発表前にすでに知られていることがあります。

経済指標を利用して儲ける方法

　ブレイクアウト狙いのトレーダーの場合、どの指標が平均で最も大きな値幅をもたらす可能性があるかを知っていれば、ポジションのウエート（配分）を決めるヒントになります。例えば、**図4.1**のEUR/USD日足チャートでは、揉み合いながらトライアングルが形成されています。ブレイクアウト狙いのトレーダーは、おそらく非農業部門雇用者数の発表後に大きくブレイクアウトすると予想し、発表前日の2004年8月6日よりも前にポジションをオーバーウエートにするでしょう。一方、そのトライアングルの3本目のバーはGDP発表日でした。ご覧のように、値幅は比較的狭いままでした。GDP発表直後20分間の平均的な値幅が非農業部門雇用者数の場合のわずか3分の1であることを知っていれば、投入すべきポジションは非農業部門雇用者数によるブレイクアウト時の50％ぐらいににすべきだと考えるでしょう。これと同じ指針がレンジトレーダーやシステムトレーダーにも当てはまります。非農業部門雇用者数の発表日には相場から手を引き、価格が落ち着くのを待つべきです。一方、GDP発表日にはソリッドレンジやシステムベースの取引機会が得られるでしょう。

図4.1　EUR/USD日足チャート

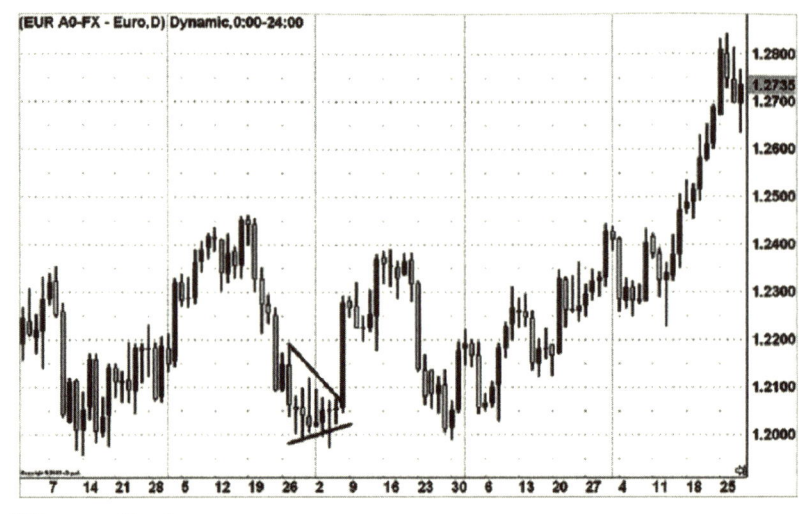

出所＝www.eSignal.com

　どの経済指標が相場を大きく動かすかを知ることは、すべてのトレーダーにとってきわめて重要です。為替レートは経済ニュースに対してきわめて素早く反応するため、20分枠と1日枠での違いを知ることも非常に重要です。指標発表後15分から30分の枠を超えたすべての反応は、ニュースだけではなく、投資家による過剰反応であったり、カスタマーフローに関連した取引である可能性があります。GDPは20分枠反応ランキングが1日枠ランキングよりも高い指標の代表的な例です。またマーケットの焦点は時に応じて変化するため、いつの時点でも、マーケットがどの指標を重要視しているかを把握していることがきわめて重要です。重要だった指標の通貨に対する影響が弱まることも、その逆のこともあるからです。

参考資料

『FXトレーダーの発想と行動のマクロ経済的意味(Macroeconomic Implications of the Beliefs and Behavior of Foreign Exchange Traders)』(http://www.georgetown.edu/faculty/evansm1/New%20Micro/chinn.pdf.)

外為市場をさらに深く考察する

以降の2章では、初心者にもベテラントレーダーにも参考になる、外為市場に関して私が行ったいくつかのユニークな研究を紹介します。トピックは以下の通りです。

●各通貨ペアの取引にとって最適な時間帯はいつか。
●通貨相関とは何で、どう利用できるか。

第5章
各通貨ペアにとって最適な取引タイム
What Are the Best Times to Trade for Individual Currency Pairs?

　外為市場は1日24時間稼働しているため、ひとりのトレーダーがすべての値動きを追跡し、いつでも即座に対応することは不可能です。外為取引ではタイミングがすべてです。効果的かつ時間的に効率的な投資戦略を構築するには、24時間の市場活動の規模に着目し、取引機会が最も豊富な時間帯を見極めることが重要です。各通貨ペアの流動性に加え、値幅も地理的なロケーションやマクロ経済要因に大きく依存しています。ある通貨ペアの値幅が最も広く（または狭く）なる時間帯を知ることによって資金配分を改善することができるため、投資効率が間違いなく向上します。本章では各時間帯における主要通貨ペアの典型的な取引状況を概説し、それぞれのボラティリティが最も高い時間帯を見極めます。**表5.1**は、2002年から2004年における各時間帯における各通貨ペアの平均ピップス幅を示します。

アジアタイム（東京）――19～4時、米国東部標準時（9～18時、日本標準時）

　アジアにおける外為取引は同地域内の主要金融拠点を中心に展開されます。アジア取引タイムでは、東京が最大のマーケットシェアを占め、香港とシンガポールがそれに続きます。外為市場に対する日本の

表5.1 通貨ペアの値幅

通貨ペア (米国東部標準時)	アジアタイム 19時～04時	欧州 タイム 02時～12時	米国タイム 08時～17時	米国と欧州 の重複タイム 08時～12時	欧州とアジア の重複タイム 02時～04時
EUR/USD	51	87	78	65	32
USD/JPY	78	79	69	58	29
GBP/USD	65	112	94	78	43
USD/CHF	68	117	107	88	43
EUR/CHF	53	53	49	40	24
AUD/USD	38	53	47	39	20
USD/CAD	47	94	84	74	28
NZD/USD	42	52	46	38	20
EUR/GBP	25	40	34	27	16
GBP/JPY	112	145	119	99	60
GBP/CHF	96	150	129	105	62
AUD/JPY	55	63	56	47	26

図5.1　アジアタイム中のボラティリティ

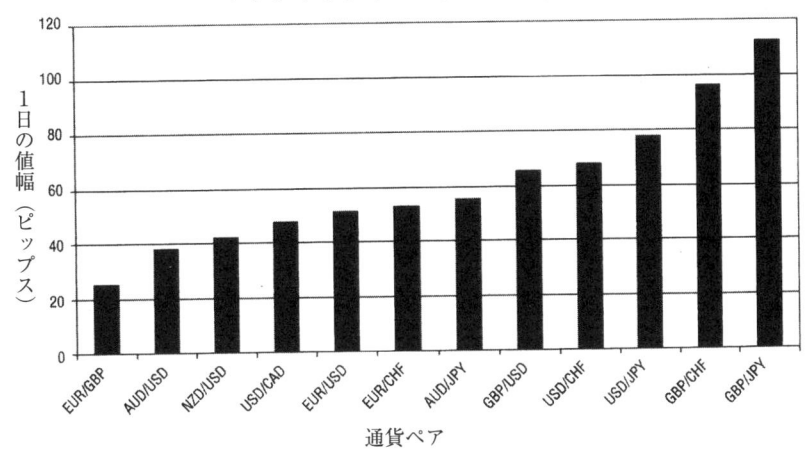

ボラティリティ──アジアタイム

（縦軸：1日の値幅（ピップス）／横軸：通貨ペア）

EUR/GBP, AUD/USD, NZD/USD, USD/CAD, EUR/USD, EUR/CHF, AUD/JPY, GBP/USD, USD/CHF, USD/JPY, GBP/CHF, GBP/JPY

中央銀行の影響力は衰え気味であるとはいえ、東京がアジアにおける最も重要な取引センターのひとつであることに変わりはありません。東京はアジアで最初に開く主要市場であり、多数の大口参加者がマーケットのダイナミックスを見極めたり、投資戦略を練るために、東京でのトレードモメンタム（取引の勢い）をベンチマーク（目安）として使用しています。東京での商いがきわめて薄いこともありますが、大手の投資銀行やヘッジファンドがアジアタイムを利用して、ストップやオプションバリアにとって重要な水準への誘導を試みていることが知られています。**図5.1**はアジア取引タイムにおける各種通貨ペアのレンジを示します。

　リスク許容度が高めのトレーダーなら、USD/JPY、GBP/CHF、GBP/JPYがお勧めです。なぜなら値幅が広いので短期トレーダーでも平均で90ピップス程度の魅力的な収益を見込めるからです。ほと

んどをドル建て資産で保有している海外の投資銀行や機関投資家が日本の株式や債券市場に入ると、大量のUSD/JPY取引が発生します。8000億ドルを超える米国債を保有している日本の中央銀行も、公開市場操作によってUSD/JPYの需給に大きな影響を与えます。さらに日本の大手輸出業者が東京タイムを利用して海外所得を本国へ持ち込むため、USD/JPYの変動が大きくなることが知られています。GBP/CHFとGBP/JPYは、欧州タイムの開始をにらんで中央銀行や大口プレヤーがポジションの調整を始めるため、高いボラティリティが持続します。

　リスク回避型のトレーダーなら、AUD/JPY、GBP/USD、USD/CHFが良い選択肢です。なぜなら中期から長期トレーダーがファンダメンタル要因を考慮に入れて判断を下せるからです。これら通貨ペアのボラティリティは低めであるため、トレーダーとその投資戦略は、日中の投機的な取引に起因する変則的な値動きによる影響を受けずに済みます。

米国タイム（ニューヨーク）──8～17時、米国東部標準時（22～7時、日本標準時）

　BIS（国際決済銀行）発行『2004年4月トライアニュアル・セントラル・バンク・サーベイ・オブ・フォーリン・エクスチェンジ・アンド・デリバティブ・マーケット・アクティビリティ（2004 Triennial Central Bank Survey of Foreign Exchange and Derivatives Market Activity in April 2004)』によると、ニューヨークは外為市場の出来高の19％を占める第2位の規模の外為市場です。後場から翌日東京市場が開くまで取引活動が最小レベルに縮小することが多いため、世界の外為市場の裏玄関を守る金融拠点であるともいえます。米国タイム中の大半の取引は午前8時から正午までの間（流動性が高い時間帯

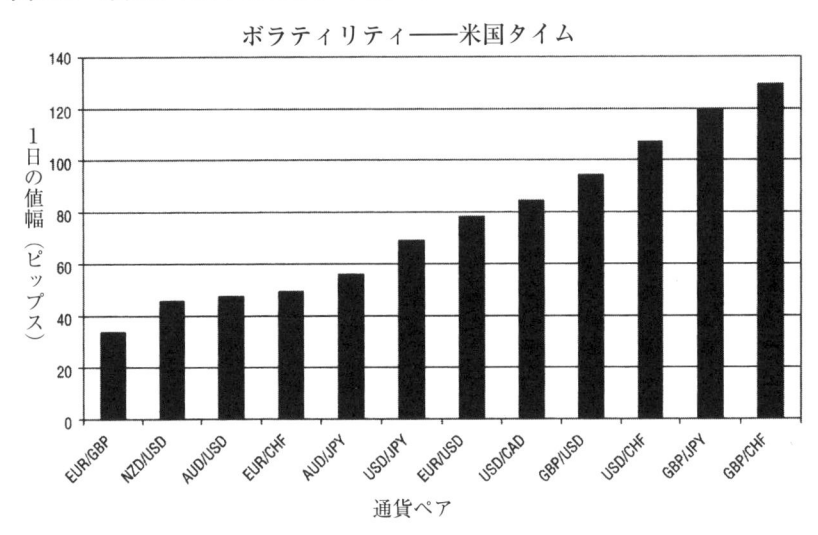

図5.2 米国タイム中のボラティリティ

ボラティリティ——米国タイム

(縦軸：1日の値幅（ピップス）、横軸：通貨ペア)

EUR/GBP、NZD/USD、AUD/USD、EUR/CHF、AUD/JPY、USD/JPY、EUR/USD、USD/CAD、GBP/USD、USD/CHF、GBP/JPY、GBP/CHF

に執行されています。それは欧州のトレーダーがまだ市場にいるためです。

リスク許容度が高めのデイトレーダーには、GBP/USD、USD/CHF、GBP/JPY、GBP/CHFがお勧めです。なぜなら1日の値幅が平均で約120ピップスあるからです（**図5.2**を参照）。これら通貨ペアの取引活動は米ドルが直接からんでいるために特に活発です。米国タイム中に米国の株式や債券の市場が開いていると、海外の投資家が取引を行うために日本円、ユーロ、スイスフランなど、それぞれの自国通貨をドル建て資産へ交換します。市場が重複するため、GBP/JPYとGBP/CHFの1日の値幅が最も広くなります。

外為市場のほとんどの通貨は、ほかの通貨へ変える前に主として米ドルと取引されるため、対米ドルで表示されます。GBP/JPYの場合、英ポンドを日本円へ交換するには、まずドルに変えてから円と

取引されます。そのためGBP/JPY取引にはGBP/USDとUSD/JPYという2種類の通貨取引がかかわり、そのボラティリティは究極的にはこれら2つの派生通貨ペアの相関によって決まります。GBP/USDとUSD/JPYには負の相関がある（つまり互いに逆方向に動く）ため、GBP/JPYのボラティリティは増幅されます。USD/CHFの動きも同様に説明できますが、その増幅度はさらに大きくなります。ボラティリティの大きい通貨ペアの取引はうま味が大きいものの、リスクも大きいことを肝に銘じておくことが必要です。為替レートの突然の変化によって注文が簡単にストップアウトされたり、長期的な戦略が無効になることがあるため、市場の状況に応じて戦略を継続的に調整していく必要があります。

　リスク回避型トレーダーにお勧めなのは、USD/JPY、EUR/USD、USD/CADでしょう。これらペアは少ないリスクでほどほどの利益を得るためのそこそこの値幅を提供するからです。流動性が高いため、利益の確保や損切りを即時かつ効率的に行うことができます。これらペアはボラティリティが大きくないことも、長期戦略を追求したいトレーダーにとって望ましい環境です。

欧州タイム（ロンドン）――2～12時、米国東部標準時（16～2時、日本標準時）

　ロンドンは、BIS調査によると、30％以上のマーケットシェアを有する世界で最も大きくかつ最も重要な取引センターです。大手銀行のほとんどの取引デスクはロンドンに置かれています。この市場は流動性が高く、効率的であるため、主要な外為取引の大半はロンドンタイム中に行われています。膨大な数の市場参加者と膨大な出来高によって、ロンドンは最もボラティリティの高い外為市場になっています。図5.3が示すように、140と146という高いボラティリティを有す

図5.3　欧州タイム中のボラティリティ

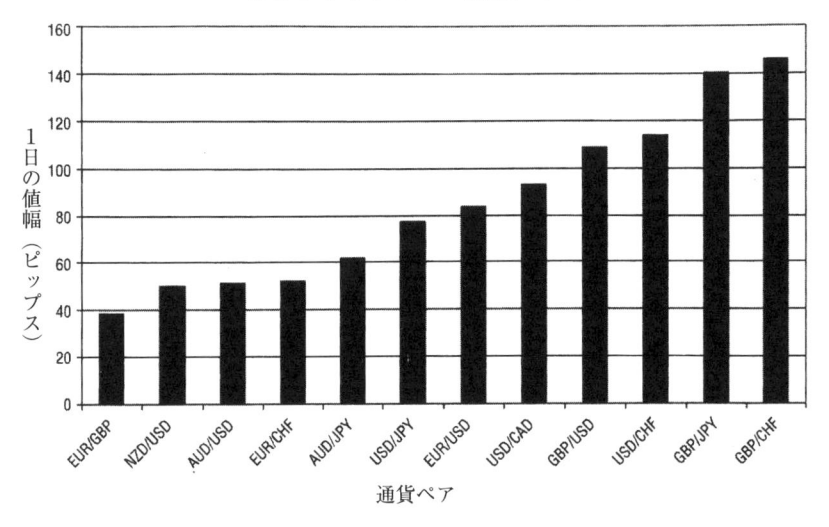

ボラティリティ——欧州タイム

(縦軸：1日の値幅（ピップス）、横軸：通貨ペア)

EUR/GBP、NZD/USD、AUD/USD、EUR/CHF、AUD/JPY、USD/JPY、EUR/USD、USD/CAD、GBP/USD、USD/CHF、GBP/JPY、GBP/CHF

るGBP/JPYとGBP/CHFなど、主要ペア12中半分のペアが、高ボラティリティの基準線である80ピップスを超えています。

　GBP/JPYとGBP/CHFはリスク愛好者に適しています。これら両ペアは1日の平均値幅が140ピップスを超えていて、短期間で大きな利益を稼ぐことができます。これら両ペアのボラティリティがこれほど高いことは、世界を巡る通貨交換サイクルの完了間際に、大口の参加者たちが1日のピークとなる取引活動に従事していることを表しています。ロンドンタイムは米国タイムとアジアタイムに直結しています。大手銀行や機関投資家がそれぞれのポートフォリオのリポジショニングを終えるとすぐに、米国市場の開場に向けて再び欧州資産をドル建て資産へ交換する必要があります。大口参加者たちによるこの2回の再交換が、これらペアのきわめて高いボラティリティの主因にな

107

図5.4 米国と欧州の重複タイム

ボラティリティ──米国と欧州の重複タイム

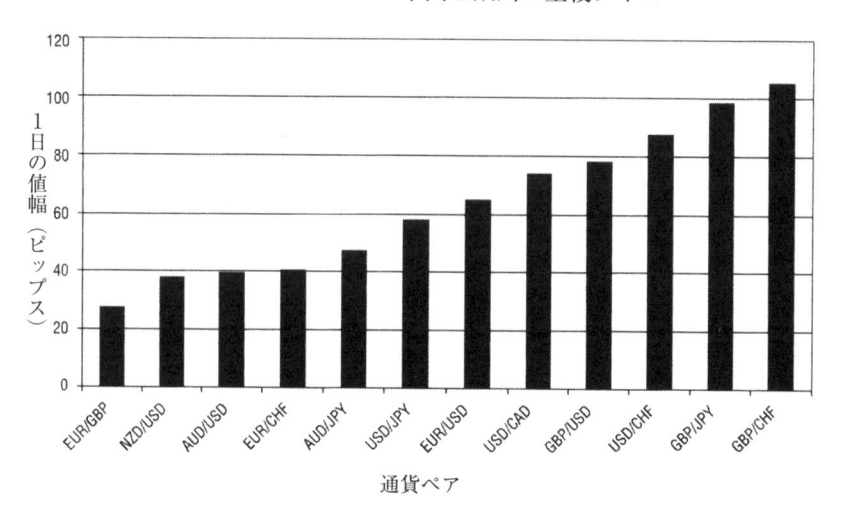

(縦軸：1日の値幅（ピップス）、横軸：通貨ペア)

EUR/GBP、NZD/USD、AUD/USD、EUR/CHF、AUD/JPY、USD/JPY、EUR/USD、USD/CAD、GBP/USD、USD/CHF、GBP/JPY、GBP/CHF

っています。

　リスク許容型のトレーダーならペアの選択肢は豊富にあります。平均値幅が100ピップスのEUR/USD、USD/CAD、GBP/USD、USD/CHFは、その高いボラティリティによって市場へ入る機会を豊富に提供するため、理想的な選択肢となります。前述したように、大口参加者が米国タイムの開始に向けてポートフォリオを調整し直す必要があるため、欧州通貨と米ドルとの取引が再び盛んになります。

　リスク回避型のトレーダーには、平均約60ピップスのNZD/USD、AUD/USD、EUR/CHF、AUD/JPYがお勧めです。これらペアは取引による収益の可能性に加え、高い利息収入も期待できるからです。これらペアでは、ファンダメンタルな経済要因に基づき相場の方向性を判断することができ、日中の投機的な取引に起因する損失を被る可能性が低いといえます。

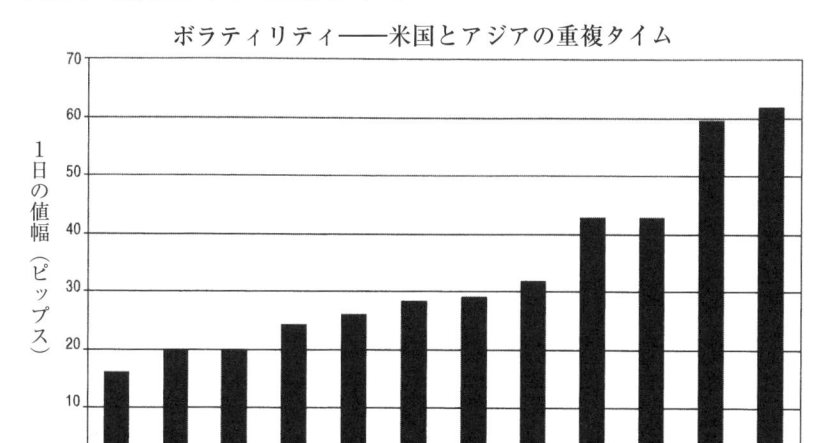

図5.5　欧州とアジアの重複タイム

ボラティリティ――米国とアジアの重複タイム

（縦軸：1日の値幅（ピップス）、横軸：通貨ペア）

EUR/GBP、NZD/USD、AUD/USD、EUR/CHF、AUD/JPY、USD/CAD、USD/JPY、EUR/USD、GBP/USD、USD/CHF、GBP/JPY、GBP/CHF

米国と欧州の重複タイム――8～12時、米国東部標準時（22～2時、日本標準時）

　外為市場は世界の2大取引センターが重複するときに最も活況を呈する傾向があります（**図5.4**を参照）。米国東部標準時の午前8時から正午までの値幅は、欧州タイム中の全通貨ペアの合計平均値幅の平均70％を占め、米国タイム中の全通貨ペアの合計平均値幅の80％を占めています。ボラティリティの高い値動きと広い値幅を求めていて一日中画面に釘づけになっていることができないなら、これらのパーセンテージだけからいっても、米国タイムと欧州タイムが重複するときこそ取引を行うべき時間帯であるといえます。

欧州とアジアの重複タイム──2～4時、米国東部標準時（16～18時、日本標準時）

　欧州とアジアが重複する時間帯の取引は、アジアでの取引が緩慢であるため、ほかのどの時間帯と比べてもかなり低調です（**図5.5**を参照）。もちろん、時間帯そのものが比較的短いという理由もありますが、この時間帯は商いがきわめて薄いため、リスク許容型とリスク愛好型のトレーダーは、ここで2時間の仮眠を取るなり、欧州や米国タイムの開始時のブレイクアウトに備えるなりすることができます。

第6章
通貨間の相関性とその利用法
What Are Currency Correlations and How Do Traders Use Them?

　外為市場で取引する場合、戦略を練るうえで心得ておくべききわめて重要な事実のひとつが、孤立している通貨ペアは存在しない、ということです。多くの場合、各国の経済状況、金利、価格変化が、ひとつの通貨ペアにだけ影響を与えるということはありません。外為市場ではあらゆることがある程度まで相互に関連しているので、その方向性を知り、その関係がどの程度の強さであるかを知ることは、有効に活用することができる優れた取引手法になる可能性があります。つまり、一時点ではひとつの通貨ペアしか取引しない主義でないかぎり、各ペア間の相対的な関係を考慮に入れることで大きな利益が得られる可能性があります。そのために相関分析を使用できます。相関は価格データに基づき計算され、その値はさまざまな通貨ペア間に存在する関係を測るために役立ちます。相関値が与える情報は、ポートフォリオを分散させたい、または同じ通貨ペアに投資することなくポジションを倍増させたい、または単に自分の取引にどの程度のリスクがあるかを知りたい、というトレーダーの良い参考になります。この手法は、正しく使用すれば、利益を最大化し、エクスポージャーを把握し、非生産的な取引を回避するのに役立ちます。

正の相関と負の相関――その意味と利用法

　ポートフォリオ内の各通貨ペアがどの程度相関しているかを知ることは、エクスポージャーとリスクを測るための優れた方法です。さまざまなペアに投資すればポートフォリオが分散化されると思うかもしれませんが、多くのペアは同方向または逆方法に動く傾向があります。ペア間の相関は、数週間、数カ月、または数年間にわたり強い場合も弱い場合もあります。相関値が基本的に指し示すものは、各ペアが一定期間にわたりどれくらい密接に同方向へ（または逆対方向へ）動くかの推定です。すべての相関値は小数であり、その数値が１に近いほどそれら２つの通貨ペア間の結びつきは強くなります。例えば、**表6.1**のサンプルデータを見ると、直近１カ月のEUR/USDとNZD/USDの間の相関が＋0.94であることが分かります。小数が苦手なら100を掛けてパーセンテージとして考えることもできます（その場合EUR/USDとNZD/USDの間の相関は94％になります）。相関が高いほどそれら通貨ペアが互いに鏡像のように密接に動くことを示し、相関が低いほどそれらペアが通常は似た動きをしないことを示します。EUR/USDとNZD/USDは相関が高いため、これら通貨ペアへ同時に投資することはポジションを単に倍にすることときわめて似ていることが分かります。同様に、一方の通貨ペアをロングし、もう一方をショートすることは賢明ではありません。なぜなら一方が上昇しても、もう一方の通貨ペアの上昇によって相殺されてしまう可能性がきわめて高いからです。それぞれピップス値が異なるために利益や損失がぴったりゼロになることはないでしょうが、両者があまりに似たように動くため、反対のポジションを取ることで利益が食われたり、場合によっては損失を被る可能性があります。

　正の相関がペア間の共通性を測る唯一の方法ではありません。負の相関（逆相関）もまったく同様に役立ちますが、大きな正の数値では

表6.1 相関表──2005年3月データ

	EUR/USD	AUD/USD	USD/JPY	GBP/USD	NZD/USD	USD/CHF	USD/CAD
1カ月	0.94	−0.92	0.92	0.94	−0.99	−0.32	
3カ月	0.47	−0.37	0.83	0.57	−0.98	−0.61	
6カ月	0.74	−0.83	0.94	0.78	−0.96	−0.57	
1年	0.85	−0.86	0.91	0.93	−0.98	−0.89	

	AUD/USD	EUR/USD	USD/JPY	GBP/USD	NZD/USD	USD/CHF	USD/CAD
1カ月	0.94	−0.91	0.95	0.96	−0.94	−0.17	
3カ月	0.47	0.24	0.81	0.90	−0.44	−0.14	
6カ月	0.74	−0.70	0.75	0.89	−0.70	−0.54	
1年	0.85	−0.87	0.79	0.90	−0.78	−0.81	

	USD/JPY	EUR/USD	AUD/USD	GBP/USD	NZD/USD	USD/CHF	USD/CAD
1カ月	−0.92	−0.91	−0.88	−0.91	0.94	0.06	
3カ月	−0.37	0.24	−0.08	0.15	0.40	0.12	
6カ月	−0.83	−0.70	−0.75	−0.61	0.83	0.59	
1年	−0.86	−0.87	−0.82	−0.84	0.83	0.80	

	GBP/USD	EUR/USD	AUD/USD	USD/JPY	NZD/USD	USD/CHF	USD/CAD
1カ月	0.92	0.95	−0.88	0.87	−0.95	−0.03	
3カ月	0.83	0.81	−0.08	0.83	−0.82	−0.36	
6カ月	0.94	0.75	−0.75	0.84	−0.88	−0.42	
1年	0.91	0.79	−0.82	0.82	−0.90	−0.70	

	NZD/USD	EUR/USD	AUD/USD	USD/JPY	GBP/USD	USD/CHF	USD/CAD
1カ月	0.94	0.96	−0.91	0.87	−0.92	−0.29	
3カ月	0.57	0.90	0.15	0.83	−0.53	−0.35	
6カ月	0.78	0.89	−0.61	0.84	−0.69	−0.38	
1年	0.93	0.90	−0.84	0.82	−0.88	−0.94	

	USD/CHF	EUR/USD	AUD/USD	USD/JPY	GBP/USD	NZD/USD	USD/CAD
1カ月	−0.99	−0.94	0.94	−0.95	−0.92	0.21	
3カ月	−0.98	−0.44	0.40	−0.82	−0.53	0.55	
6カ月	−0.96	−0.70	0.83	−0.88	−0.69	0.70	
1年	−0.98	−0.78	0.83	−0.90	−0.88	0.87	

(続く)

表6.1 （続き）

	USD/CAD	EUR/USD	AUD/USD	USD/JPY	GBP/USD	NZD/USD	USD/CHF
1カ月		−0.32	−0.17	0.06	−0.03	−0.29	0.21
3カ月		−0.61	−0.14	0.12	−0.36	−0.35	0.55
6カ月		−0.57	−0.54	0.59	−0.42	−0.38	0.70
1年		−0.89	−0.81	0.80	−0.70	−0.94	0.84

日付		EUR/USD	AUD/USD	USD/JPY	GBP/USD	NZD/USD	USD/CHF	USD/CAD
2004年3月29日〜2004年9月29日	6カ月トレーリング	0.10	−0.28	0.69	0.68	−0.88	−0.60
2004年4月29日〜2004年10月28日	6カ月トレーリング	0.77	−0.67	0.47	0.84	−0.90	−0.78
2004年5月31日〜2004年11月29日	6カ月トレーリング	0.96	−0.88	0.61	0.88	−0.97	−0.89
2004年6月30日〜2004年12月29日	6カ月トレーリング	0.93	−0.94	0.87	0.94	−0.98	−0.85
2004年7月30日〜2005年1月28日	6カ月トレーリング	0.93	−0.93	0.92	0.95	−0.99	−0.86
2004年8月31日〜2005年3月1日	6カ月トレーリング	0.88	−0.91	0.96	0.91	−0.98	−0.80
2004年9月3日〜2005年3月31日	6カ月トレーリング	0.74	−0.83	0.95	0.79	−0.96	−0.58
平均		0.76	−0.78	0.78	0.86	−0.95	−0.77

なく、大きな負の数値に注目します。正の場合と同様、数値がマイナス1に近いほど、2つの通貨ペアの動きは密接に結びついています。ただしこの場合は逆方向に動きます。ここでもEUR/USDを例として説明しましょう。EUR/USDはNZD/USDと強い正の相関があることは前述のとおりですが、USD/CHFときわめて強い負の相関があります。これら2つの通貨ペア間の相関は、直近1年は−0.98、直近1カ月は−0.99でした。これら数値は、これら2つのペアが反対方向に動く傾

向を強く持っていることを示しています。そのため、これら２つのペアで正反対のポジションを取ることは、２つの正の相関のきわめて強いペアで同じポジションを取ることと同じになります。つまり、一方でロング、もう一方でショートすることは、ポジションを倍にすることとほとんど同じことになるため、ポートフォリオのリスクを高めることにもなります。また両方でロングまたはショートすることは非生産的であり、ゼロに近い利益または損失という結果になるのがおちでしょう。なぜなら、それら２つの通貨ペアは逆方向へ動き、一方で利益が乗っても、もう一方で損が出るとが考えられるからです。

相関は変化する

外為取引をしたことがある人なら、通貨がきわめてダイナミックであり、経済状況、センチメント、価格が毎日変化することを知っています。そのため、通貨の相関を分析する場合に覚えておくべき最も重要なことは、時とともに簡単に変わるということです。今日計算してみて強い相関があっても、翌月計算してみればそうでないかもしれません。外為環境は常に変化し続けているため、この手法を取引に使用するなら常に最新の情報を把握していることが必至です。例えば、私たちが観察した１カ月間におけるUSD/CADとUSD/JPYの相関は0.06でした。これはきわめて低い数値であり、それらペアの動きにはほとんど関係がないことを示しています。しかし同時期までの３カ月で見るとその数値は0.12に、６カ月では0.59、１年では0.80に増加します。つまり、この特定の例では、これら２つのペア間の関係に最近大きな亀裂が生じたことを読み取ることができます。長い間強い正の関係があったのに、短期間でほぼ完全に消滅してしまったのです。一方、USD/CHFとAUD/USDのペアの場合、最近のデータではその関係が強まっている傾向が見られます。この１年では－0.78だったのが、

この1カ月では-0.94まで上昇しています。このことは、一方の取引に利益が乗った場合にもう一方に損が出る可能性が大きくなっていることを示唆しています。

　数値がさらに劇的に変わりうることを示す例を、GBP/USDとAUD/USDのペアで見ることができます。1年間のデータで見るとこれら2つのペア間には-0.87の相関がありました。これら2つのペアは長期的に見ると比較的反対方向に動く傾向がありますが、2005年の1月から3月の間は+0.24という正の相関が存在しました。ペアの相関値やその方向が変わる要因としては、金利変更などの重要な経済的イベントが考えられます。

相関の計算方法

　相関は時とともに変化する傾向があるため、各ペア間の方向と強さに関して最新の状況を把握しておく最善の方法は、自分で計算することです。一見難しそうに思えるかもしれませんが、実際の手順はきわめて単純です。最も簡単に計算するにはエクセルを使用します。相関係数を求める通貨ペアの特定期間にわたるデータをエクセルに入力し、相関関数を使用するだけです。1年、6カ月、3カ月、1カ月、6カ月トレーリング（移動直近6カ月）の各数値は、各ペア間の共通性と差異に関するきわめて大局的な情報を提供します。これらの一部だけを分析することもできます。GBP/USDとUSD/CHFとの相関だけを求めるなら、これら2つのペアの価格データを用意します。分かりやすいように、ひとつの列にGBP/USD、もうひとつの列にUSD/CHFという見出しをつけ、分析対象期間にわたり各週の終値を入力していきます。それから入力した最後の行よりも下の空いているセルに「=CORREL（」と入力し、ひとつの列内の全データをハイライトし、「,」を入力し、もう一方の列内の全データをハイライトし、最後に「)」

を入力します。算出された数値が相関係数です。毎日数値を更新する必要はありませんが、2週間ごと、少なくとも月に1回更新することをお勧めします。

第7章
相場環境に応じた取引パラメータ
Trade Parameters for Different Market Conditions

　外為市場の台頭、主要な参加者、歴史上重要な出来事、そして相場を動かす要因について見てきましたが、次は私のお気に入りの外為取引戦略をいくつかご紹介します。しかし、戦略云々以前の問題として、どんな市場で取引するのであれ、取引日誌をつけることが最も重要な第一歩です。

取引日誌をつける

　私自身が経験から学んだことですが、トレーダーとして成功するために必要なことは、値動きを100％完璧にいつでも予測できる打ち出の小づちのような指標を見つけることではなく、規律を身につけることです。プロのトレーダーとして成功するための第一歩として取引日誌（トレーディングジャーナル）をつけることの重要性は、どれだけ強調しても強調しすぎることはありません。JPモルガンでのインターバンク外為取引デスク、チェースと合併後のクロスマーケット取引デスクでの仕事を通じて実感したことは、その地位に関係なく、トレーディングフロアのすべてのディーラーとプロップトレーダーの心のなかに、取引日誌メンタリティが浸透していたことです。理由は単純です。取引資金を銀行が提供しており、取引単位が数百万ドル規模

であったこともあり、私たちには説明責任が課せられていたからです。執行されたすべての取引について、仕掛けと仕切りの水準選択に関してしっかりとした根拠と正当性が必要だったのです。もっと具体的に言えば、注文を出す前に最悪のケースの損失を見積り、リスク管理のために手仕舞いするポイントを知っていなければならないのです。

　そのような説明責任を課すことによって、世界の代表的な各銀行は一流のプロトレーダーを育てることができるのです。個人トレーダーの場合、だれのものでもない自分自身のお金を使って取引するのですから、このような姿勢はなおさら重要です。インターバンクトレーダーの場合、取引に使っているお金はしょせんは他人のお金。仮に２週間でどれだけ損をしたとしても月に２回は給料を受け取ることができるのです。銀行では、１日100万ドル規模の大損でも出さないかぎり、日々の生活を乱されることなくお金を取り戻すための時間が豊富にあります。個人トレーダーの場合、そんなぜいたくは許されません。自分のお金で取引していれば、勝った１ドルも、負けた１ドルも、自分のお金です。そのため取引はリスクキャピタル（家賃や食費のとは別の資金）を使って行うべきですが、それでも何らかの形で痛みを感じるものです。同じ過ちを繰り返したり、大きな損失を被ることを避けるために、取引日誌をつけることの重要性はどれだけ強調しても強調しすぎることはありません。日誌をつけることによって、損失を想定内に抑え、ひとつひとつの過ちから学ぶことができます。私がお勧めする取引日誌は、以下の３つの部分から構成されます。

１．通貨ペア・チェックリスト
２．狙いをつけているトレード
３．仕掛け中のトレードと手仕舞い済みのトレード

通貨ペア・チェックリスト

　取引日誌の最初のセクションは、毎日記入し、印刷できる1枚のスプレッドシートで構成されます。このチェックリストの目的は、マーケットの雰囲気を感じとり、取引機会を見極めることにあります。取引可能なすべての通貨ペアを左端の列の各行に記入し、次の3つの列にそれぞれ、現在値、高値、安値を記入します。そのさらに右側に一連の判断基準を記入します。新人トレーダーなら、まずは、EUR/USD、USD/JPY、USD/CHF、GBP/USDの4つの主要通貨ペアに絞り、それから徐々にほかのクロスを追加していったほうがよいかもしれません。私が作成したチェックリストはかなり詳細ですが、日々のエクササイズとしてきわめて有効だと感じています。チャートにしかるべき指標をいったん設定してしまえば、20分もあれば済むはずです。このチェックリストの目的は、どの通貨ペアがトレンドを形成していて、どの通貨ペアがレンジ状態にあるかを視覚的に明確に知ることです。大局を把握することが取引成功の第一歩です。全体的な状況を見失ったために失敗しているトレーダーがよくいます。最悪の方法はやみくもに取引することです。強いトレンド相場で天井や底をとらえようとしたり、レンジ相場でブレイクアウト買いを狙っていると、大きな損失につながる可能性があります。**図7.1**のEUR/USDチャートを見れば分かりますが、このペアの天井をとらえようとしていたら、3年以上失敗し続けたことになります。トレンド相場では、上昇トレンドの押し目で買い、下降トレンドの戻りで売ることによって勝率を上げることができます。天井と底をつかむことは明確なレンジ相場において使用すべき戦略であり、その場合でもブレイクアウトにつながる値幅の縮小に注意する必要があります。

　私が使っている簡易版の通貨ペア・チェックリストを**表7.1**に示します。表を見れば分かるように、当日の高値と安値に続く2列は、過

図7.1　EUR/USD3年チャート

出所＝www.eSignal.com

去10日間の高値と安値です。それらの価格があれば、前の値動きにおける現在値の位置づけが分かります。現在、10日高値または10日安値へ向かっているのか、それともそのレンジ内で揉み合っているだけなのかの判断の参考になります。しかし価格だけではトレンド状態なのかレンジ状態なのかを判断するための十分な情報は得られません。以降の5つの指標はトレンド状態を判断するための基準になります。このセクションのXマークが多いほどトレンドは強くなります。

　トレンド相場かどうかを判断する指標グループの最初の列は「ADX（14）25超」です。ADXは平均方向性指数（Average Directional Index）であり、トレンドの強さを判別するために最もよく使用されている指標です。この指数が25を超えていれば、トレンドが形成され

第7章 相場環境に応じた取引パラメータ

表7.1 通貨ペア・チェックリスト

2005年3月30日——午前7時30分（米国東部標準時）

通貨ペア	現在値	1日高値	1日安値	10日高値	10日安値	トレンド ADX(14)が25超	トレンド ボリンジャーと交差	トレンド 50日と交差	トレンド 100日と交差	トレンド 200日と交差	レンジ ADX(14)が25未満	レンジ RSI(14)>70	レンジ RSI(14)<30	レンジ ストキャスティクス>70	レンジ ストキャスティクス<30
EUR/USD	1.3050	1.3275	1.2998	1.3250	1.2876	×									
GBP/USD	1.9150	1.9160	1.9100	1.9160	1.8935			×	×			×		×	
USD/JPY	106.45										×				
USD/CHF	1.1855														
AUD/USD	0.7126														
NZD/USD	0.7150														
USD/CAD	1.1975														
EUR/JPY															
EUR/GBP															
EUR/CHF															
AUD/JPY															
CHF/JPY															
GBP/JPY															
GBP/CHF															
AUD/CAD															
EUR/CAD															
AUD/NZD															

ていると解釈します。一般的に、この数値が大きいほどトレンドはそれだけ強くなります。次の列はボリンジャーバンドです。強いトレンドが形成されると、価格が頻繁に上方や下方のボリンジャーバンドに接触したり、抜けたりします。その次の3つのトレンド指標は長期のSMA（単純移動平均線）です。価格がこれらの移動平均線を上抜けしたり、下抜けすることも、トレンド相場を示している可能性があります。移動平均線の場合、トレンド方向への交差はさらなる確認として使用できます。このセクションにXが2つ以上ある場合、レンジの天井で売って底で買い戻すのではなく、上昇トレンドでの押し目買いや下降トレンドでの戻り売りの機会を求めることが必要です。

　取引日誌の最後のセクションはレンジ相場かどうかを判断する指標です。最初の指標はやはりADXですが、ここではトレンドが弱いことを示唆する、ADXが25未満であるか否かを見ます。その次に伝統的なオシレーターであるRSI（相対力指数）とストキャスティックスを見ます。ADXが弱く、移動平均線やフィボナッチリトレースメントレベルなどの指標によって提供されるテクニカルに重要な抵抗線が上方に存在し、RSIやストキャスティックスが買われ過ぎまたは売られ過ぎを示している場合、きわめてレンジ取引向けの状況にあると判断します。

　もちろん、チェックリストの使い方は簡単ではありません。トレンド相場もしくはレンジ相場内にXマークがいくつもあるからといって、それだけではトレンドが消えないとか、ブレイクアウトが起きないという意味にはなりません。ただしこのチェックリストによって相場の大局を無視してやみくもに取引することを防ぐことができることは確かです。その日の取引機会を見極めるきっかけを提供します。

狙いをつけているトレード

取引日誌の次のセクションは、その日に可能性のある取引を記載します。チェックリストでとらえた大局をもとにあなたが狙いをつけた取引をこのセクションに記入します。例えば以下のようになります。

2005年4月5日
AUD/USDを0.7850（前日高値）のブレイクで買う
0.7800（50日SMA）にストップを置く
目標1　0.7925（11月～3月の強気波動の38.4％フィボナッチリトレースメント）
目標2　0.8075（上方ボリンジャー）
目標3　10日トレーリング安値

これを見れば、あなたの仕掛け水準に達したらすぐに、何をすべきか、どこにストップ（逆指値注文）とリミット（指値注文）を置いたらいいのかが明確に分かります。もちろん、求めている取引条件がまだ崩れていないことを確認することも重要です。例えば、仕掛け水準でいきなり押すことのない強いブレイクアウトを待っていたところでブレイクが起きた場合、自分が思い描いているシナリオどおりであるか否かを確認する必要があります。このセクションは、その日の取引にどう立ち向かうかというアクションプランを作成するために使用します。どんな戦いの前でも、戦士たちは集合して攻撃計画を再確認します。取引でもそれと同じメンタリティが必要です。最悪のシナリオに対して備え、計画し、その日の攻撃計画を頭にしっかり入れておきましょう！

仕掛け中のトレードと手仕舞い済みのトレード

　このセクションは規律を強化し、自ら犯した過ちから学ぶために作成し、使用します。毎日の終わりにこのセクションを見直し、個々の取引でなぜ損をし、儲かったのかを理解することが重要です。このセクションの目的はトレンドの識別にあります。こういうことが重要な理由を、まったく関連のない例を挙げて説明しましょう。ふだん、ほとんどの人は日常的な会話のなかに無意識に「エー」とか「アー」という言葉をはさみます。ところがほとんどの人はだれかに会話の録音を聞かされるまで、自分がそんなことを言っていることに気がつきません。これはプロの司会者やニュースキャスターが無意識に冗長な言葉を発してしまう癖を矯正するための方法です。私は１万5000人以上のトレーダーを知っていますが、みんな同じ過ちを実によく繰り返します。利益確定の急ぎすぎ、損切りの遅すぎ、取引へ感情を入れすぎ、経済指標を無視しすぎ、早く仕掛けすぎ――などです。以前の取引を記録しておくことは、あなたの会話を録音しておくようなものです。以前の取引を振り返ってみれば、どんな戦略が成功したのか、しなかったのかが完璧に分かります。日誌が重要である理由は、取引の感情的側面を最小限に抑えることができるからです。新人トレーダーは、利食いを急ぎ、損切りを先延ばしにすることが多いのです。以下に参考のために記述例を２つ示します。

2005年2月12日

取引　EUR/USD ３枚を1.3045でショート
ストップ　1.3095（以前の史上最高値）
目標　1.2900
結果　2005年２月13日に手仕舞い――３枚が1.3150でストップアウト（マイナス105ピップス）

コメント 追証を要求された！ EUR/USDは史上最高値を更新したが、反転すると思い、ストップを守らなかった——損を拡大させ、やがて追証によってすべてのポジションが清算された。教訓——ストップは必ず守ろう！

2005年4月3日

取引 USD/CADを2枚1.1945でロング
ストップ 1.1860（強力なテクニカル支持線——50日移動平均線と2月～3月の上昇の68％フィボナッチリトレースメントの合体）
目標 1枚目を1.2095（上方ボリンジャーと1.2100心理抵抗線まで5ピップス）
2枚目を1.2250（以前のヘッド・アンド・ショルダーズ支持線が抵抗線に、100日SMA）
結果 2005年2月5日に手仕舞い——2枚を1.1860でストップアウト（マイナス85ピップス）
コメント USD/CADは上昇トレンドを継続せず、買われ過ぎになっていた。ADXが弱含み、高い水準から下落していること、そしてストキャスティックスにダイバージェンスがあったことに気がつかなかった。教訓——次回は必ずダイバージェンスに注意しよう！

　私は、多くのトレーダーと異なり、最高の取引とは、テクニカルとファンダメンタルの相場観がともに同じストーリーを語っているケースだと考えています。この前提があるので、ファンダメンタルによる相場観に反する取引はしないようにしています。例えば、米ドル安のためにGBP/USDとAUD/USDがともに強気パターン、イングランド銀行が利上げを終えていて、オーストラリア準備銀行が過熱を冷ますために利上げをする気十分である場合、GBP/USDよりもAUD/USDによってドル安という自分の相場観を表現することになるでしょう。

GBP/USDよりもAUD/USDという私の選択バイアスは、AUD/USDがすでにGBP/USDよりも高い金利差を提供していればさらに強くなるでしょう。テクニカルがファンダメンタルによって阻止されるケースを頻繁に見てきたので、現在では必ず両方とも取引戦略に組み込んでいます。テクニカル、ファンダメンタル、それとポジショニングの組み合わせを使用しながら、多くの場合トレンドフォロアーにもなっています。また多くの場合、以下の事項を含むトップダウンアプローチを使用しています。

1. まず、マーケットの全体的なテクニカル分析を行い、中期トレンドに乗れるような魅力的な仕掛け水準まで押したり、戻したりしている通貨ペアを選択します。
2. 米ドルが絡んでいる通貨（つまりクロス通貨以外）の場合、そのペアに関する私の最初のテクニカル観が、米ドルに対する私のファンダメンタル観、さらに近々発表される米国指標によるその日の取引に対する影響に関する見方と一致しているか否かを判断します。米ドルを特に見る理由は、全為替取引の90％が米ドル絡みであり、米国のファンダメンタルがきわめて重要であるからです。
3. GBP/JPYのようなクロス通貨ペアの場合、フィボナッチリトレースメント、ADX、移動平均線、オシレーター、その他のテクニカル手法を使用して、テクニカル観がファンダメンタルによる見通しと一致しているか否かを判断することから始めます。
4. それからSSIレポート（FXCM Speculative Sentiment Index）を使用してポジショニング（ショートとロングの比率）を見て、自分が考えている取引に適合しているかどうかを確認することにしています。
5. 同等に説得力のある2つのトレードアイデアが残った場合、金利差がプラスのものを選びます。

相場環境に応じて手法を使い分ける

　取引日誌を作成したら、次はチャートで使用する指標を選ぶ番です。多くのトレーダーが失敗する理由は、お気に入りの指標を絶対確実であるかのように誤解してしまうことです。ストキャスティックスが売られ過ぎ領域にあるときに買い、買われ過ぎ領域にあるときに売ることは、レンジトレーダーがきわめてしばしば利用して大成功している戦略ですが、相場がレンジ状態を脱してトレンドを形成し始めてもストキャスティックスに依存していると、大きな損失を被る可能性があります。一貫して利益を上げ続ける成功トレーダーになるには、適応力を身につける必要があります。

　すべてのトレーダーが身につけるべき最も重要な習慣のひとつが、取引をしている相場環境を意識することです。すべてのトレーダーは、相場環境がトレンド相場なのか、レンジ相場なのかを見極めるための何らかのチェックリストを持つ必要があります。取引パラメータの定義は、取引の最も重要な規律のひとつです。トレンドの天井をとらえようとして、結局損ばかりしているトレーダーがあまりに多くいます。

　取引パラメータを定義することは、どんなマーケット（通貨、先物、株式）のトレーダーにとっても重要ですが、出来高の80％以上が投機的な性質である外為市場では特に重要です。それは、外為では特定の相場環境がきわめて長く続くことがあることを意味します。また外為市場は、その規模も参加者数も膨大であるため、テクニカル分析との相性がきわめて高いといえます。

　相場には基本的に２種類の環境が存在します。つまり、いかなる時点においても相場はレンジかトレンドかのいずれかの状態にあります。すべてのトレーダーが取るべき第一歩は、現在の相場環境を見極めることです。次のステップ１で使用すべき最短の時間枠は、たとえ５分

表7.2 トレンド／レンジによる投資ルール

投資	ルール	指標
レンジ	●ADX＜20 ●インプライドボラティリティ（予想変動率）が減 ●リスクリバーサルがほぼチョイス（同水準） 　か、コールとプットが交互にオーバーになって 　いる	ボリンジャーバンド、 ADX、オプション
トレンド	●ADX＞25 ●モメンタムがトレンド方向と一致 ●リスクリバーサルがプットまたはコールに大きく傾いている	移動平均、ADX、オプション、モメンタム

間枠で取引していたとしても、日足チャートです。

ステップ1──相場環境を見極める

　ある通貨ペアがレンジ相場の状態にあるか、トレンド相場の状態にあるかを見極めるにはさまざまな方法あります。視覚的に判断する人が多いですが、判断基準を設定することによって、消滅しそうなトレンドを避けたり、ブレイクアウトしそうなレンジ取引を避けることができます。**表7.2**は通貨ペアの相場環境を見極めるために私が参考にしているいくつかの基準を示しています。

レンジ相場の見極め基準

ADXが20未満
　ADXはトレンドの強さを測るために用いられる主要なテクニカル指標のひとつです。ADXが20未満はトレンドが弱いことを意味し、

図7.2　USD/JPYのボリンジャーバンド・チャート

出所＝www.eSignal.com

レンジ相場の特徴です。ADXが20未満でかつ下向きの場合、トレンドが弱いだけでなく、レンジ相場がしばらく続くことの確認になります。

インプライドボラティリティ（予想変動率）が減少

　ボラティリティを分析する方法は多々ありますが、私がやっているのは短期と長期のボラティリティの追跡です。特に長期ボラティリティの上方バースト後の短期ボラティリティ低下は、レンジ相場への転換を示唆します。ボラティリティは、通貨ペアが急激な動きをしたときに拡大し、レンジ（値幅）が狭く、商いがきわめて薄い場合に縮小します。怠け者向けのボラティリティ追跡法がボリンジャーバンドで

す。ボラティリティを見極めるためのかなり適切な尺度を提供してくれます。ボリンジャーバンドが狭いことは、レンジが小さく、ボラティリティが低いことを示しています。一方、ボリンジャーバンドが広いことは、レンジが大きく、ボラティリティが高い状況を反映しています。レンジ相場にはボリンジャーバンドがかなり狭く、図7.2のUSD/JPYチャートにあるような水平のフォーメーションが理想的です。

リスクリバーサルのコールとプット

リスクリバーサルは、同一通貨に対するひとつのコールとひとつのプットというオプションのペアから構成されています。各リスクリバーサルは、期限も同じ（1カ月）、基礎スポットレートに対するセンシティビティ（感度）も同じです。2つのオプション間のボラティリティの差で表されます。理論的には、それらのオプションは同一のインプライドボラティリティを持っていなければなりませんが、現実には異なることが多いようです。リスクリバーサルは、マーケットにおける人気投票の機能を持つと見ることができます。プットよりもコールの数値のほうが大きい場合、マーケットがプットよりもコールを選好していることを示します。コールよりもプットの数値のほうが大きい場合はその逆になります。このようにリスクリバーサルは、外為市場におけるポジショニングを見極めるために使用できます。FOTM（ファー・アウト・オブ・ザ・マネー）のコールとプットは、理論的には、同じボラティリティでなければなりません。とはいえ、マーケットには一般的にセンチメントバイアスが存在し、それがリスクリバーサルに反映されているため、同じであるケースは実際には滅多にありません。レンジ指向の相場では、リスクリバーサルがほぼゼロ（つまり同水準）であり、選好対象がコールとプットで頻繁に切り替わる傾向があります。それは、強気と弱気の間で迷いがあり、マーケット

表7.3　リスクリバーサル

4月19日14:40GMT
1カ月から1年のリスクリバーサル(RR)

通貨	1カ月RR	3カ月RR	6カ月RR	1年RR
USD/JPY	0.3/0.6 JC	0.7/1.0 JC	1.1/1/3 JC	1.3/1.6 JC
EUR/USD	0.1/0.3 EC	0.0/0.3 EC	0.0/0.3 EC	0.1/0.4 EC
GBP/USD	0.0/0.3 SP	0.0/0.3 SC	0.0/0.3 SC	0.0/0.3 SC
USD/CHF	0.2/0.2 CC	0.0/0.3 CC	0.0/0.4 CC	0.1/0.5 CC

JC＝日本円コール
EC＝ユーロ・コール
SP＝英ポンド・プット
SC＝英ポンド・コール
CC＝スイス・コール

に強力なバイアスが存在しないことを示しています。

リスクリバーサル表の構成

　表7.3に示すリスクリバーサルでは、マーケットが長期的に円コール（JC）とドルプットを強力に選好していることを見ることができます。EUR/USDの短期リスクリバーサルはほぼゼロです。これこそがレンジ相場の特徴です。最新のリスクリバーサルに関して私が知っている最もお手軽な無料の情報源は http://www.fxcm.com/ の「FX Trading Station」にあるIFRニュースプラグインです。

トレンド相場の見極め基準

ADXが20超

　レンジ相場の条件のところで説明したように、ADXはトレンドの強さを測るために用いられる主要なテクニカル指標のひとつです。ト

レンド相場では、ADXが25よりも大きく、上昇しているものを探します。しかしADXが25よりも大きくて下降している場合、とりわけエクストリーム水準の40から下降している場合、その下降はトレンドが衰えていることを示している可能性があるため、積極的なトレンドポジショニングには慎重であることが必要です。

トレンド方向と一致したモメンタム

ADXに加えて、モメンタム指標を利用してトレンド相場を確認することもお勧めします。トレーダーはモメンタムがトレンドの方向と一致していることを確認する必要があります。ほとんどの外為トレーダーはオシレーターを使用して、それらがトレンド方向を強力に指し示していることを確認します。例えばトレンドトレーダーは、上昇トレンドでは移動平均、RSI、ストキャスティックス、MACD（移動平均収束発散法）のすべてが上方を強力に指し示していることを確認します。下降トレンドではこれら指標が下方を指し示していることを確認します。一部のトレーダーはモメンタム指数を使用していますが、その程度は限定されています。最強のモメンタム指標のひとつは、移動平均線が完璧な順序で並ぶことです。完璧な順序（パーフェクトオーダー）とは、各移動平均が順序どおりに並ぶことです。つまり、上昇トレンドの場合、10日SMA（単純移動平均線）が20日SMAよりも上、20日SMAが50日SMAよりも上にあることです。100日SMAと200日SMAはこれらの短期SMAよりもさらに下にあります。下降トレンドにおける完璧な順序では、短期SMAが長期SMAの下に位置することなります。

オプション（リスクリバーサル）

トレンド相場では、リスクリバーサルをチェックし、コールまたはプットが強力に選好されていることを確認します。一方に大きく傾い

ていれば強力なトレンド相場であるか、もしくはエクストリーム水準にあればトレンド反転の動きがひそかに準備されていることを示しています。

ステップ2──取引の時間枠を決定する

通貨ペアがレンジとトレンドのいずれの状態にあるかを見極めたら、取引の時間枠を決める番です。以下にさまざまな時間枠に使用する一連のルールと指標を示します。必ずしもすべてのルールに適合する必要はありませんが、適合するルールが多いほどその取引機会はそれだけ有望であると考えられます。

デイレンジ取引

ルール
1. 60分足チャートを使用して仕掛けポイントを見極め、日足チャートを使用してレンジ相場が長い時間枠で存在することを確認する
2. オシレーターを使用してレンジ内の仕掛けポイントを見極める
3. 短期のリスクリバーサルがほぼチョイス(同水準)であることを確認する
4. オシレーターで反転を確認する(RSIまたはストキャスティクスがエクストリーム水準にある)
5. 価格が主要な抵抗線で押し戻され、主要な支持線ではね返される場合、それは強めのレンジ相場である(フィボナッチリトレースメントと移動平均線を使用)

指標
ストキャスティクス、MACD、RSI、ボリンジャーバンド、オプ

ション、フィボナッチリトレースメントレベル。

中期レンジ取引

ルール
1. 日足チャートを使用する
2. 中期でのレンジ取引には、次に現れる新規のレンジ相場に向けてポジションを取る取引と既存のレンジ相場を対象にする取引の2種類がある
   新規のレンジ 短期のインプライドボラティリティが長期ボラティリティよりも著しく大きいボラティリティの高い相場を見つけ、中間的相場への反転を狙う
   既存のレンジ ボリンジャーバンドを使用してレンジ相場を識別する
3. RSIやストキャスティクスなどのオシレーターで反転を確認する
4. ADXが25未満であることを確認する（下落していれば理想的）
5. 中期リスクリバーサルがほぼチョイス(同水準)であることを確認する
6. 伝統的なテクニカル指標を使用して、価格が主要な抵抗線で押し返され、主要なレンジ支持線ではね返されていることを確認する

指標
オプション、ボリンジャーバンド、ストキャスティクス、MACD、RSI、フィボナッチリトレースメントレベル。

中期トレンド取引

ルール

1. 日足チャートで発達段階のトレンドを探し、週足チャートで確認する
2. トレンド相場の特徴を参照し、それらのパラメータが適合していることを確認する
3. 主要なフィボナッチレベルまたは移動平均線におけるブレイクアウトやリトレースメントで買う
4. 取引の前に主要な抵抗線がないことを確認する
5. ローソク足パターンがそのトレンドを裏づけていることを確認する
6. 移動平均線の状態がそのトレンドを裏づけていることを確認する
7. 過去の重要な高値または安値をブレイクしたら仕掛ける
8. 理想的には、ボラティリティが縮小するのを待ってから仕掛ける
9. ファンダメンタル（成長や金利）もその取引を支持していることを確認する。方向に応じた一連の経済的なサプライズまたは逆サプライズ（期待はずれ）があることが望ましい

指標

ADX、SAR（パラボリックストップ・アンド・リバーサル）、RSI、一目雲(一目均衡表のフォーメーション)、エリオット波、フィボナッチ。

中期ブレイクアウト取引

ルール

1. 日足チャートを使用する
2. 短期ボラティリティが縮小し、長期ボラティリティよりもかなり

低くなっていることを確認する
3．ピボットポイントを使用してブレイクが本物か、ダマシであるかを見極める
4．移動平均線の状態がその取引を支持していることを確認する

指標
ボリンジャーバンド、移動平均、フィボナッチ。

リスク管理

　リスク管理はほとんどのトレーダーにとって、理解は易く、行うは難し、のようです。勝ちポジションを負けポジションにしてしまったり、しっかりとした戦略が利益ではなく損失をもたらす結果になることが多々あります。いかに知的でマーケットに関する知識が豊富であっても、トレーダー自身の発想が損失をもたらしてしまうのです。考えられる原因は何でしょうか。マーケットは少数の人しか利益を得られないほど謎に包まれた世界なのか。それとも多くのトレーダーが共通して犯してしまう過ちがあるのか。正解は後者です。幸いなことに、その過ちは、感情的・心理的な試練を伴うものの、だれでも容易に理解し、正すことができます。

　ほとんどのトレーダーはリスク管理を理解していないか、重要視していないためにお金を失っています。リスク管理には、自分にどのくらいのリスクを負う意思があるのか、自分がどのくらいの利益を求めているのかを知ることが必要です。リスク管理のセンスのないほとんどのトレーダーは、負けポジションをいつまでも持ち続け、勝ちポジションをあまりに早く利食いしてしまいます。その結果、負けよりも勝ちの回数のほうが多いのに損益はマイナスになるという、一見逆説的、実はあまりに当然のシナリオになります。では、しっかりしたリ

スク管理の習慣を身につけるにはどうしたらいいのでしょうか。戦略や取引対象に関係なく、すべてのトレーダーが肝に銘じておくべき重要な指針がいくつか存在します。

リスク・リワード・レシオ

　すべての取引に関してリスク・リワード・レシオを設定しなければなりません。言い換えれば、どのくらい負けてもいいのか、どのくらい儲けようと思っているのかを明確に認識している必要があります。リスク・リワード・レシオは少なくとも1対2以上に設定すべきです。しっかりしたリスク・リワード・レシオを設定することによって、そのリスクに値しない取引に入ることを防ぐことができます。

逆指値注文

　また、受け入れる意思のある最大損失を指定するひとつの方法として、逆指値注文（ストップ・ロス・オーダー、損切り注文）を使用しなければなりません。逆指値注文を使用することによって、勝ち取引数は多いのにひとつの損失が大きいためにすべての利益が消えてしまうというよくある状況を避けることができます。利益を固定化するためのトレーリングストップは特に便利です。成功しているトレーダーたちの良い習慣は、逆指値注文によって、リスクを負ったのと同じ額だけ利益が乗ったらすぐに損益分岐水準までストップを移動するというルールを採用していることです。トレーダーによっては同時にポジションの一部を手仕舞うこともあります。
　勝ちポジションに増し玉したい場合、またはトレンドに乗りたい場合、最善の戦略は新しい取引を勝ちポジションとは独立したまったく別の新しい取引として扱うことです。勝ちポジションに増し玉する場

合、まったくポジションを持っていない場合にするのと同じようにチャート分析から行わなければなりません。取引が引き続き思惑どおりに進んでいる場合、一部のポジションを手仕舞い、残りのポジションに関してストップを上方へ移動することもできます。仕掛けポイントが異なる場合、各ポジションに関して別々にリスクとリワードを考えるようにします。2つめのポジションを最初の仕掛けよりも50ピップス高く買っている場合、両方に同じストップ価格（逆指値）を使用せず、2つめのポジションに対するリスクを1つめとは独立して管理します。

リスク管理のために逆指値注文を使用する

取引の成功にとってマネーマネジメントは重要であるため、外為市場での成功を求めるすべてのトレーダーにとって逆指値（損切り）注文の使用は必須です。逆指値注文によってすべての取引に関して受け入れる意思のある最大損失を設定することができます。相場が逆指値注文で指定したレートに到達すると、その取引は直ちに手仕舞い（ストップアウト）されることになります。そのため、逆指値注文を使用することによって、取引に入る時点でいくらリスクに賭けているかを知ることができます。

逆指値注文をうまく使用するには2つのポイントがあります。①最初にストップを妥当な水準に設定すること、②取引が思惑どおりに進んだときに利益を固定化する方向へストップを移動することです。

ストップを設定する

ストップ（逆指値注文）の置き場所の決め方としてお勧めする方法は2種類あります。

2日安値法 これはボラティリティに基づくストップで、通貨ペアの2日安値よりも約10ピップス下に置きます。例えば、EUR/USD

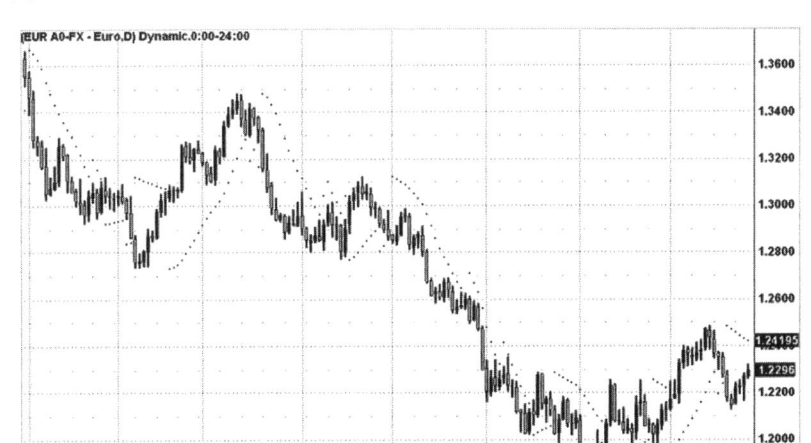

図7.3 パラボリックSAR

出所＝www.eSignal.com

の直近の安値が1.1200、前日の安値が1.1100だとしてロングする場合、ストップは1.1090（２日安値の下10ピップス）前後に置きます。

パラボリックSAR（ストップ・アンド・リバーサル）　ボラティリティに基づくもうひとつのストップが、多くの外為取引用チャートプログラムにあるパラボリックSARという指標です。例えばhttp://www.fxcm.com/ の全加入者に無料で提供される「FX Power Charts」ではこの指標が提供されています。パラボリックSARはストップを置くべき場所をチャート上に小さなドットでグラフィカルに示す、ボラティリティに基づく指標です。**図7.3**はパラボリックSARが表示されているチャートの例です。

どんな状況でも完璧に機能する魔法のような公式は存在しませんが、以下にストップの使用法について示します。ロング（買い持ち）ポジションに入る場合、どこに支持線があるかを見極め、支持線の20ピップス下にストップを置きます。例えば、それが仕掛けポイントよりも50ピップス下だとします。

　その取引で60ピップスの利益が乗っている場合、ポジションの半分を成り行き注文（マーケットオーダー）で手仕舞い、それからストップを仕掛けポイントまで移動します。それからは相場の動きに合わせてストップを現在値の60ピップス下へ移動させていきます。パラボリックSARが仕掛けポイントよりも上へ上昇したら、ストップ水準としてパラボリックSARを使用するよう切り替えることもできます。もちろんストップの移動を促すその他のシグナルが現れることもあります。価格が抵抗線を突破したら、その抵抗線が新たな支持線になります。たとえ現在値から30～40ピップスしか離れていない場合でも、その支持線の20ピップス下にストップを置くことができます。従うべき基本原理は、価格がその水準に到達したら取引から手を引きたいと思うポイント、つまりストップを置くポイントを見つけることです。多くの場合、ストップは価格が支持線を割り込んだポイントに落ち着きます。

心の管理

　適切なリスク管理戦略を採用すること以外に、きわめて重要であるにもかかわらず見過ごされている成功要素のひとつが、心理的な健全性を保つことです。1日の相場変動のストレスに耐えられないトレーダーは、取引の技術的な側面においていかに才能があったとしても、時の試練に耐え抜くことはできないでしょう。

感情を排除する

　トレーダーは恐れや欲に影響されない戦略に基づいて投資判断を下すことが必要です。優れたトレーダーが備えている主な特徴のひとつは、感情を切り離せることです。取引に全身全霊を傾けながらも、感情にはとらわれず、負けを受け入れ、投資判断を知的なレベルで行うことです。取引に感情移入しているトレーダーはしばしば大きな過ちを犯します。なぜならいくつか負けが続くと戦略を気まぐれに変更したり、いくつか勝ちが続くとあまりに野放図になってしまうからです。優れたトレーダーは感情的にバランスがとれていなければならず、すべての投資判断を恐れや欲ではなく戦略に基づいて下すことが必要です。

休み時を知る

　連敗を重ねているときは、戦略が恐れと欲によって支配されてしまわないうちに、休みをとることが必要です。
　すべての取引で勝てるわけではありません。ですからトレーダーは損失に対して心理的に対処できなければなりません。ほとんどのトレーダーは連敗することがあります。成功トレーダーでさえです。成功トレーダーになるための鍵は、連敗してもひるまず、くじけないことです。連敗が続いたら、取引をいったん休むのもよいかもしれません。数日間相場を忘れて頭をクリアにすることが連敗から立ち直るための最善の策であることが多いのです。厳しい市場状況で執拗に取引を続けることによって、さらに大きな損失を重ね、取引に対する心理を悪化させる可能性があります。負けても負けていないふりをして戦い続けるよりも、負けを認めてしまったほうが結局は良い結果をもたらします。勘違いしていけないのは、いくら研究・鍛錬・取引を積んだと

しても、負け取引がなくなることはないということです。鍵は、勝っている取引を手仕舞うことなくトレードを続けられる程度に損失を小さく抑えることです。適切なマネーマネジメントテクニックを使用することによって多くの不運を克服することができます。2対1のリワード対リスク比を重視し、1回の取引で資産の2％以上をリスクに賭けないように私がお勧めするのはそのためです。

　外為、株式、先物など、どんな取引にも当てはまる成功トレーダーが従うべき10の基本原則を以下に示します。

1．損失を限定する
2．利食いは先へ延ばす
3．ポジションは妥当なサイズに抑える
4．リスク・リワード・レシオを知る
5．十分な資金を用意する
6．トレンドに逆らわない
7．ナンピンはしない
8．市場予想（期待）を知る
9．自分の過ちから学ぶ——取引日誌をつける
10．最大損失や利益の減少の最大値を設定する

第8章

テクニカル戦略
Technical Trading Strategies

マルチタイムフレーム（複数時間枠）分析

　デイトレードで成功するには、的を絞ることが重要です。トレンド取引は世界的なマクロヘッジファンドによって採用されている最も人気のある戦略のひとつです。レンジ取引のほうを好むトレーダーもたくさんいますが、大きな利益を得る可能性は相場の大きな動きをとらえてそれに乗る取引に存在します。マイダス・トラスト・ファンドのヘッジファンドマネジャーであり、ネルソン・マーケットプレイスによる世界のベストマネーマネジャーでナンバーワン・マネーマネジャーに輝いたことのあるマーク・バウチャーは、「相場変動の70％は20％の時間内に起こる」と言っています。その事実はマルチタイムフレーム分析の重要性を一層高くします。なぜならトレーダーは大局的な相場観を失ってはいけないからです。シカゴからフロリダへの自動車旅行が良いたとえになります。その道のりでは当然のことながら左折と右折を何度も繰り返すことになりますが、いつでも南を目指していることを意識している必要があります。取引では、上昇トレンドでの買いと下降トレンドでの売りの機会を探し求めたほうが、天井と底をとらえようとするよりもはるかに儲けられる傾向があります。

　マルチタイムフレーム分析の最も一般的な形は、日足チャートを使

図8.1　マルチタイムフレーム分析のためのAUD/USD日足チャート

出所＝www.eSignal.com

って全体的なトレンドを識別し、それから60分足チャートを使って具体的な仕掛け水準を判断することです。

　図8.1のAUD/USDチャートは、米ドルに対する豪ドルの日足チャートです。ご覧のように、2002年1月以来豪ドルは上昇トレンドを形成しています。常に天井をとらえようと狙っているレンジトレーダーやコントラリアントレーダーだったら、少なくとも3年間の利益のない難しい状況に直面していたことになります。2003年後半から2004年前半まで、同通貨ペアが記録的な高値を付けていた期間は特に厳しかったでしょう。この期間は天井をとらえたり、トレンドを逆張りしようとする多くのトレーダーを引きつけたことは確実です。2004年後半に押しが見られたとはいえ、AUD/USDは強気基調を持続して2005年

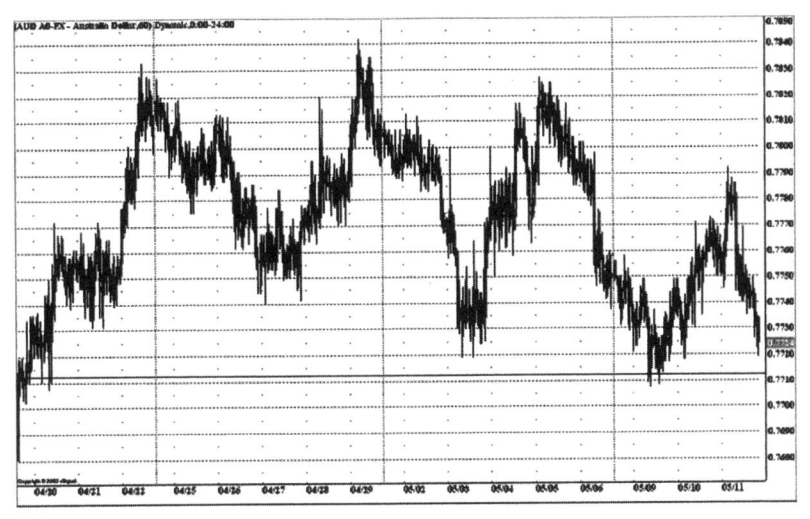

図8.2　マルチタイムフレーム分析のためのAUD/USD60分足チャート

出所＝www.eSignal.com

に入ったため、中期のレンジトレーダーにとってはきわめて難しい取引になりました。

　もっと効果的な投資戦略は、トレンドの方向でポジションを取ることです。AUD/USDの例でいえば、押し目買いの機会を求めることが考えられます。図8.2は2004年2月の史上最高値から2004年6月17日の安値までのフィボナッチリトレースメントが記されている60分足チャートです。私たちは売る機会を探すよりも、76％フィボナッチリトレースメント水準を主要な支持ゾーンとして利用して豪ドルをロングしようとしました。図8.2の水平線はそのフィボナッチリトレースメント水準を表します。そこで私たちがやったことは、日足チャートを使って全体的なトレンドの大きさを判断し、60分足チャートを使用し

図8.3 マルチタイムフレーム分析のためのGBP/USD日足チャート

出所＝www.eSignal.com

て仕掛けの水準をピンポイントで特定することでした。

　もうひとつ、英ポンドの例を見てみましょう。**図8.3**は2002年１月から2005年５月までのGBP/USDの日足チャートです。豪ドルのトレーダーのように、GBP/USDで天井をつかもうとするトレーダーも、特にGBP/USDが2004年１月に直近10年の高値を付けていた時点を含め、少なくとも３年間の難しい状況に直面したはずです。この水準は、天井をとらえようとしていた多くの疑い深いトレーダーでさえも確実に引きつけたことでしょう。ところが彼らの期待に反してGBP/USDはその直近10年の高値をさらに10％超えて高騰し、大きな損失を被る結果になったのです。

　GBP/USDの60分足チャートを見ると、戻りで売る機会よりも押し

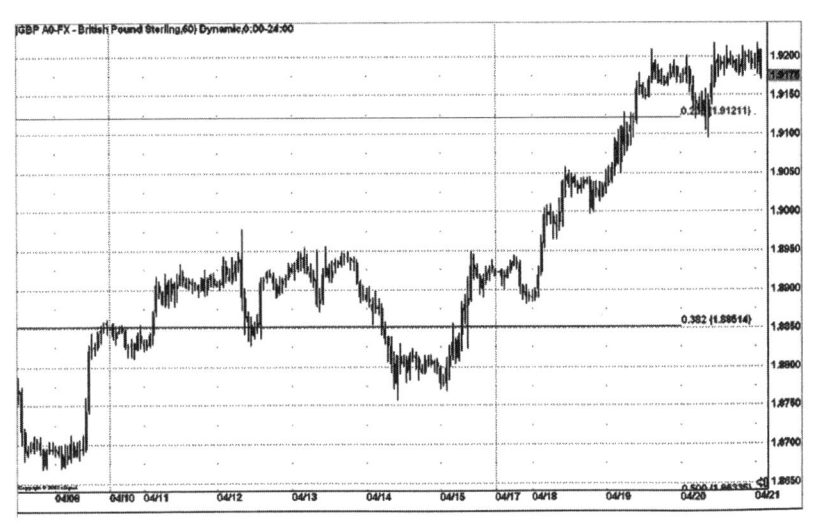

図8.4　マルチタイムフレーム分析のためのGBP/USD60分足チャート

出所＝www.eSignal.com

目で買う機会を探すほうが得策であったことが分かります。**図8.4**には2004年9月と2004年12月の強気の波から導かれた2つのフィボナッチリトレースメント水準が記されています。4月10日から4月14日までの間のリトレースメントに関しては、その水準でほぼ下げがとまっています。一方、23.6％フィボナッチ水準は、重要な抵抗水準としてではなく、ブレイクアウト取引の機会を提供しています。大局的な相場観を持っていれば、このシナリオでの23.6％水準でのリバーサルプレイ（反転期待の取引）を避けることができたはずです。

　マルチタイムフレーム分析は短期トレードにも利用することができます。CHF/JPYで利用例を見てみましょう。まず**図8.5**のCHF/JPYの60分足チャートから始めます。この60分足チャートでフィボナッチ

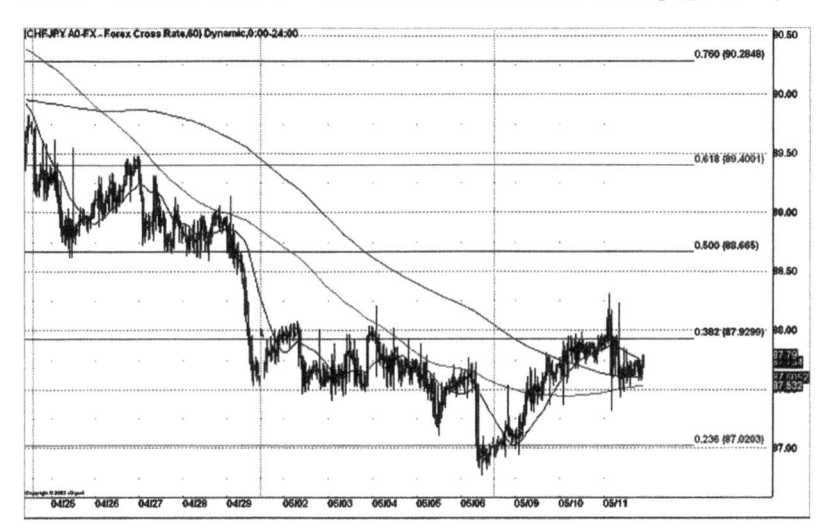

図8.5 マルチタイムフレーム分析のためのCHF/JPY60分足チャート

出所 = www.eSignal.com

　リトレースメントを利用すれば、2004年12月30日から2005年2月9日までの弱気の波の38.2％リトレースメント水準を何度も試しては押し返されているのが見られます。このことは同ペアが1週間にわたり下降トレンドによってその水準以下に抑え込められていることを示しています。そこで、全体的な下降トレンドに乗るための仕掛けの水準を見つけるのに15分足チャートを使用します。さらに、この取引の勝率を上げるために、CHF/JPYが日次ベースでも下降トレンドにあることを確認します。
　図8.6を見ると、CHF/JPYは確かに200日SMA（単純平均移動線）以下で取引されていて、20日SMAが100日SMAを上から下へ抜けていることが分かります。これは同通貨ペアの弱気モメンタムを確認

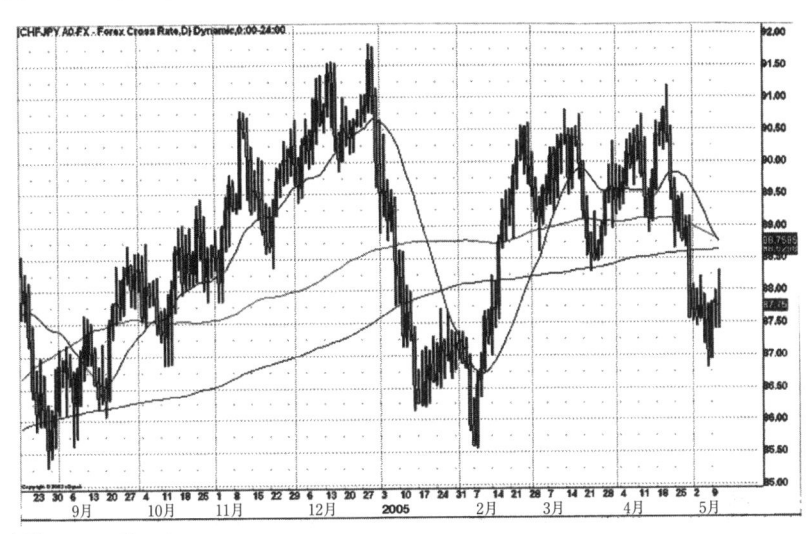

図8.6 マルチタイムフレーム分析のためのCHF/JPY日足チャート

出所＝www.eSignal.com

しています。そこでデイトレーダーとしては、15分足チャートへ移り、仕掛けの水準をピンポイントで特定することになります。**図8.7**は15分足チャートであり、水平線は以前の下降トレンドにおける38.2％フィボナッチリトレースメントです。CHF/JPYが2005年5月11日にその水平線を上に抜けていることが分かります。しかしこの時点では、ブレイクアウトを期待して買いに入るよりも逆張りのほうが得策であることが、60分足と日足チャートに反映されている大局的な弱気で示唆されているように思えます。その証拠に**図8.7**では、同通貨ペアがフィボナッチ水準を上抜けしたあとに大きく下落しているケースが2回見られます。規律を身につけているデイトレーダーなら、この機会をブレイクアウトで逆張りするために利用するでしょう。

図8.7　マルチタイムフレーム分析のためのCHF/JPY15分足チャート

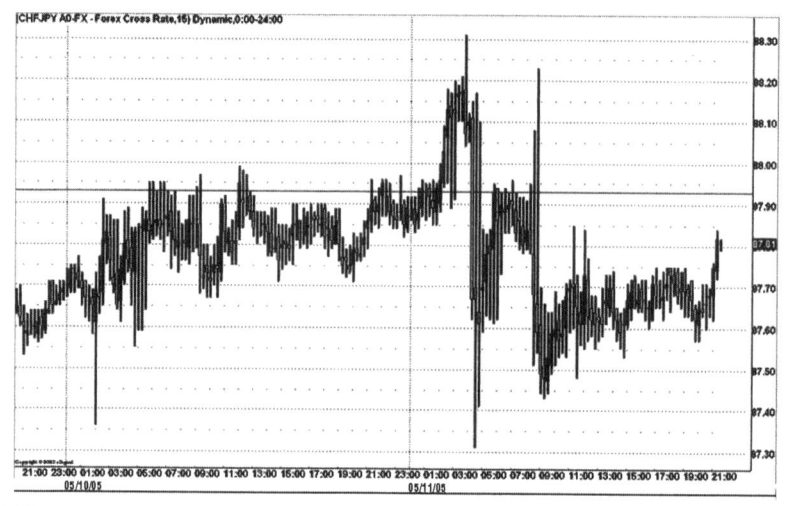

出所＝www.eSignal.com

　マルチタイムフレーム分析の重要性ははかりしれません。大局的な状況をまず考えることで、数々の危険な取引を避けることができます。大多数の新人トレーダーは、安値で買って高値で売るというコンセプトが分かりやすいという単純な理由からレンジトレーダーになっています。もちろんその戦略が機能しないということではありませんが、トレーダーは参加している相場環境にも心を配ることが必要です。第7章に戻っていえば、レンジ相場の諸条件が満たされている場合にだけレンジ取引を試みるべきです。その最も重要な条件（もちろん唯一ではない）は、ADX（平均方向性指数）が25未満、かつ理想的には下降していることです。

ダブルゼロで逆張り

　見過ごされていることがきわめて多く、しかもうまみのあるトレーディング領域のひとつがマーケット構造です。ミクロな構造とダイナミックスについて明確に理解することで、トレーダーは信じられない優位性を獲得することができます。おそらく1日内の変動から利益を得るための最も信頼性の高い戦術のひとつです。マーケットダイナミックスに関する感覚と理解を身につけることは、短期的な変動を利用して儲けるための鍵になります。注文の流れは、1日内の値動きに影響を与える主たる要因であるため、外為取引では特に重要です。ほとんどの個人トレーダーが売りサイドの銀行によるオーダーフローに疎いという現実から、短期的な変動を利用して儲けようとするデイトレーダーは、大口のオーダーフローがトリガーされる価格水準を識別し予測する方法を学ぶ必要があります。このテクニックを使用すればマーケットメーカーと同じサイドに立つことができるため、デイトレーダーにとってきわめて効率的です。

　デイトレードの場合、すべての支持線や抵抗線での反転を期待し、儲けることは不可能です。デイトレード成功の鍵は、注意深く選別し、反転が起こる可能性の高い水準でだけで入ることです。ダブルゼロや切りのいい数字など、心理的に重要な水準での取引は、チャンスを見極めるためのひとつの良い方法です。ダブルゼロは、例えばUSD/JPYでの107.00やEUR/USDでの1.2800など、最後の2桁がゼロの数字です。基調となっているトレンドに関係なくダブルゼロの支持線や抵抗線で何度も通貨ペアが反転するのを見ていて、その反転がほかの領域での反転よりもはるかに大きく重要であることに気がつきました。わずか15から20ピップスのリスクで50ピップス儲ける機会を提供してくれるため、外為デイトレーダーにとっては最適な種類の反転です。

この手法を実践することは難しくありませんが、ディーリングルームや市場参加者の心理に関するしっかりとした感覚を身につけることが必要です。この手法がなぜ機能するかは簡単に説明できます。大手銀行は条件付きオーダーフローへのアクセスを有するという、ほかの市場参加者と比べてきわめて優位な立場にあります。銀行のオーダーブック（注文控帳）を見れば、さまざま価格水準でどのような反応が現れるかをじかに知ることができます。ディーラーたちはこの戦略情報を利用して自己勘定で短期ポジションをとることがよくあります。

　市場参加者は条件付き注文をおおむね似通った水準に置く傾向があります。損切り（逆指値）注文は通常切りのいい数字を少し超えたところに置かれ、利食い注文は切りのいい数字に集中することになります。そうなる理由は、トレーダーが人間であり、人間は切りのいい数字で考える傾向があるからです。そのため利食い注文がダブルゼロ水準に置かれる傾向はきわめて高いのです。外為市場はノンストップの継続的な市場であるため、投機筋はほかの市場においてよりもはるかに頻繁に逆指値注文と指値注文を出します。逆指値や指値などの条件付きオーダーフローへのアクセスを有する大手銀行は、ストップ（損切り）狙いで、それらのポジションが集中していることを積極的に利用しています。ダブルゼロでの反転を狙って逆張りする戦略は、マーケットメーカーと同じサイドに立ち、ダブルゼロ水準におけるトレンドと逆方向の素早い動きを利用しようという戦略です。

　この戦略は、ほかのテクニカル指標もダブルゼロ水準の重要性を確認している場合に最も効果的です。

戦略ルール

ロング

1．まず10分足または15分足チャートで20期間SMAよりも明確に下で

取引されている通貨ペアを見つける
2．次に現在値よりも数ピップス下（10以内）でロングポジションを入れる
3．その仕掛け値の下20ピップス以内に最初のプロテクティブストップを置く
4．そのポジションにリスクを賭けた金額の２倍の利益が乗ったら半分を手仕舞い、残りのポジションが損益ゼロになるようにストップを移動する。値が思惑どおりに動いたらそれに応じてストップをトレール（追随移動）させる

ショート
1．まず10分足または15分足チャートで20期間SMAよりも明確に上で取引されている通貨ペアを見つける
2．次に現在値よりも数ピップス上（10以内）でその通貨ペアをショートする
3．その仕掛け値の上20ピップス以内に最初のプロテクティブストップを置く
4．そのポジションにリスクを賭けた金額の２倍の利益が乗ったら半分を手仕舞い、残りのポジションが損益ゼロになるようにストップを移動する。値が思惑通りに動いたらそれに応じてストップをトレールさせる

相場環境

　この戦略は、主要な経済指標が何らかの触媒として働くことなしに値動きがが起こる場合、つまりどちらかといえば静かな市場環境において最もうまく機能します。値幅の狭い通貨ペア、それにクロス通貨やコモディティ通貨に使用した場合に最も成功しています。この戦略

は主要通貨ペアにも機能しますが、ストップ幅が比較的狭いことから、相場が静かな場合に限ります。

勝率を高めるには

心理的に重要な切りのいい数字の水準は、主要なテクニカル水準と一致した場合にその重要性がさらに高まります。そのため、例えば、移動平均線、主要なフィボナッチ水準、ボリンジャーバンドなど、ほかの重要な支持または抵抗の水準がその数値に集中する場合、この戦略の勝率はさらに高くなる傾向があります。

例

では、この戦略の実例をいくつか見てみましょう。最初に見る例は、**図8.8**のEUR/USDの15分足チャートです。戦略ルールに従い、EUR/USDが下方ブレイクし、その20期間MA（移動平均線）よりも明確に下で取引されていることを確認します。価格は下降トレンドを続け、例のダブルゼロ数値である1.2800へ向かって動いています。ルールに従って、切りのいい数字の数ピップス下である1.2795に仕掛け注文を入れます。その注文が執行されたので、20ピップス下の1.2775に損切り注文を置きます。同通貨ペアは1.2786の安値を打ってから上昇に転じました。同通貨ペアがリスク額の2倍上昇した1.2835でポジションの半分を売却します。残り半分のポジションに対するストップを損益ゼロの1.2795へ移動します。以降値動きに応じてストップを移動させていきます。トレーリングストップには、金額やパーセンテージをベースにするなど、さまざまな手法があります。私たちの場合、きわめて短期の取引については直近の2本の足の安値にストップを移動させますが、残り半分のポジションを1.2831で手仕舞うことになり

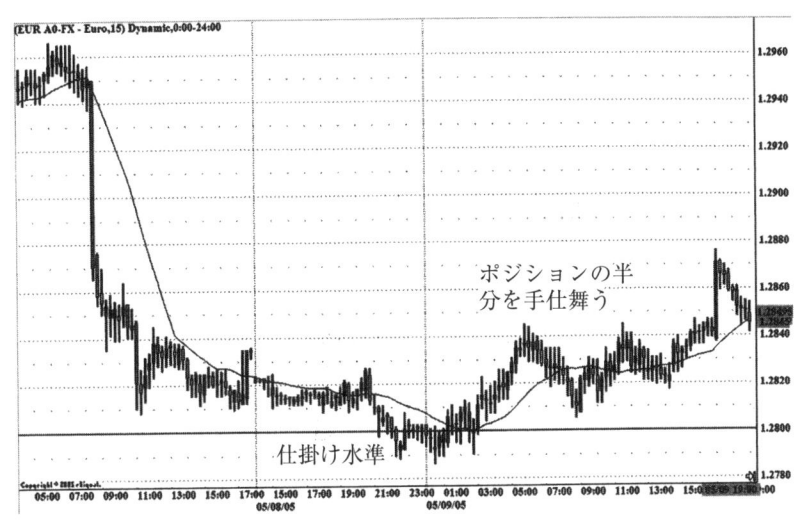

図8.8　EUR/USDにおけるダブルゼロの例

ポジションの半分を手仕舞う

仕掛け水準

出所＝www.eSignal.com

ました。結局この取引では、最初のポジションで40ピップス、2つめのポジションで36ピップスの儲けになりました。

次の例はUSD/JPYです。**図8.9**の10分足チャート上ではUSD/JPYがその20期間MAよりも明確に下で取引され、105のダブルゼロ水準へ向かっているのが分かります。105水準はUSD/JPYにとってきわめて重要なので、この取引はとりわけ強力です。心理的に重要な水準であるだけでなく、2004年と2005年初頭において重要な支持線と抵抗線としても機能していました。105水準は2004年5月14日の高値と2005年1月17日の安値の23.6％フィボナッチリトレースメントでもあります。これらすべてが、その水準で多数の投機筋が利食い注文を出していて、反転を狙う取引がきわめて有望であるという強いシグナルを

図8.9　USD/JPYにおけるダブルゼロの例

残りのポジションを手仕舞う
ポジションの半分を売る
仕掛ける

出所＝www.eSignal.com

発しています。そのため、私たちは指値注文を105.00よりも数ピップス下の104.95に置きました。その注文が執行されたので、ストップを104.75に置きます。USD/JPYは104.88の底値を打ってから上昇に転じました。同通貨ペアがリスクの２倍上昇した105.35でポジションの半分を利食いしました。残り半分のポジションに対するストップは損益ゼロの104.95へ移動します。短い時間枠でのノイズを避けるために直近５本の安値にストップを移動します。それで残り半分のポジションを105.71で売却することになりました。結果としてこの取引では、最初のポジションで40ピップス、２つめのポジションで76ピップスの儲けを出しました。この２つめの例がひとつめの例よりも儲かった理由は、ダブルゼロ水準がテクニカル的にも重要な水準であったためです。

図8.10　USD/CADにおけるダブルゼロの例

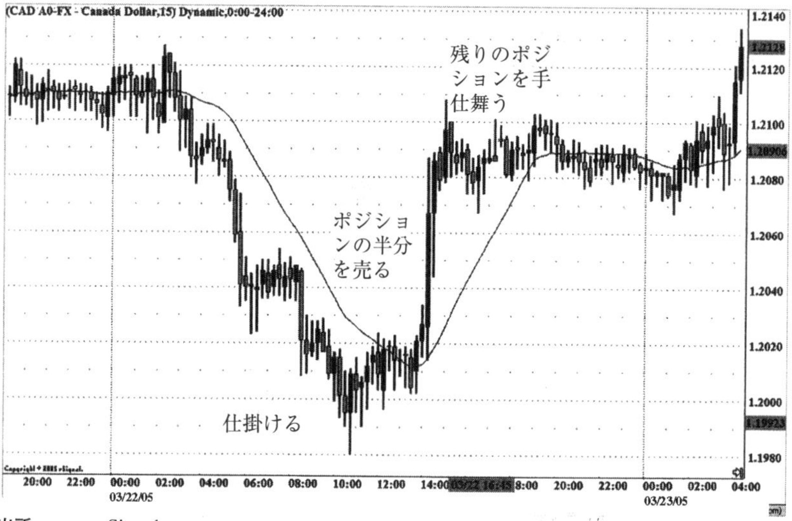
(CAD A0-FX - Canada Dollar,15) Dynamic,0:00-24:00
残りのポジションを手仕舞う
ポジションの半分を売る
仕掛ける
1.2140
1.2120
1.2100
1.2080
1.2060
1.2040
1.2020
1.2000
1.1980
20:00
22:00
00:00
02:00
04:00
06:00
08:00
10:00
12:00
14:00
18:00
20:00
22:00
00:00
02:00
04:00
03/22/05
03/23/05

出所＝www.eSignal.com

ダブルゼロ水準が重要な水準であることを確認することは、良い取引を選別する主な要素です。次の例は**図8.10**のUSD/CADの15分足チャートです。この取引のすごいところは、単なるダブルゼロ水準ではなく、トリプルゼロ水準であることです。トリプルゼロ水準は出現頻度が低いため、ダブルゼロ水準よりもさらに重要な意味を持ちます。**図8.10**を見ると、USD/CADもその20期間MAよりも明確に下で取引されており、1.2000へ向かっていることが分かります。私たちはダブルゼロ水準よりも数ピップス下の1.1995でロングすることを目指します。ストップを20ピップス下の1.1975に置きます。USD/CADは1.1980の底値を打ってから上昇に転じました。それから同通貨ペアが

リスクの２倍上昇した1.2035でポジションの半分を売却しました。残り半分のポジションに対するストップを損益ゼロの1.1995へ移動します。ここではストップをまた直近２本の安値に移動していき、結局残り半分のポジションを1.2081で手仕舞いすることになりました。結果としてこの取引での儲けは、最初のポジションで40ピップス、２つめのポジションで86ピップスでした。繰り返しになりますが、この取引が特にうまくいったのは1.2000がトリプルゼロ水準だったからです。

　ここで紹介した例はすべてロング側でしたが、この戦略はショート側でも機能します。

真の値動きを待つ

　外為市場には出来高データが存在しないため、デイトレーダーは需要水準よりもマーケットのミクロな構造に依存するさまざま戦略を開発することが必要でした。デイトレーダーが最もよく利用しているのが、24時間ノンストップという性質です。外為市場は１日中開いていますが、各地域タイムによって市場活動が著しく異なる傾向があります。

　第４章で示したように、伝統的に取引が最も静かなのはアジアタイムです。つまりアジアタイムでは、EUR/USDやGBP/USDなどの通貨がきわめて狭い値幅内で取引される傾向があります。2004年９月に国際決済銀行によって発表された『トリアニュアル・セントラル・バンク・サーベイ・オブ・ザ・FXマーケット（Triennial Central Bank Survey of the FX market）』によれば、英国が全出来高の31％を占める最も活発な取引センターです。それにドイツ、フランス、スイスを加えた欧州全体での取引は、外為取引全体の42％に相当します。一方、米国は英国に次ぐ第２位の活発な取引センターですが、全体の約19％を占めるにすぎません。この事実からロンドン市場の開場がい

かに重要であるかが分かります。なぜなら多くの外為トレーダーに、米国タイム終盤や夜間のアジアタイム中に発生した出来事や発表に基づく取引を行う機会を提供するからです。FOMC（連邦公開市場委員会）が招集され、通貨政策が発表される日、その重要性はさらに高まります。なぜなら発表がニューヨーク時間の午後2時15分、つまりロンドン閉場後に行われるからです。

　欧州とロンドンの取引時間中には、英ポンドが米ドルに対して最も活発に取引されます。米国と欧州が重複する時間帯にも活発に取引されますが、この時間枠以外での同ペアの取引は比較的薄めです。なぜならGBP/USD取引の大半は英国と欧州のマーケットメーカーを通じて行われるからです。そのためデイトレーダーにとって、ロンドンタイムの序盤の数時間に現れることが多い、当日の方向性を示唆する最初の真の値動きをとらえる重要な機会になります。この戦略は英国トレーダーが悪名高いストップハンターであるという一般的な認識に乗じています。つまりロンドン寄り付き時の最初の動きが必ずしも真の動きではないことを意味します。英国と欧州のディーラーはGBP/USDの主たるマーケットメーカーであるため、同ペアの実際の需給水準に関して膨大な情報を有しています。真の値動きを待つという投資戦略のセットアップは、インターバンク取引デスクが開始時にブックを調べ、顧客のデータを利用してピップス差を稼ぐためにマーケットの両サイドの狭いストップをトリガーさせたときに整います。それらのストップが執行され、ブックがクリアされると、GBP/USDは真の方向へ動き始めます。その時点でこの戦略のルールが満たされたのを確認してからロングまたはショートのポジションに入ります。この戦略は米国寄り付き時や大きな経済指標の発表後に最もうまく機能します。この戦略を使用することによって、市場におけるノイズが静まるのを待ち、その後の真の相場の値動きを対象に取引することを目指します。

戦略ルール

ロング

1. 欧州における序盤のGBP/USD取引はニューヨーク時間の午前1時ごろに始まる。同ペアが寄り付き値の少なくとも25ピップス下で新しいレンジの安値を付けるのを待つ（レンジはフランクフルトとロンドンが寄り付くニューヨーク時間の午前1時から午前2時の間の値動きとして定義される）
2. 同ペアがそれから反転し、高値を抜く
3. レンジの高値よりも10ピップス上で買い注文を出す
4. 仕掛け値から20ピップス以内にプロテクティブストップを置く
5. ポジションがリスクを賭けた金額の倍だけ上昇したら、半分を利食いし、残りのポジションに対するストップを移動する

ショート

1. 欧州でのGBP/USD取引が開始され、フランクフルトとロンドンの寄り付き時の高値よりも25ピップス以上上で取引されている
2. 同ペアがそれから反転し、安値を抜く
3. レンジの安値よりも10ピップス下で売り注文を出す
4. 仕掛け値から20ピップス以内にプロテクティブストップを置く
5. ポジションがリスクを賭けた金額の倍だけ下落したら、半分を利食いし、残りのポジションに対するストップを移動する

例

では、この戦略の実例をいくつか見てみましょう。**図8.11**は真の値動きを待つ戦略の教科書的な例です。GBP/USDがロンドン寄り付き時に上方ブレイクし、約2時間後に1.8912の高値に達しています。

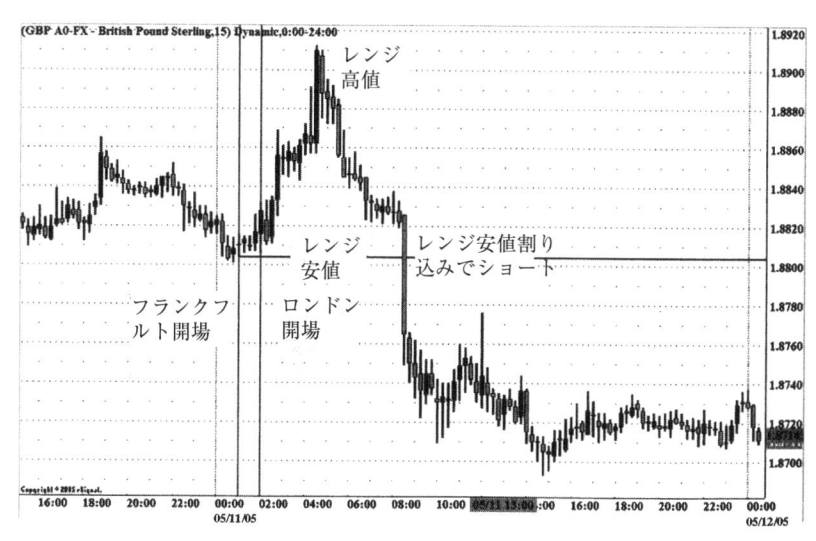

図8.11　2005年5月のGBP/USDにおけるの真の値動きの例

出所＝www.eSignal.com

　同通貨ペアはそれから米国市場の寄り付きに先立ち下降トレンドを開始したので、フランクフルト寄り付きからロンドン寄り付き時のレンジである1.8804よりも10ピップス下の1.8794でショートする仕掛け注文を入れました。それからストップを20ピップス上の1.8814に置き、一方、利食い注文をリスク金額の倍である1.8754に置きました。最初の半分の枚数に対する利食い注文が約定されたら、ストップを損益ゼロの1.8794へ移動し、ストップを直近2本の高値へ移動します。やがて残り半分の枚数が1.8740でストップアウトされました。結果として、最初のポジションで40ピップス、2つめのポジションで54ピップスの儲けが出ました。

　次の例は**図8.12**です。この例でもGBP/USDがロンドン寄り付き

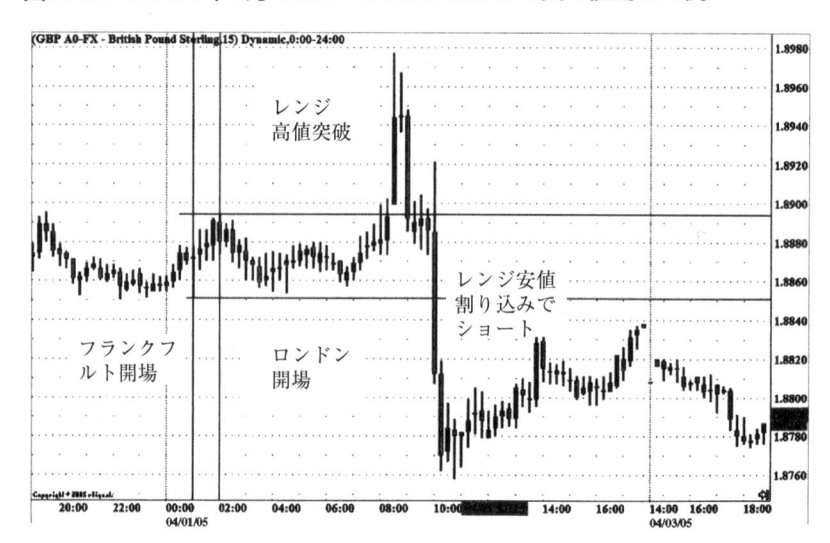

図8.12　2005年4月のGBP/USDにおけるの真の値動きの例

チャート内注釈:
- レンジ高値突破
- レンジ安値割り込みでショート
- フランクフルト開場
- ロンドン開場

出所 = www.eSignal.com

で上方ブレイクし、米国寄り付きで1.8977の高値に達しています。同通貨ペアはそれから米国タイム序盤でフランクフルト寄り付きからロンドン寄り付きまでのレンジの安値1.8851を抜き、下降トレンドを開始します。仕掛けポイントはその水準の10ピップス下の1.8841。ショートポジションがトリガーされ、ストップを20ピップス上の1.8861、最初の利食い水準をリスク金額の２倍の1.8801に置きました。指値注文によって利食いしたら、ストップを損益ゼロの1.8841へまず移動し、直近２本高値で移動（トレール）させていきます。残りの半分の枚数が1.8789で利食いされ、結果として、最初のポジションで40ピップス、２つめのポジションで52ピップスの儲けになりました。

　３つめの例は**図8.13**です。この例でもGBP/USDがロンドン寄り

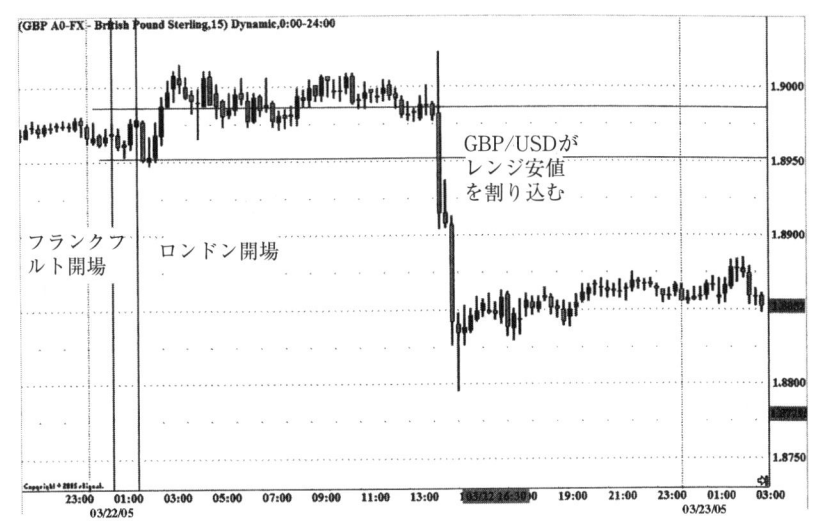

図8.13　2005年3月のGBP/USDにおけるの真の値動きの例

出所＝www.eSignal.com

付きで上方ブレイクし、米国のFOMC会議直前に1.9023の高値に達しています。それからFOMC会議直後に下方ブレイクし、フランクフルト寄り付きからロンドン寄り付きまでのレンジ安値1.8953を割り込みました。仕掛け注文をその水準の10ピップス下の1.8943にすでに入れてありました。そのショート注文が執行されたので、ストップを20ピップス上の1.8963、最初の半分の枚数の利食いをリスク金額の2倍である1.8903に置きます。その利食いの指値注文が執行されたので、ストップを損益ゼロの1.8943へまず移動し、その後はストップを直近2本高値に移動（トレール）させていきます。残りの半分の枚数を1.8853で利食いし、結果として最初のポジションで40ピップス、2つめのポジションで90ピップスの儲けになりました。

インサイドデイ・ブレイクアウト

　本書では、プロのトレーダーに最も人気のある戦略のひとつ、ボラティリティ取引に重点が置かれています。ボラティリティの変化については解釈の方法が多数存在しますが、最も単純な戦略は鋭い眼力以外に何も必要としない視覚的な方法です。プロのトレーダーの世界ではきわめてよく使用されている戦略ですが、新人トレーダーにも簡単であるのに正確で信頼性が高いことに驚くはずです。インサイドデイ（はらみ足）は基本的なローソク足チャートだけで識別できるため、ブレイクアウト派トレーダーにとって最適です。

　インサイドデイは、1日の値幅が前日の値幅内に収まる日と定義されます。言い換えれば、当日の高値と安値が前日の高値と安値を超えていない日です。ボラティリティ取引を行うには少なくとも2日間のインサイドデイが必要です。インサイドデイが多いほど、ボラティリティの急上昇、つまりブレイクアウトシナリオの実現可能性が高くなります。この種の戦略には日足チャートが最も適していますが、時間枠が長いほどブレイクアウトの機会はそれだけ顕著になります。インサイドデイ戦略を60分足チャートで使用してある程度の成功を収めることができる場合もありますが、日足チャート上でインサイドデイを識別するほうがさらに大きな利益につながる傾向があります。60分足チャートでインサイドデイを探しているデイトレーダーの場合、ロンドンや米国の市場が開場する前に値幅の縮小が現れれば、しっかりしたブレイクアウトが起こる可能性が高まります。鍵は、有効なブレイクアウトを予測し、ダマシのブレイクアウト的な動きに引っかからないようにすることです。日足チャートを使用していれば、特定の通貨ペアに関する主要な経済指標の発表前にブレイクアウトを推し量ることができる可能性があります。この戦略はすべての通貨ペアで機能しますが、EUR/GBP、USD/CAD、EUR/CHF、EUR/CAD、AUD/

CADなど、値幅が狭めのペアにおいてはダマシのブレイクアウトが発生する頻度が低くなります。

戦略ルール

ロング
1. 1日の値幅が少なくとも2日間にわたり前日の値幅内に収まっている通貨ペアを見つける（私たちの場合、複数インサイドデイを探しています）
2. 1日目のインサイドデイの高値の10ピップス上で買う
3. 2日目のインサイドデイの安値の少なくとも10ピップス下に損切り注文とドテンの売り注文（ストップ・アンド・リバース）を置く
4. 価格がリスク額の倍に達したら利食いするか、その水準でストップの移動を開始する

ダマシのブレイクアウトに対する防御　ドテン注文が執行されたら、直近インサイドデイの高値の少なくとも10ピップス上にストップを置き、トレーリングストップによってリスクを超える利益を保護します。

ショート
1. 1日の値幅が少なくとも2日間にわたり前日の値幅内に収まっている通貨ペアを見つける（私たちの場合、複数インサイドデイを探しています）
2. 1日目のインサイドデイの安値よりも10ピップス下で売る
3. 2日目のインサイドデイの高値の少なくとも10ピップス上に損切り注文とドテンの買い注文（ストップ・アンド・リバース）を置く

4．価格がリスク額の倍に達したら利食いするか、その水準でストップの移動を開始する

ダマシのブレイクアウトに対する防御　ドテン注文が執行されたら、直近インサイドデイの安値の少なくとも10ピップス下にストップを置き、トレーリングストップによってリスクを超える利益を保護します。

勝率を高めるには

　さらに勝率を高めるためには、テクニカル情報を視覚的な特徴と組み合わせて使用することによって、ブレイクアウトの方向性に関してある程度の手掛かりが得られることがあります。例えば、インサイドデイが形成され、強気の上昇トライアングルのように、最近の値幅の高値に向けて縮小している場合、ブレイクアウトは上方に発生する可能性が高くなります。逆のシナリオも成り立ちます。例えば、インサイドデイが形成され、最近の値幅の安値に向かって縮小し、弱気の下降トライアングルが現れ始めた場合、ブレイクアウトは下方に発生する可能性が高くなります。トライアングル以外にヒントになりうるその他のテクニカル要因には、重要な支持と抵抗の水準があります。例えばフィボナッチと移動平均線の重要な支持ゾーンがインサイドデイ水準よりも下にある場合、上方へのブレイクアウトまたは下方へのダマシブレイクアウトのいずれかが起こる可能性が高いことを示しています。

例

　ではいくつかの例を見てみましょう。**図8.14**はEUR/GBP、つまりユーロ／英ポンドの日足チャートです。チャート上では2つのイン

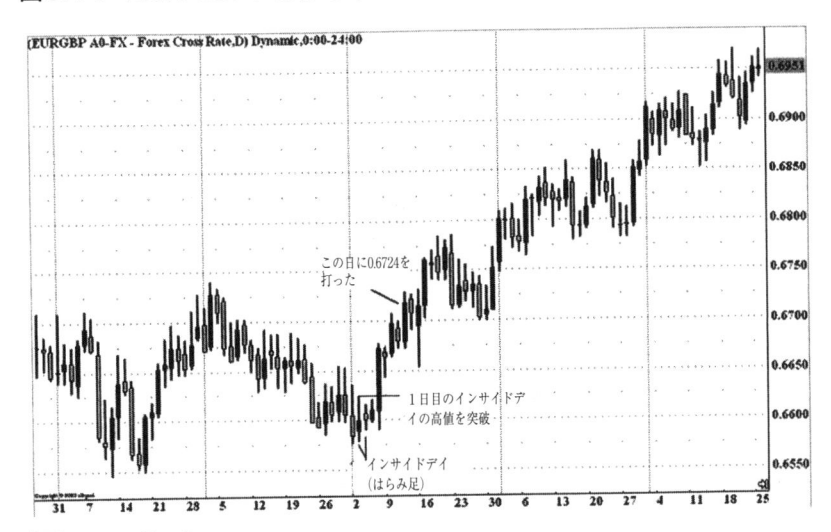

図8.14 EUR/GBPにおけるインサイドデイの例

出所＝www.eSignal.com

サイドデイが識別されていますが、それらの日の高値と安値を含む値幅が前日の値幅内に収まっていることが視覚的にはっきり分かります。ルールに従い、１日目のインサイドデイの高値の10ピップス上0.6634で買いの注文を出し、１日目のインサイドデイの安値の10ピップス下で売り注文を出しました。その買い注文が２日目のインサイドデイの２日後に執行されました。それでドテン売り注文を２日目のインサイドデイの安値の10ピップス下の0.6589に入れます。つまり、0.6634で買っておいて0.6589にストップを置いたので、45ピップスをリスクに賭けたことになります。価格が私たちの目標水準であるリスクの倍（90ピップス）の0.6724に達したら、２つの選択肢があります。全ポジションを手仕舞うか、あるいはストップの移動を開始するかです。保守

的なトレーダーならおそらくその時点でポジションを清算するでしょうし、積極的なトレーダーならもっと利益を追いかけるでしょう。私たちは90ピップスの利益で全ポジションを清算しましたが、そのまま持ち続けて少々のボラティリティを乗り越えた人たちは、3週間後にさらに100ピップスの利益を得ることができたことになります。

　図8.15はインサイドデイ取引のもうひとつの例です。今度はNZドル／米ドル（NZD/USD）の日足チャートです。この例と前の例との違いはドテン注文が実際に執行されるところです。つまり最初の動きがダマシのブレイクアウトであったことです。2つのインサイドデイプレーがチャート上に記されています。ルールに従い、インサイドデイを見つけたら、1日前のインサイドデイの高値ブレイクで買う注文と1日前のインサイドデイの安値ブレイクで売る注文を出します。最初つまり1日前のインサイドデイの高値は0.6628、安値は0.6550です。0.6638に買い注文、0.6540に売り注文を出しました。買い注文がブレイクの1日目に0.6638で執行されたので、損切りドテン注文を2日前のインサイドデイ（つまりブレイクアウト前の日足）の安値の10ピップス下の0.6560に置きます。ところがブレイクアウトを継続せずに反転したため、最初のポジションを0.6560で清算し、78ピップスの損失を受け入れました。それから0.6560でドテン注文をしてあらためてショートポジションに入りました。新しいストップは直近インサイドデイの高値の10ピップス上の0.6619に置きました。NZD/USDが初期リスクの倍まで動いた場合、保守的なトレーダーなら全ポジションを利食いしますが、積極的なトレーダーならさまざまな手法を駆使してストップを移動させるでしょう。どうするかは値幅に依存する場合があります。この例では1日の値幅がかなり広いため、私たちは価格が0.6404に達したらポジションを清算し、156ピップスの利益を得ることを選び、取引全体としては78ピップスの利益になりました。

　最後の例では、テクニカルを使用してインサイドデイブレイクアウ

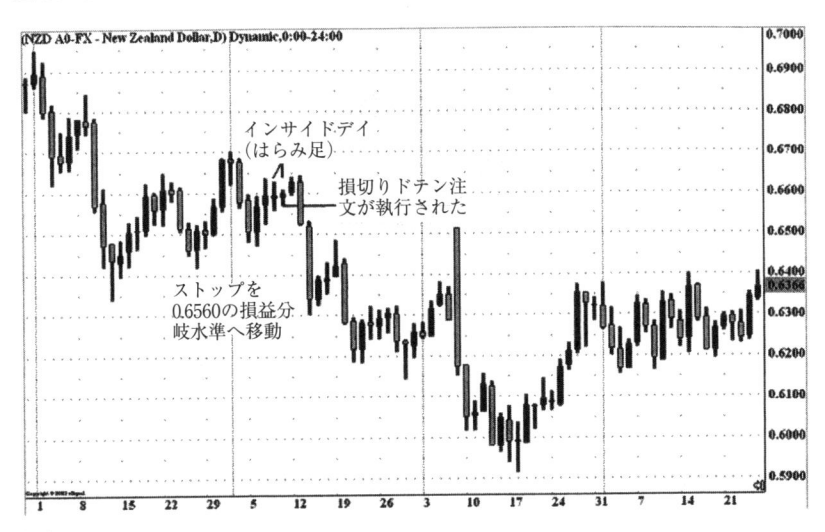

図8.15　NZD/USDにおけるインサイドデイの例

出所＝www.eSignal.com

トの方向性バイアスを見極めます。図8.16はEUR/CADの日足チャートです。チャート上にインサイドデイが記されています。安値が切り上がっていることは、上方にブレイクアウトする可能性が十分にあることを示唆しています。チャートの下部にMACD（移動平均収束拡散法）ヒストグラムを追加して見ると、インサイドデイが形成されている時点にヒストグラムもプラス領域にあることが分かります。それでテクニカル指標に基づき上方ブレイクアウト取引を選びます。ルールに従い、１日目のインサイドデイの高値の10ピップス上の1.6080に買い注文を入れます。その買い注文が執行されたので、新たな損切り注文を直近のインサイドデイの安値の10ピップス下の1.5980に置きます。価格がリスク額の２倍の1.6280へ動いたので、200ピップスの

図8.16　EUR/CADにおけるインサイドデイの例

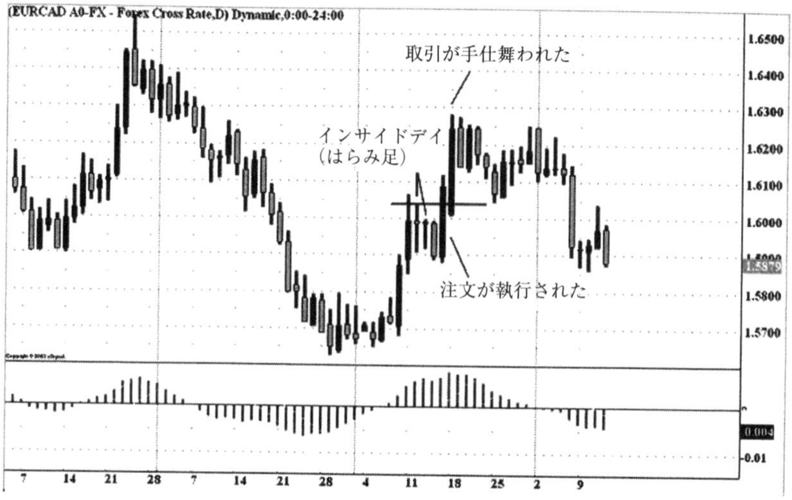

出所＝www.eSignal.com

儲けで全ポジションを清算しました。

　インサイドデイブレイクアウト戦略の場合、日足チャートで行うとリスクがかなり高くなりますが、ブレイクアウトで得られる利益もかなり大きくなる可能性があります。積極派のトレーダーなら複数のポジションを持つこともできます。そうすれば価格がリスク額の倍に動いたらポジションの半分を利食いし、残りのポジションに対してストップを移動することができます。このようなブレイクアウトは大きなトレンドが起こる前兆であることが多く、トレーリングストップを使用することによって、トレンドに乗りながら利益を積み上げていくことができます。

ダマシのブレイクアウトで逆張り

　ブレイクアウトしそうな場面に遭遇し、対応するポジションを取ったはいいものの、レンジ相場に戻ってしまい、無残に失敗してしまうことはよくあります。たとえ価格がある重要な水準を突破したとしても、そのまま続伸していくという保証はありません。それがきわめて重要な水準である場合、インターバンクディーラーやその他トレーダーが損切りを誘発させるために、一時的にその水準よりも上に価格を押し上げようとするのはよく見られる動きです。ブレイクアウト水準はきわめて大きな意味を持つ水準です。それだけに、その水準を超えてからそのまま持続してトレンドを形成するだけの力が存在するか否かを明確に判断できるルールは存在しません。

　重要な水準におけるブレイクアウト取引には大きなリスクが伴い、実際にはブレイクアウトよりもダマシのブレイクアウトのほうが頻繁に出現します。抵抗水準を一度、二度、三度と試したあとにブレイクアウトすることもあります。そのため、ブレイクアウトを逆張りすることだけに注目するコントラ（反）トレンドトレーダーの大集団が外為市場に生まれました。とはいえすべてのブレイクアウトを逆張りすることには大きな損失を被る可能性も伴います。なぜなら、本物のブレイクアウトがいったん発生すると、そのトレンドは、強く、長く続くことが多いからです。そのため、ダマシのブレイクアウトになる可能性の高い揉み合いパターンを選り分ける手法が必要になります。以下のルールは、そのようなトレードを選り分けるための良い基礎を提供します。ダマシのブレイクアウトを利用する逆張り戦略は、真の値動きを待つ戦略のバリエーションです。日足チャートを使用してレンジ相場を識別し、60分足チャートを使用して仕掛け水準をピンポイントで見極めます。

戦略ルール

ロング
1．14期間ADXが35未満の通貨ペアを見つける。ADXが下降し、数値がさらに弱まる傾向にあることが理想的
2．前日の安値を少なくとも15ピップス下抜けするのを待つ
3．前日の高値の15ピップス上に買い注文を出す
4．約定したら30ピップス以内に最初のストップを置く
5．価格がリスクの倍まで、つまり60ピップス上昇したら利食う

ショート
1．14期間ADXが35未満の通貨ペアを見つける。ADXが下降し、数値がさらに弱まる傾向にあることが理想的
2．前日の高値を少なくとも15ピップス上抜けするのを待つ
3．前日の安値の15ピップス下で売り注文を出す
4．約定したら仕掛け価格の上30ピップス以内に最初のプロテクティブストップを置く
5．思惑の方向に60ピップス動いたら利食いする

勝率を高めるには

　このダマシのブレイクアウト戦略は、予測できない急激な動きを誘発するような重要な経済指標の発表の予定がない場合に最もうまく機能します。例えば、米国非農業部門雇用者数の発表前には揉み合い状態になることがよくあります。一般的に揉み合っているのには理由があります。理由はマーケットが迷っているか、その発表内容をすでに織り込んでいるか、または発表後まで反応するのを待っているのです。いずれにしても発表直後のブレイクアウトは本物になり、逆張りする

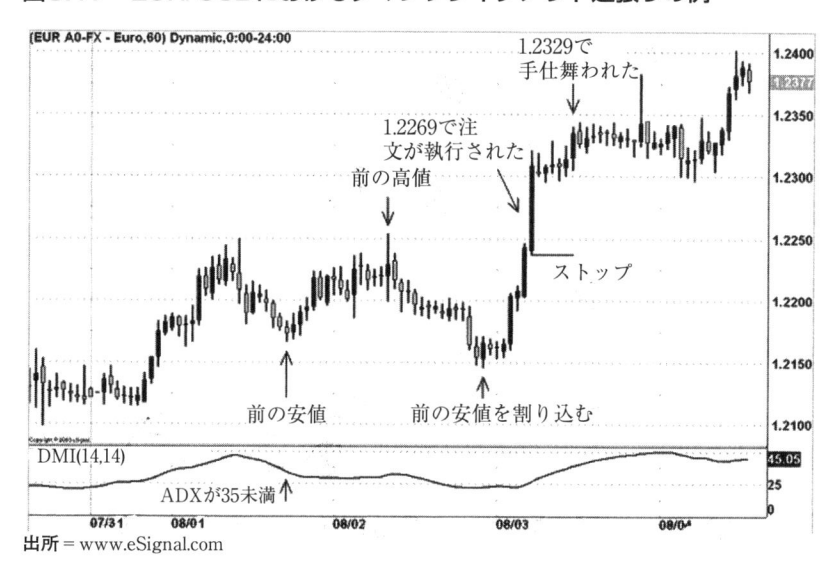

図8.17 EUR/USDにおけるダマシブレイクアウト逆張りの例

[図: EUR/USD 60分足チャート。1.2269で注文が執行された、1.2329で手仕舞われた、前の高値、前の安値、前の安値を割り込む、ストップ、DMI(14,14)、ADXが35未満 等のラベルが記載されている]

出所＝www.eSignal.com

には適さない可能性が高くなります。この戦略はボラティリティが低く、値幅が狭い通貨ペアに対して最もうまく機能します。

例

図8.17はEUR/USDの60分足チャートです。前述のルールを当てはめてみると、14期間ADXが35よりも下であることを確認したところで、価格が前の安値の1.2166を15ピップス下抜くのを待ち始めます。下抜けしたら前の高値の1.2254を再び15ピップス上抜けするのを待ち、1.2269で仕掛けます。ストップをその仕掛け価格の30ピップス下の1.2239に置き、仕掛け水準の60ピップス上の1.2329に手仕舞いの指値

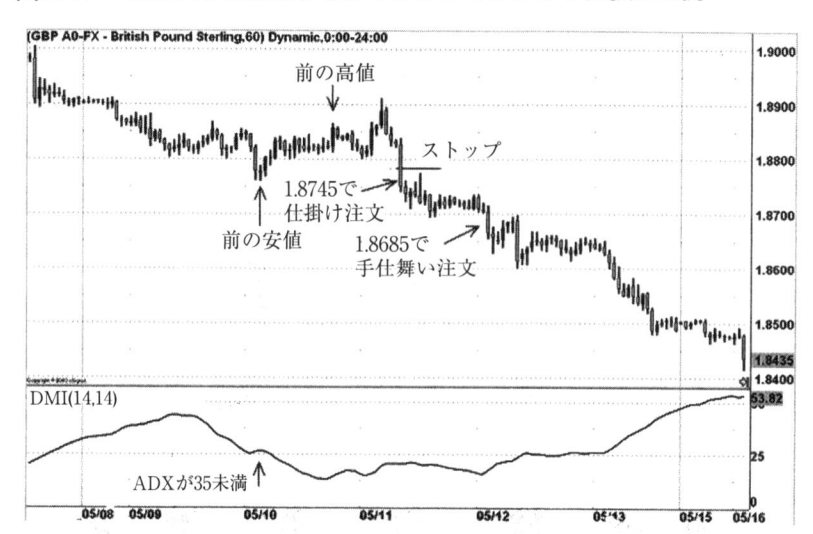

図8.18　GBP/USDにおけるダマシブレイクアウト逆張りの例

出所 = www.eSignal.com

注文を置きます。数時間後に手仕舞い注文が執行され、30ピップスのリスクに対して60ピップスの利益が得られました。

　図8.18はショート側でのダマシのブレイクアウト戦略の例です。このGBP/USDの60分足チャートにルールを適用すると、14期間ADXが35よりも下であることを確認したところで、価格が前の高値の1.8865を15ピップス上抜くか、前の安値の1.8760を下抜くのを待ち始めます。まず上方にブレイクが起こったので、価格が反転して前の安値を下抜くのを待ちます。数時間後ブレイクが起こったので前の安値の15ピップス下の1.8745で売りに入ります。それからストップを30ピップス離れた1.8775に置き、60ピップス下の1.8685に利食い注文を置

きます。チャートに示すように指値注文が執行されたので、この取引で利益が得られました。

ダマシのブレイクアウトを回避する

　ブレイクアウト取引は見返りがきわめて大きいものの、多くのブレイクアウトはダマシに終わる傾向があるため、フラストレーションの大きい戦略です。外為市場でダマシが頻繁に発生する主な理由は、この市場がほかの多くの市場よりもテクニカルな要素が原因で動く度合いが大きいからです。そのため、多くの無垢なトレーダーたちを陥れるために、意図的にブレイクアウトもどきの動きを引き起こそうとする市場参加者が大勢いるのです。そのようなダマシのブレイクアウトを避けるには、値動きをよく選別し、勝率の高いブレイクアウトを識別する必要があります。この戦略のルールは、新高値を付け、それから直近の安値を付け、さらに反転して新高値を付けるという、強いトレンド相場を利用できるように設定されています。この種のセットアップはきわめて高い確率で成功する傾向があります。なぜなら弱い参加者たちが追い出されたあとで、強いトレンド相場に入ることができるからです。真のマネープレーヤーたちが市場に再参入し、ペアを押し上げ、大きな高値を付けさせることになります。

戦略ルール

ロング
1．20日高値を付けている通貨ペアを見つける
2．次の3日間で反転し、2日安値を付けるペアを見つける
3．2日安値を付けた3日以内に20日高値を付けたら、そのペアを買う

4. ステップ2で見つけた2日安値の数ピップス下に最初のストップを置く
5. トレーリングストップを使って利益を守るか、リスクの倍額になったら利食う

ショート
1. 20日安値を付けている通貨ペアを見つける
2. 次の3日間で反転し、2日高値を付けるペアを見つける
3. 2日高値を付けた3日以内に20日安値を下回ったら、そのペアを売る
4. ステップ2で見つけた2日高値の数ティック上までリスクを取る
5. トレーリングストップを使って利益を守るか、リスクの倍額になったら利食う

例

　最初の**図8.19**の例を見てみましょう。このGBP/USDの日足チャートでは11月17日に1.8631の直近20日の高値を付けています。そこでこの通貨ペアが私たちのレーダーにキャッチされたので、新しい2日安値を付け、その後3日間にわたり反騰して前20日高値の1.8631を上抜けするのを待ちました。11月23日に上抜けしたので、高値の数ピップス上の1.8640で入り、2日安値1.8472の数ピップス下の1.8465にストップを置きました。その後思惑どおりに動いたとき、私たちには2つの選択肢がありました。リスク額の2倍で利食いする（その場合の利益は350ピップスになる）か、直近2本の安値などのトレーリングストップを使っていくかです。私たちは直近2本の安値でストップを移動（トレール）させていくことを決め、12月8日に1.9362でポジションが清算されました。2週間で722ピップスの利益でした。

図8.19　GBP/USDにおけるダマシブレイク回避の例

GBP/USDを20日高値更新後に買う

2日安値割り込みでひとまず利食い

ストップを2日安値よりも下に置く

GBP/USDが2日安値を更新

GBP/USDが20日高値を付ける

出所＝www.eSignal.com

　図8.20ではこの戦略のもうひとつの実例を示します。USD/CADの日足チャートでは同通貨ペアが4月21日に1.3636の直近20日の高値を付けています。そこでこの通貨ペアが私たちのレーダーにキャッチされたので、新しい2日安値を付け、その後3日間にわたりリトレースして直近20日高値の1.3636を下抜けるのを待ちました。4月23日に下抜けした時点で高値の数ピップス上の1.3645で入り、最初の2日安値1.3514の数ピップス下の1.3505にストップを置きました。その後思惑どおりに動いたとき、私たちには2つの選択肢がありました。リスク額の2倍で利食いする（その場合の利益は280ピップスになる）か、2本安値などのトレーリングストップを使っていくかです。2本安値のトレーリングストップを使用したとすると1.3686で手仕舞われ、41

179

図8.20　USD/CADにおけるダマシブレイク回避の例

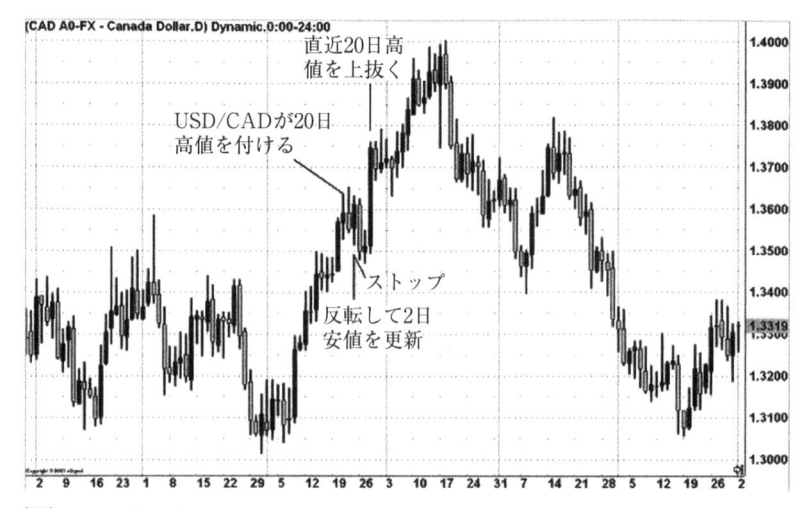

（チャート内注記）
- 直近20日高値を上抜く
- USD/CADが20日高値を付ける
- ストップ
- 反転して2日安値を更新

出所＝www.eSignal.com

ピップスの儲けになりました。一方、指値で280ピップスの儲けを狙っていれば5月10日に執行されたことになります。

　最後はショート側の例です。**図8.21**はUSD/JPYの日足チャートです。このチャートではUSD/JPYが10月11日に109.30を下回る20日安値を付けています。それから10月13日に110.21という新しい2日高値を付けています。価格はそれから2日間にわたって反転し、オリジナルの20日安値を下抜けしています。その時点で109.20（20日安値の数ピップス下）で売り注文が執行されました。2日高値の数ピップス上の110.30にストップを置きました。その後思惑どおりに動いたとき、私たちには2つの選択肢がありました。リスク額の2倍で利食いする（その場合の利益は220ピップスになる）か、2日安値などのトレー

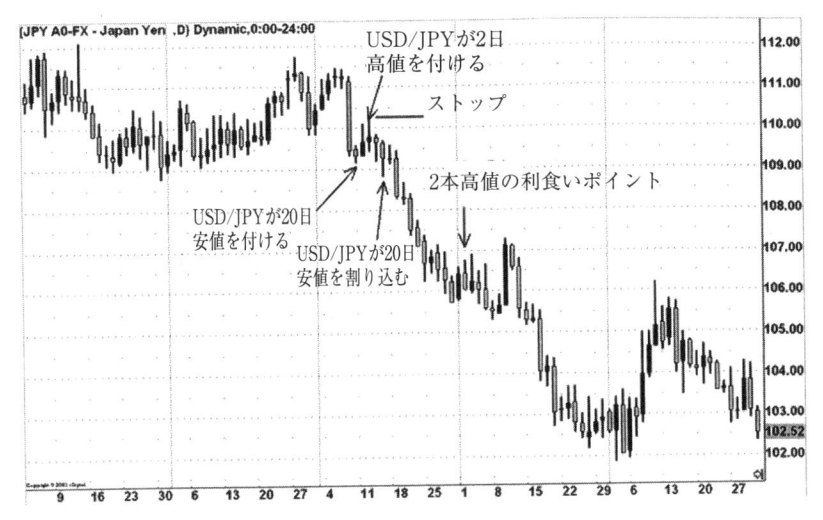

図8.21　USD/JPYにおけるダマシブレイク回避の例

出所＝www.eSignal.com

リングストップを使っていくかです。2日安値のトレーリングストップを使っていたら11月2日に106.76で手仕舞われ、220ピップスの利益を狙っていれば10月25日に107.00で手仕舞ったことになります。

チャネル戦略

　チャネル戦略はさほど斬新な手法ではありませんが、為替にきわめて適しています。その主な理由は、為替では狭いレンジが長く続くことがめったになく、強力なトレンドを形成する傾向があるからです。チャネルはチャートをいくつか見れば確実に見つけることができ、頻繁に発生していることが分かります。アジアタイムではチャネル取引、

ロンドンタイムや米国タイムではブレイクアウト取引というのが一般的なシナリオになります。経済指標の発表がチャネルのブレイクのきっかけになることがよくあります。そのためトレーダーは経済指標について精通していることが絶対的に必要です。チャネルが形成され、米国の重要な指標が発表される予定があり、通貨ペアがチャネルのトップにある場合、高い確率でブレイクアウトが起こります。ですから、ブレイクアウトで逆張りするのではなく、買いを狙うことが必要です。

トレンドラインを描き、そのトレンドラインに平行するラインを描くとチャネルが出来上がります。通貨ペアのすべての動きではないにしても、ほとんどの値動きが2本のチャネルの間に収まる必要があります。価格が狭いチャネル内に収まっている状況を見つけ、チャネルからブレイクアウトする方向で取引します。この戦略は重要な経済ニュースの発表などファンダメンタルな市場イベントの発生前に使用するか、主要な金融市場が開く直前に使用するのが特に効果的です。

このテクニックを使用したロング取引に関するルールを以下に示します。

1．まず日中チャートまたは日足チャートのいずれかでチャネルを識別する。価格が狭いレンジ内に収まっていなければならない
2．価格が上方チャネルラインを上抜けしたらロングで入る
3．上方チャネルラインのすぐ下にストップを置く
4．価格が思惑どおりに動いたらストップを上にトレールしていく

例

ではいくつかの例を見てみましょう。まずは**図8.22**のUSD/CADの15分足チャートです。チャネルの値幅は約30ピップス。戦略に従ってチャネルの上下10ピップス、つまり1.2395と1.2349に仕掛け注文を入れます。買いの注文がまず執行され、ほぼ直ちに損切り注文を上

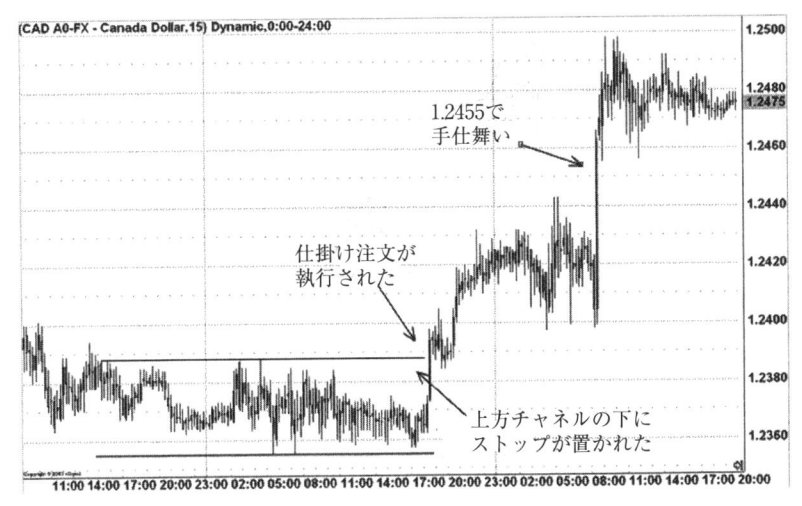

図8.22　USD/CADにおけるチャネルの例

出所 = www.eSignal.com

方チャネル線の10ピップス下の1.2375に置きました。USD/CADはそれから反騰し、私たちの目標である値幅の2倍の1.2455に達しました。ここでは第7章のリスク管理で説明した例と同様にトレーリングストップを使うことも可能でした。

　次の**図8.23**の例はEUR/GBPの30分足チャートです。2本の線の間の値幅は18ピップス。戦略に従ってチャネルの上下10ピップス、つまり0.6796と0.6758に仕掛け注文を入れます。買いの注文がまず執行され、ほぼ直ちに損切り注文を上方チャネルラインの10ピップス下の0.6776に置きます。EUR/GBPはそれから反騰し、私たちの目標である値幅の2倍の0.6826に達しました。

　図8.24はEUR/USDの5分足チャートです。4時間にわたる2本

図8.23　EUR/GBPにおけるチャネルの例

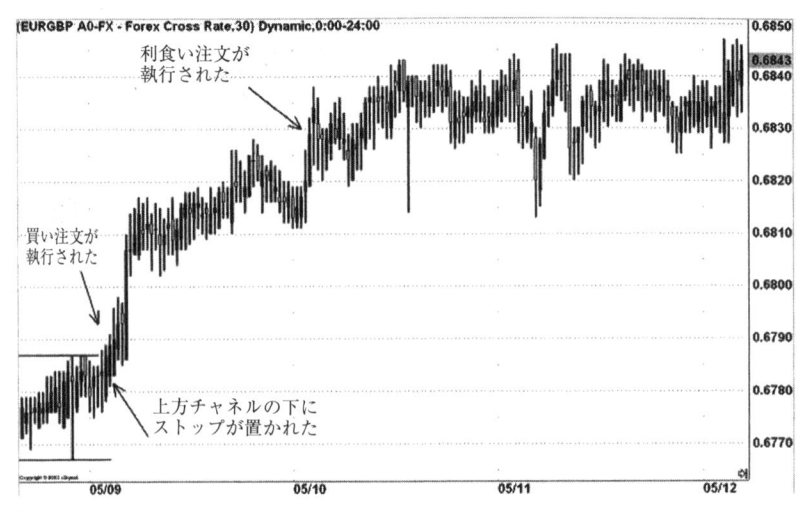

(チャート内注記)
- 利食い注文が執行された
- 買い注文が執行された
- 上方チャネルの下にストップが置かれた

出所 = www.eSignal.com

のラインの間の値幅は13ピップス。米国の小売業売上高発表前に欧州と米国の寄り付きの間ではチャネルがよく発生します。戦略ルールに従ってチャネルの上下10ピップス、つまり1.2785と1.2752に仕掛け注文を入れます。売りの注文がまず執行されたので、すぐに損切り注文を下方チャネルラインの10ピップス上の1.2772に置きました。EUR/USDはそれから大きく売られ、目標である値幅の2倍の26ピップスに達しました。積極派のトレーダーならストップを移動していくことで、予想外の大幅な下落によって儲けることもできました。

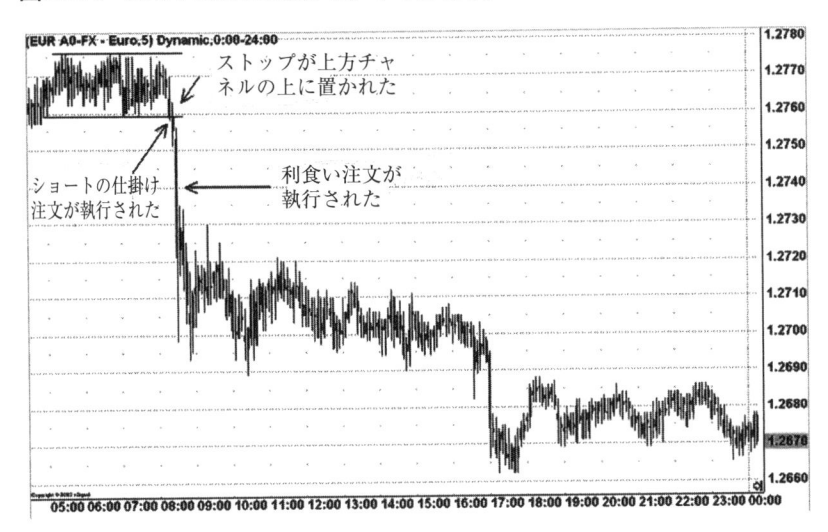

図8.24　EUR/USDにおけるチャネルの例

出所＝www.eSignal.com

パーフェクトオーダー（完璧な順序）

　移動平均線のパーフェクトオーダーとは、一連の移動平均線が順序どおりに並ぶことです。上昇トレンドの場合、完璧な順序とは、10日SMA（単純移動平均線）が20日SMAよりも高い価格水準にあり、20日SMAが50日SMAよりも高い価格水準にある状況です。さらに、その50日SMAの下に100日SMA、その100日SMAの下に200日SMAが位置します。下降トレンドではその逆になり、200日SMAがいちばん上、10日SMAがいちばん下に位置します。移動平均線が順番に並ぶことはトレンド環境の強力な指標です。モメンタムがトレンドの側にあることを示すだけでなく、それらの移動平均線がそれぞれ支持線として

図8.25　EUR/USDにおけるパーフェクトオーダーの例

出所 = www.eSignal.com

も機能していることを示しています。パーフェクトオーダー戦略の勝率を高めるには、ADXが20よりも大きく、上昇していることが必要です。この戦略では仕掛けと手仕舞いの水準を見極めるのが困難ですが、完璧な順序が維持されているかぎり取引にとどまり、順序が崩れたら手仕舞いするのが一般的に得策です。完璧な順序は頻繁には現れません。この戦略の前提は完璧な順序が現れたら真っ先に気づくことです。

　パーフェクトオーダー戦略はトレンドの出現直後にそのトレンド環境を利用することを追求します。このテクニックを使用するうえでのルールを以下に示します。

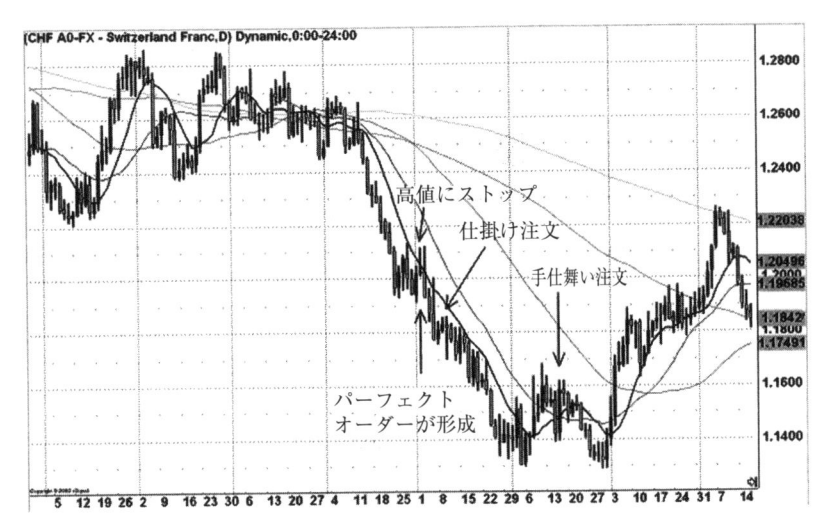

図8.26　USD/CHFにおけるパーフェクトオーダーの例

出所＝www.eSignal.com

1．移動平均線が完璧な順序にある通貨ペアを見つける
2．数値が上昇し、理想的には20よりも大きいADXを見つける
3．完璧な順序が形成された5足後に買う（完璧な順序がまだ維持されていることが必要）
4．最初のストップは、ロングの場合は最初の交差の日の安値、ショートの場合は高値に置く
5．完璧な順序が崩れたらポジションを手仕舞う

例

図8.25はEUR/USDの日足チャートです。2004年10月27日、EUR/

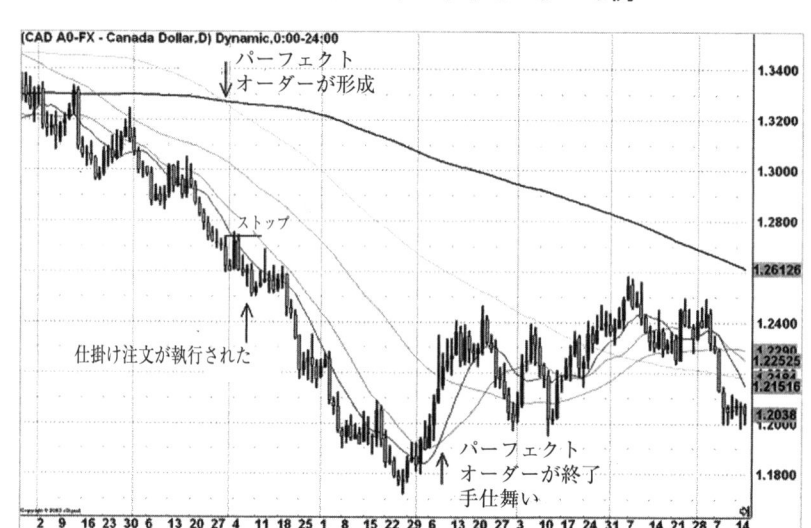

図8.27　USD/CADにおけるパーフェクトオーダーの例

出所＝www.eSignal.com

　USDの移動平均線がパーフェクトオーダーを形成しました。その5足後に1.2820でポジションに入ります。最初のストップは2004年10月27日の安値1.2695に置きます。同ペアはその後上昇トレンドを続け、10日SMAが20日SMAの下に移動して完璧な順序が崩れたら手仕舞います。崩壊は2005年12月22日、1.3370で寄り付いたときに起こりました。この取引での利益は550ピップス、賭けたリスクは125ピップスでした。

　次の例はUSD/CHFです。**図8.26**ではパーフェクトオーダーが2004年11月3日に形成されています。ルールに従って形成された5足後に1.1830でポジションに入りました。ストップを2004年11月3日の高値の1.1927（ショートの場合）に置きました。同ペアは下降トレン

ドを続け、20日SMAが10日SMAよりも下に移動して完璧な順序が崩れたので手仕舞いました。それは2005年12月16日、1.1420で寄り付いたときに起こりました。この取引での利益は410ピップス、賭けたリスクは97ピップスでした。

図8.27はUSD/CADのパーフェクトオーダーの例です。2004年9月30日に形成されています。足を5本数えて、1.2588でポジションに入り、1.2737にストップを置きます。同ペアはそれから売られ、完璧な順序が崩れたので手仕舞いました。2005年12月9日に崩れたので、1.2145で買い戻しました。利益は443ピップス、賭けたリスクは149ピップスでした。

第9章
ファンダメンタル戦略
Fundamental Trading Strategies

最強のペアを選択する

　外為取引を行う場合、多くのトレーダーはペアを構成する両通貨の相対的な強さや弱さを考えず、一方の通貨だけを見て判断するという過ちを犯しています。外為市場でそのように一方の経済状況を無視してしまうと、取引の収益性が大きく妨げられる可能性があります。また損失の可能性も高まります。強力な経済に抗して取引をすれば失敗する余地もそれだけ大きくなります。考えていたほうの通貨が大きく崩れ、無視していたほうの通貨が上昇に入り、身動きがとれなくなったり、利益が消えてしまう可能性が大きくなります。だからこそ、強い経済と弱い経済のペアを見つけることは、リターンを最大化しようとする場合に使用すべき優れた戦略です。

　例えば2005年3月22日、FRBがFOMC（連邦公開市場委員会）声明文においてインフレリスクが増大していることを指摘した結果、すべての主要通貨がドルに対して下落しました。それとともに数々の好調な米国経済指標がドル高をさらに推進しました。その時点ではおそらくロングの米ドル取引で儲けることができたでしょうが、一部のペアはほかのペアよりも米ドル高に対してはるかに持続力を持っていました。例えば最初の下落後、FRBの会議のあと数週間でポンドは反

図9.1　FRB会議後のGBP/USD

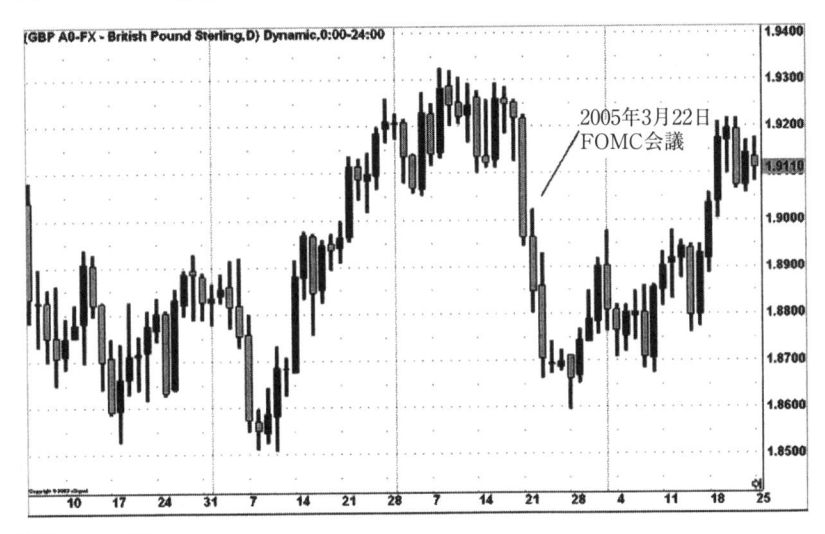

出所＝www.eSignal.com

発しましたが、円はもっと長い期間低迷していました。その理由は当時の英国経済が安定性と大きな成長性を示していたからです。それによって米ドル買いブーム後、ものの数週間で大幅な失地回復を果たすことができたのです。米ドルに対して英ポンドがリバウンドした模様を図9.1で見ることができます。3月28日に1.8595の底値を打ったあと、同ペアは3週間をかけてFOMC以前の水準である1.9200へ向けて反発しています。

　一方、日本円はもっと長期間低迷し、USD/JPYペアは4月中旬まで上昇を続けました。図9.2でその値動き見ることができます。FOMC会議後の2週間、米ドルはさらに300ピップス上昇しました。

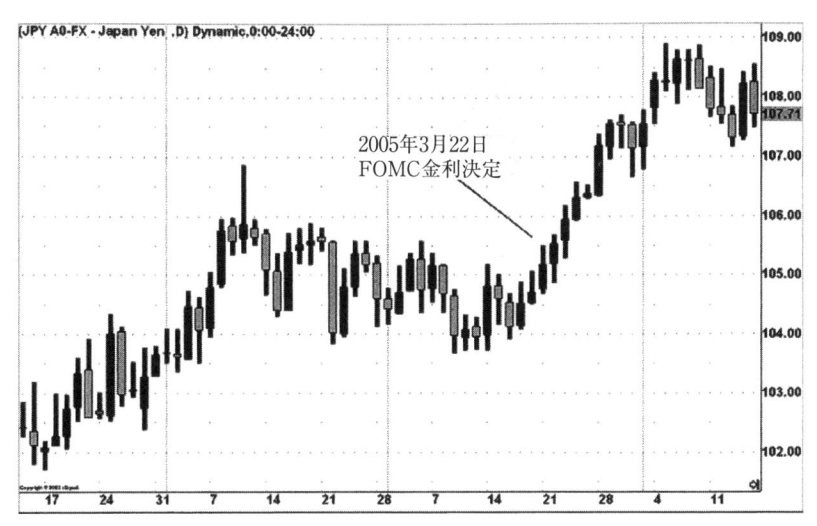

図9.2　FRB会議後のUSD/JPY

2005年3月22日
FOMC金利決定

出所＝www.eSignal.com

　値動きにこのような違いをもたらしている原因のひとつは、マーケットウオッチャーが日本経済に対して信頼感を持っていなかったことです。日本経済は不況の縁を右往左往しており、経済が拡大する確かな兆候は見られませんでした。そのため米ドル高は、一貫して強いポンドよりも、不況にあえぐ円に対してはるかに高い影響力と強い持続力を持っていたのです。

　もちろん金利やその他のマクロ地政学的な出来事も重要ですが、同様に納得できる２つの取引を天秤にかけた場合、最強の経済と最弱の経済のペアを選ぶことで勝率を高めることができる場合があります。この期間中における主要通貨のクロスをチェックしてみると、各通貨ペアの強さに関する知識をもとに利益を増やすもうひとつの方

図9.3　FRB会議後のAUD/JPY

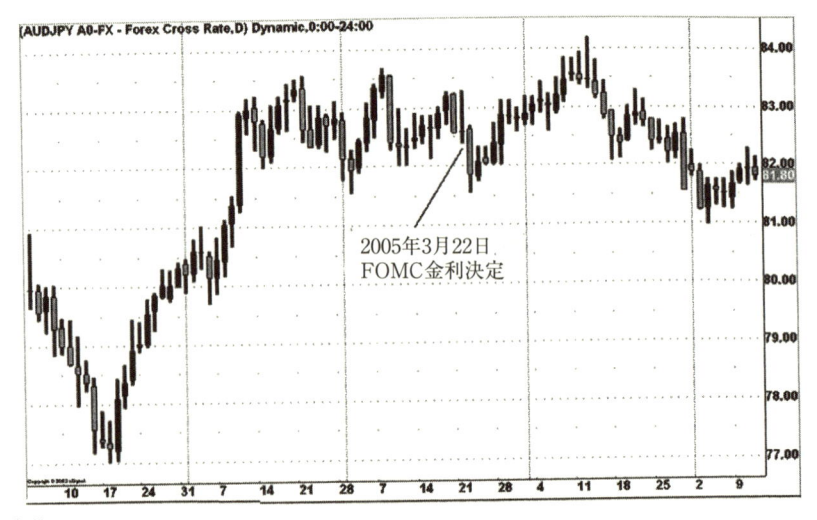

2005年3月22日
FOMC金利決定

出所＝www.eSignal.com

法が浮かんできます。例えば**図9.3**と**図9.4**見てみましょう。3月22日のFOMC会議以降、AUD/JPYとEUR/JPYの両方が売っていますが、AUD/JPYのリバウンドはEUR/JPYよりもはるかに迅速でした。その一因として、強い経済と弱い経済の対比があることが十分に考えられます。ユーロ圏は、2003年、2004年、2005年において成長がきわめて低調でした。一方、オーストラリアははるかに好調で、2004年と2005年の前半、オーストラリアは先進国中最高水準の金利を提供していました。そのため、**図9.3**に示すように、AUD/JPYはFOMC後EUR/JPYよりもはるかに素早く反発したのです。取引を考える場合、強い経済と弱い経済のペアを頭に入れておくことが重要なのはそのためです。

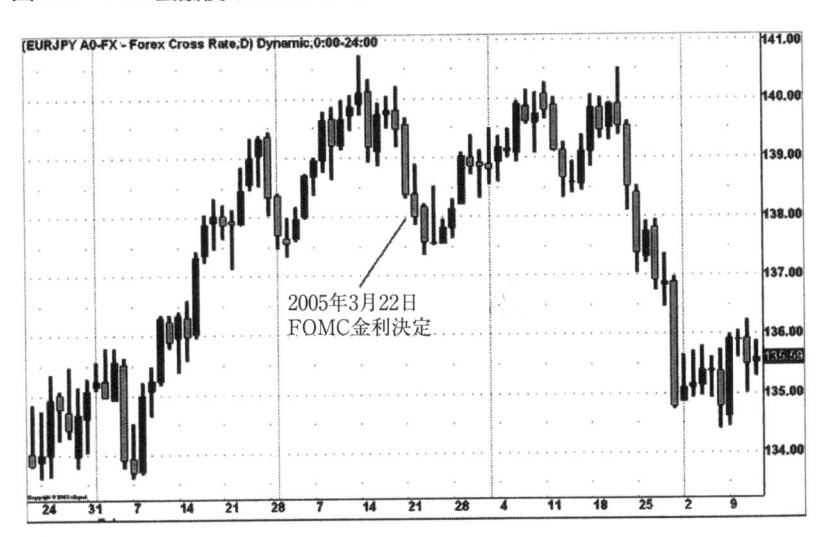

図9.4　FRB会議後のEUR/JPY

2005年3月22日
FOMC金利決定

出所＝www.eSignal.com

レバレッジド・キャリートレード

　レバレッジド・キャリートレード戦略は、世界的なマクロヘッジファンドや投資銀行のお気に入りの投資戦略のひとつであり、究極のグローバルマクロ取引です。キャリートレード戦略とは、簡単にいえば、高利回りの通貨を買い（ロング）、低利回りの通貨を売る（ショート）ことです。積極派の投機筋は為替レート・リスクをヘッジしません。つまり、投機筋は2通貨間の金利差から稼ぐことに加えて、高利回りの通貨が上昇することに賭けています。為替レートをヘッジするトレーダーの場合、金利差が1％から5％と小さめになる傾向があるものの、5倍から10倍のレバレッジを使えば、金利による利益だけ

図9.5 レバレッジド・キャリートレードの例

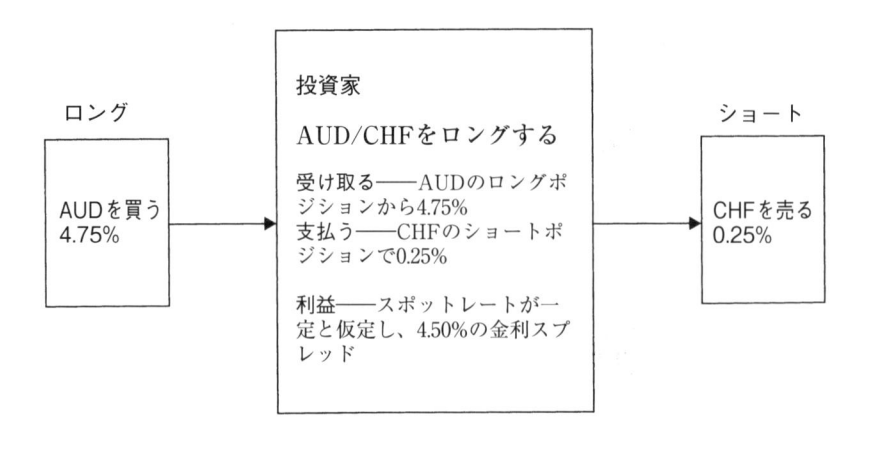

```
ロング                投資家                      ショート
                     AUD/CHFをロングする
AUDを買う             受け取る――AUDのロングポ      CHFを売る
4.75%                ジションから4.75%            0.25%
                     支払う――CHFのショートポ
                     ジションで0.25%

                     利益――スポットレートが一
                     定と仮定し、4.50%の金利スプ
                     レッド
```

でもかなりのものになることがあります。これについて考えてみましょう。金利差2.5％は10倍のレバレッジを使うと25％になります。レバレッジは損失を悪化させるため、適切に管理しないとリスクを高めます。キャピタルゲインは多くのトレーダーが同じ機会を見いだし、同じ取引に殺到し、その通貨ペアが高騰した場合に得られます。

　外為取引におけるキャリートレードは、資金がさまざまな市場を絶えず出入りしているという基本的な経済原理を利用するための容易な方法です。その動きは、最大の投資収益率が得られる市場が最も資金を引きつける、という需要と供給の経済法則に従っています。国のレベルでもまったく同様です。国際的な資金フローの世界でも、金利の最も高い国が最も投資を引きつけ、その国の通貨に対する需要が最も

生まれます。きわめてポピュラーな投資戦略であるキャリートレードは簡単にマスターすることができます。正しく行えば大きなリスクを負うことなく、高いリターンを得ることができます。とはいえ、キャリートレードにもある程度のリスクは伴います。キャリートレードがどのように、なぜ、そしていつ最もうまく機能するかを知らなければ、損をする可能性は高くなります。

キャリートレードの仕組み

キャリートレードの仕組みは、高金利の通貨を買い、低金利の通貨を売ることです。キャリートレードでは、金利差、つまり２通貨間のスプレッドを稼ぐことによって利益が得られます。

例を示します。豪ドルの金利が4.75％、スイスフランの金利が0.25％だと仮定します。キャリートレードを行うには、豪ドルを買い、スイスフランを売ります。そうすることで豪ドルとスイスフランの為替レートが変化しないかぎり、4.50％（4.75％の受取利息から0.25％の支払利息を差し引く）の利益を稼ぐことができます。このリターンはレバレッジをゼロとした場合です。５倍のレバレッジを掛ければ、金利差だけで22.5％のリターンになります。以下の例と**図9.5**を使って、キャリートレードの実践方法を説明します。

キャリートレードの実践方法

AUDを買い、CHFを売る（AUD/CHFをロングする）

AUDポジションのロング――4.75％を受け取る

CHFポジションのショート――0.25％を支払う

スポットレートが一定だとすると、利益は4.50％（450ベーシスポイント）になる

ほかのトレーダーたちもこの機会に参加したことで同通貨ペアの価値が上昇すれば、金利だけでなく、キャピタルゲインでも利益が出ることになります。

要約すると、キャリートレードは、高金利の通貨を買い、低金利の通貨を売ることによって成立します。

キャリートレードが機能する理由

キャリートレードが機能するのは、各国間で常に資金が出入りしているからです。一部の国々がほかの国々よりも多くの投資を引きつける大きな理由は金利です。ある国の経済が好調（高成長、高生産性、低失業率、所得増加など）であると、その国への投資に対して高いリターンを提供することができます。あるいは、成長が見込まれている国々は投資されたお金に対して高い金利を支払う余裕があると説明することもできます。

投資家はより高い金利を求めるため、利益を最大化したい投資家は当然のこととして最高の利回りを提供する投資先を求めます。特定の通貨に関して投資判断を下す場合、最も高い利回り、つまり最も高い金利を提供する通貨を選ぶ可能性が高くなります。多数の投資家がまったく同じ判断をすると、その国には高利回りを求める人々の資金が大量に流れ込んでくることになります。

経済的に不調な国々の場合はどうでしょうか。成長と生産性の低い国々は投資に対して高い利回りを提供することができません。なかには経済が弱いために投資に対して利回りをまったく提供できない（つまり金利がゼロかゼロにきわめて近い）国もあります。

高金利の国々と低金利の国々との差が、キャリートレードを可能にしているのです。

では前述のキャリートレードの例をもう一度、少し細かく見てみま

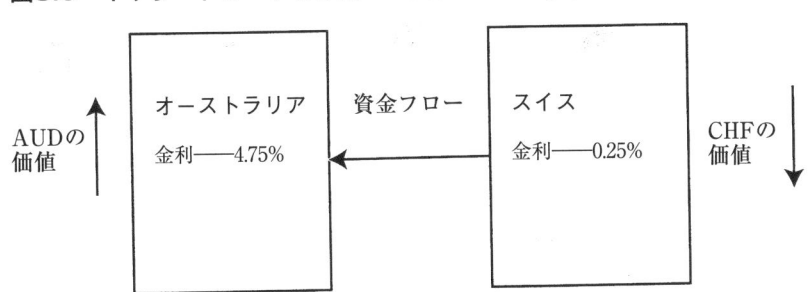

図9.6 キャリートレードの作用――AUD/CHFキャリートレードの例1

```
         ↑      ┌──────────────┐              ┌──────────────┐      ↓
 AUDの   │      │ オーストラリア │  資金フロー   │    スイス     │    CHFの
  価値   │      │  金利――4.75％ │◄─────────────│  金利――0.25％ │    価値
         │      └──────────────┘              └──────────────┘
```

しょう。

　スイスフランの銀行預金で年0.25％の利息を得ているひとりのスイス投資家を想像してみましょう。同時期、オーストラリアの銀行は豪ドル預金に対して年4.75％の利息を払っているとします。オーストラリアの銀行の金利のほうがはるかに高いことを知ったその投資家は、自分の資金でその高い金利を得る方法を探します。

　そこでその投資家が、利息0.25％のスイスフラン預金を利息4.75％の豪ドル預金とを、何らかの方法で交換することができたとしましょう。その投資家が実質的に行ったことは、スイスフラン預金を売り、豪ドル預金を買うことでした。取引後、スイスフラン預金よりも4.50％高い、年利4.75％を提供する豪ドル預金を持っていることになります。

　この投資家がしたことは、要するに、豪ドル預金を「買い」、スイスフラン預金を「売る」というキャリートレードなのです。

　スイスフランを豪ドルと交換するというこの取引を多数の人たちがやると、スイスから資金が流出し、オーストラリアに資金が流入します。オーストラリアが資金を引きつけることができるのは金利が高いからです。この資金の流入によって通貨の価値が上がります（**図9.6**

を参照)。

　つまり、キャリートレードは各国間の金利差によって可能になります。投資家は高い金利を好むため、高金利の通貨をバイ・アンド・ホールドしたいと考えているのです。

キャリートレードにとって最適な状況

　キャリートレードにとって最適の状況があります。キャリートレードは、投資家たちがリスクに対して特定の姿勢をとっている場合に最も収益性が高まります。

リスクをどれだけ負う意思があるか？

　人間の感情は時に応じて変わる傾向があります。大胆になって一か八かのチャンスに賭けるときがあれば、臆病になって保守的になるときもあります。投資家全体をひとつのグループとして見ても同じです。かなりのリスクがある投資を行う意思があるときもあれば、損失を恐れ、より安全な資産への投資を求めるときもあります。

　金融用語では、投資家が全体としてリスクを取る意欲がある場合「リスク回避性向が低い」、言い換えれば「リスク追及モードにある」と言います。それとは逆に、投資家たちが保守的な投資対象に引きつけられ、リスクを取りたくない場合は、「リスク回避性向が高い」といいます。

　キャリートレードは、投資家たちのリスク回避性向が低い場合に最も収益性が高まります。このことは、キャリートレードには何が関係するかを考えると納得できます。つまり、キャリートレードには高金利の通貨を買うことと低金利の通貨を売ることが関係します。高金利通貨を買う場合、投資家はその国の経済が高金利を支払えるだけの好調さを持続できるか否かという大きな不確実性というリスクを負いま

図9.7 リスク回避性向が高い場合のキャリートレードの作用
――AUD/CHFキャリートレードの例2

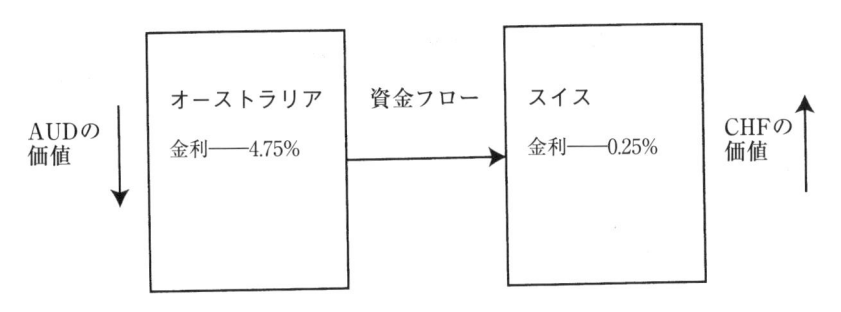

```
AUDの           オーストラリア      資金フロー      スイス            CHFの
価値↓           金利――4.75%       ――――→       金利――0.25%       価値↑
```

す。実際問題として、その国が高金利を払えなくなる状況が起こる可能性は明確に存在します。つまり、投資家にはそのチャンスに賭けるという意思が必要になるのです。

投資家が全体としてこのリスクを取る意思がない場合、資金は他国へ移動せず、キャリートレードの機会は存在しません。キャリートレードが機能するには、投資家たちが全体としてリスク回避性向が低く、高金利通貨へ投資するリスクを喜んで負うことが必要なのです。

まとめ――キャリートレードは、投資家たちが高金利通貨に投資するというリスクを喜んで負う場合に最も利益を得る可能性があります。

キャリートレードに適さない状況

投資家たちのリスク回避性向が低い場合にキャリートレードが最もうまく機能することを説明しました。では投資家たちのリスク回避性向が高い場合はどうなるのでしょうか。

キャリートレードは、投資家たちのリスク回避性向が高い場合に収益性が最も低くなります。投資家のリスク回避性向が高い場合、全体として投資に一か八かで賭ける意思が低くなります。そのため高金利

を提供するリスクの高い通貨に対する投資意欲が低くなり、低金利の「セイフヘイブン（投資資金の安全な避難場所）」通貨へ資金を託すことが好まれます。それはキャリートレードと正反対のことになります。つまり投資家は低金利の通貨を買い、高金利の通貨を売ることになるのです。

　前述の例に戻ると、その投資家が突然、豪ドルという外貨を持っていることに不安を感じ始めたとします。そうなると高金利を求める代わりに資金を安全に維持することに関心が移り、豪ドルをもっと安全なスイスフランへスワップします。

　豪ドルをスイスフランと交換するというこの取引を多数の人たちがやると、オーストラリアから資金が流出し、スイスに資金が流入します。投資家のリスク回避性向が高いため、スイスは低金利であるにもかかわらず、安全な通貨であることから資金を引きつけます。この資金の流入によってスイスフランの価値が高まります（**図9.7**を参照）。

　まとめ——キャリートレードは、投資家たちが高金利通貨に投資するリスクを取りたくない場合に最も収益性が低くなります。

リスク回避性向の重要性

　キャリートレードは投資家のリスク回避性向が低い場合に収益性が高く、リスク回避性向が高い場合に収益性が低くなる傾向があります。そのためキャリートレードを実施する前に投資家のリスク回避性向が全体として高いのか低いのか、そしてそれが変化していないか否かという、リスク環境を見極めておくことがきわめて重要です。

　リスク回避性向が高まることは低金利通貨にとって有利です。投資家心理は急変することがあります。リスクの高い取引をしようという投資家意欲が瞬時に劇的に変わることもあります。大きな変化は、多くの場合、世界的に重要な出来事によって引き起こされます。投資家

図9.8 リスク回避性向とキャリートレードの収益性

キャリートレードの収益性		
(−) ←		→ (+)
リスク回避性向が高い	リスク回避性向が中間	リスク回避性向が低い
1. 投資家がリスクを取りたがらない、資金を高リスクの通貨から引き揚げる。 2. 資金が高金利高リスクの通貨から低金利低リスクのセイフヘブン通貨へ移る。 3. 投資家がリスクの高い取引から手を引くと低金利通貨の価値が上昇する。		1. 投資家がリスクを取ることをいとわない。 2. 資金が低金利通貨から高金利の通貨へ移る。 3. 低金利通貨は弱含みを持続、リスクの高い取引の資金として使用される。

のリスク回避性向が急速に高まると、大量の資金が低金利の「セイフヘイブン」通貨へ流れこむ、というのがほぼお決まりの図式です（図9.7を参照）。

例えば1998年夏、日本円がドルに対して2カ月間で20％以上上昇しました。ロシアの債務危機とLTCMヘッジファンドの救済が主な原因でした。同様に、2001年9月11日のテロ事件直後、スイスフランがドルに対して10日間で7％以上も上げました。

このような通貨価値の急変は、リスク回避性向が低いほうから高いほうへ急変した場合によく起こります。リスク回避性向が大きく変化すると、キャリートレードの収益性も高から低へ急変します。逆に、図9.8に示すように、投資家のリスク回避性向が高いほうから低いほうへ変わると、キャリートレードの収益性は高まります。

では投資家のリスク回避性向が全体として高いのか、低いのかは、

どのようにしたら分かるのでしょうか。残念ながら投資家のリスク回避性向をひとつの数字で測ることは困難です。リスク回避性向の水準に関して大まかな感触を得るひとつの方法は、さまざまな債券の利回りを見ることです。さまざまな格付けの債券間の利回りの差（スプレッド）が広いほど、投資家のリスク回避性向は高いと判断されます。債券利回りはほとんどの金融系新聞に掲載されています。加えていくつかの大手銀行がリスクに対する投資家意欲の有無を示すリスク回避性向の尺度を開発しています。

キャリートレードで考慮すべきその他の事項

リスク回避性向はキャリートレードを行う前に考えるべき最も重要な事項ではありますが、唯一の事項ではありません。気をつけるべきその他の事項を以下に示します。

低金利通貨の上昇

キャリートレードに入ることによって投資家は高金利通貨と低金利通貨の間の金利差、つまりスプレッドから利益を得ることができます。しかし何らかの理由で（前述のリスク回避性向の例のように）低金利通貨の価値が大幅に上昇した場合、キャリートレードの収益性は低下します。

投資家のリスク回避性向の高まりとは別に、低金利通貨国における景気の好転がその通貨の上昇を引き起こすことがあります。理想的なキャリートレードには、経済が弱く、成長の見通しが低い国の低金利通貨が必要です。ところが景気が好転した場合、その国は金利を上げて高い収益率を提供できるようになってしまうかもしれません。そうなった場合――再び前述の例を使うと、例えばスイスが金利を上げた場合――投資家たちはスイスフランに投資することでその高くなった

金利を享受することができます。**図9.7**で分かるように、スイスフランの上昇は豪ドル対スイスフランのキャリートレードの収益性にマイナスの影響を与えます（少なくとも、スイスの高金利は金利スプレッドを狭めることによってキャリートレードの収益性にマイナスの影響を与えます）。

　もうひとつ例を挙げると、これと同じ一連の出来事が日本円に関して現在展開されている可能性があります。ゼロ金利のために日本円は長い間キャリートレードにとって理想的な低金利通貨でした（「円キャリートレード」と呼ばれます）。しかしその状況が変わる可能性があります。日本経済に対する楽観論が広まり始めたことで、最近、日本の株式相場が上昇しています。日本の株式と通貨に対する投資家需要の増大は、円高を招き、その円高が豪ドル（高金利）対日本円のようなキャリートレードの収益性にマイナスの影響を与えることになります。

　投資家たちが円を買い続ければ「円キャリートレード」の収益性はますます悪化します。これもキャリートレード内の低金利のほうの通貨（売った通貨）が上昇すると、キャリートレードの収益性はマイナスの影響を受けるという事実を示しています。

貿易収支

　国の貿易収支（輸出と輸入の差）もキャリートレードの収益性に影響を与えることがあります。投資家のリスク回避性向が低い場合、資金は低金利通貨から高金利通貨へ流れます（**図9.6**を参照）。しかし常にそうなるとは限りません。

　その理由を理解するために米国の状況を考えてみましょう。米国の金利は現在歴史的な低水準にありますが、投資家のリスク回避性向が低い場合でも（つまり高金利国に投資しなければならない場合でも）、海外からの投資を引きつけています。なぜそうなるのでしょうか。そ

の答えは、米国が膨大な貿易赤字（輸入が輸出よりも大きい）を抱えているためです。それはほかの諸国によってファイナンスされなければならない赤字です。金利とは関係なしに、米国はその貿易赤字を埋め合わせるために資金フローを引きつけているのです。

この例のポイントは、投資家のリスク回避性向が低い場合でも、大きな貿易不均衡が低金利通貨を上昇させることがあることを示しています（**図9.7**を参照）。そしてキャリートレード内の低金利通貨（売った通貨）が上昇すると、キャリートレードの収益性はマイナスの影響を受けます。

時間枠

キャリートレードは一般的に長期戦略です。キャリートレードに入る場合、投資家は少なくとも6カ月間の時間枠を自ら覚悟する必要があります。その覚悟は、為替相場の短期的な変動という「ノイズ」を耐え抜くために必要になります。また、キャリートレードで過度のレバレッジの使用を避けることで、ポジションを長期間保持し、ストップアウトされずに相場変動を乗り切ることができるようになります。

まとめ——キャリートレード投資家は取引を行う前に、通貨の上昇、貿易収支、時間枠などの要素について見極めておく必要があります。それら要素はいずれも、高い収益が見込まれるキャリートレードを台無しにすることがあるからです。

ファンダメンタル投資戦略——マクロ経済的に重要なイベントを把握する

短期トレーダーはその週の経済指標とデイトレードに対するその影響だけを重視しているように見えます。多くの場合それでもうまくいくでしょうが、各国の経済や世界的に進行しているマクロ的な出来事

を把握しておくことも重要です。その理由は、相場は大規模なマクロ経済的な出来事によって大きく動かされるからです。規模や範囲によっては、数カ月、場合によって数年にわたるファンダメンタル認識を再構築する可能性を持っているため、その影響は１日や２日の値動きの範囲を超えています。戦争、政情不安、天災、大きな国際会議などの出来事は、その不規則性ゆえに影響力がきわめて強く、外為市場に広範な心理的、物理的なインパクトを与えます。それらの出来事によって大きく上昇する通貨と同様に劇的に下落する通貨が現れます。そのため、世界の動向を把握し、それら出来事が起こる前後の市場センチメントの基礎的な方向性を理解し、予想することで大きな利益につながる可能性があります。少なくとも大きな損失を防ぐために役立ちます。

重要なイベントの例
●重要なG7またはG8財務相会議
●大統領選挙
●重要なサミット
●主要な中央銀行会議
●通貨体制変更の可能性
●主要国による債務不履行の可能性
●地政学的な緊張拡大による戦争の可能性
●FRB議長による経済に関する年２回の議会証言

　これらイベントの重要性を理解する最善の方法は事例を学ぶことです。

図9.9　G7会議後のEUR/USDチャート

14%上昇
6%上昇
2003年9月22日G7会議

出所＝www.eSignal.com

2003年9月ドバイG7会議

　G7（先進7か国財務相・中央銀行総裁会議）は、米国、英国、日本、カナダ、イタリア、ドイツ、フランスによって構成されています。これらの国々全体で世界の経済生産の3分の2を占めています。すべてのG7会議が重要というわけではありません。マーケットがG7財務相会議に本当に注目するのは、大きなチャンスが予想される場合だけです。2003年9月22日のG7財務相会議はマーケットにとってきわめて重要な転換点でした。各国G7財務相が「為替レートの柔軟性の向上」で同意した会議後、ドルが大幅に下落しました。この言葉はかなり和らげられた表現であったにもかかわらず、マーケットはこの言葉を方

針の大幅な変更と解釈しました。以前にこれと同程度の変更があったのは2000年でした。

　2000年、会議前日にEUR/USDに対して強力な介入があったため、マーケットはその会議に格別な注目を払っていました。2003年9月の会議も、米国の貿易赤字が膨らみ、大きな問題になってきていたことから重要でした。日本と中国がそれぞれの通貨に積極的に介入していたとき、EUR/USDはドル高の影響をもろに受けていました。そのためG7財務相が全体として日本と中国による介入政策を強く批判する声明を発表するというのが大方の予測でした。**図9.9**が示すように、米ドルは会議前にすでに売られ始めていました。発表時にEUR/USDは150ピップス急騰しました。この最初の動きはあまりしっかりしたものではなく、2003年9月から2004年2月（次回G7会議）までに米ドルは貿易加重で8％、英ポンドに対して9％、ユーロに対して11％、円に対して7％、カナダドルに対して1.5％下落しました。これらのパーセンテージをピップスに換算すると、11％の動きは約1100ピップスに相当します。出来事そのものがマーケットにおける全体的なセンチメントを変える能力を持っているため、その時点よりも長期にわたる影響のほうがはるかに重要になります。**図9.9**は2003年9月22日のG7会議以降のEUR/USDの動きを示す週足チャートです。

政治情勢の不透明性──2004年米国大統領選挙

　外為市場に影響を与えた大きな出来事のもうひとつの例が、2004年の米国大統領選挙です。政治的不安定は通貨の弱気見通しを生み出します。2004年11月における激烈な大統領選挙と財政赤字の拡大に対する各候補者のスタンスの違いが相まって、ドルに対する弱気ムードが広まりました。サダム・フセインを転覆させるという現大統領（ジョージ・W・ブッシュ）の決断に対して国際的な支持が得られなかった

図9.10　EUR/USD米国選挙

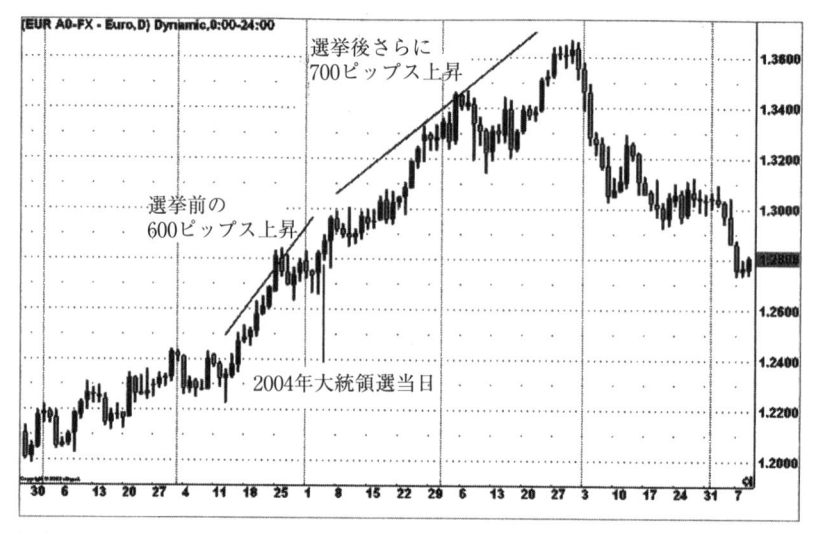

(チャート内注釈)
- 選挙後さらに700ピップス上昇
- 選挙前の600ピップス上昇
- 2004年大統領選当日

出所＝www.eSignal.com

めに、センチメントはさらに悪化しました。その結果、選挙までの３週間でユーロは米ドルに対して600ピップス上昇しました。その状況を**図9.10**で見ることができます。ブッシュの優勢が徐々に明らかになり、結局は現状維持に終わるだろうという見通しから、米ドルが主要通貨に対して売られました。選挙の翌日、EUR/USDはさらに200ピップス上げ、その後さらに700ピップス上げて６週間後に天井を付けました。多くの人はそれを気の遠くなるような長い期間のように感じていたかもしれませんが、現実にはすべて２カ月間の出来事でした。このマクロ経済的な出来事が相場を形成したことは事実であり、しっかりフォローしていれば大きな利益を手にすることができたはずです。一方、短期トレーダーにとっても重要な出来事だったといえます。な

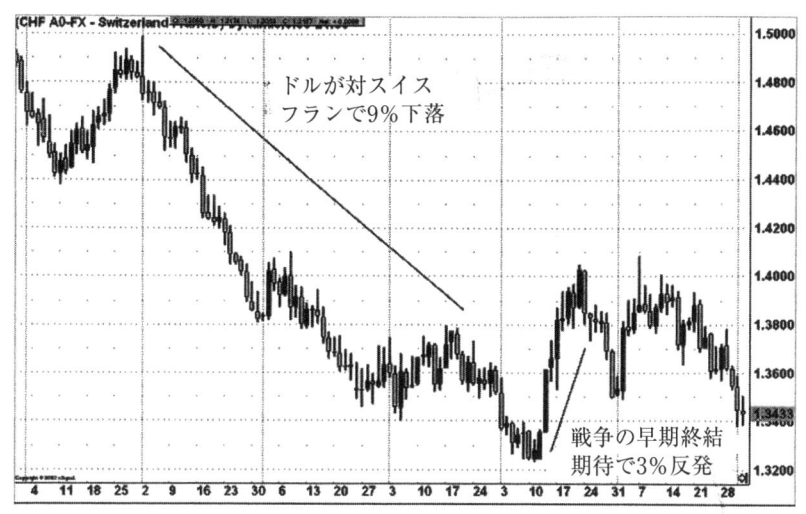

図9.11　USD/CHFとイラク戦争

ドルが対スイスフランで9％下落

戦争の早期終結期待で3％反発

出所＝www.eSignal.com

ぜなら、米国大統領選挙を控えてマーケットが米ドルに対して全般的に弱気ムードのなかでは、EUR/USDは、戻りで売ろうとするよりも、押し目で買う機会を探ったほうが賢明だったからです。

戦争――米国によるイラク戦争

　戦争などの地政学的リスクも外為市場に大きな影響を与えることがあります。**図9.11**は2002年12月から2003年2月の間、つまりイラク侵攻までの数カ月間に米ドル（USD/CHF）がスイスフランに対して9％下げたことを示しています。米ドルが売られたのは、その戦争そのものが国際的にきわめて不人気だったためです。スイスフランは政

治的中立性とセイフヘイブンとしてのステータスから恩恵を受ける主な通貨のひとつです。2月から3月にかけて、この"仕方のない"戦争は米国の圧倒的な勝利によって早期終結するだろうという憶測が広まり、それを意識した米ドルのショートポジションが手仕舞われ始めました。それがUSD/CHFの3％上昇につながったのです。

　これらひとつひとつの出来事が外為市場で大きな動きを引き起こしました。そのためどんなタイプのトレーダーであっても、これら出来事をフォローしておくことが大切です。大局的なマクロ経済的な出来事を把握しておくことによって、より賢明な判断を下し、背後で進行している可能性のある大きな不確実性に足元をすくわれるのを防ぐことができます。ほとんどの出来事については、エコノミストや外為アナリスト、国際社会において何カ月も前から話題に上り、議論され、予測されています。世界は変化します。外為トレーダーはその変化に備えておくことが必要です。

先行指標としてのコモディティ価格

　コモディティ、つまり金や原油は外為市場と強いつながりがあります。そのためコモディティと通貨との関係の性質を理解することは、リスクを測り、値動きを予測し、エクスポージャーを理解するために役立ちます。コモディティはまったく異なるコンセプトのように思えますが、とりわけ金と原油は、外為市場に影響を与えるのと同様なファンダメンタル要因によって動く傾向があります。前述したように、コモディティ通貨とみなされる主要通貨が4つ存在します。豪ドル、カナダドル、NZドル、スイスフランです。AUD、CAD、NZD、CHFはすべて金価格と強い相関があります。それらの国々における天然の金埋蔵量や外為法のために、ほぼ鏡に映したような動きをします。CADは原油価格ともある程度一致した動きをする傾向がありま

す。ただしその結びつきははるかに複雑かつ気まぐれです。各通貨には、その値動きがコモディティ価格を大きく反映するそれぞれの理由と相関関係があります。それら動きの背景にあるファンダメンタルズ、方向性、平行性の強さを理解すれば、両方の市場においてトレンドを効果的に発見できるようになります。

相関

金

　金とコモディティ通貨との関係を分析する前に、まず金と米ドルとの結びつきを理解することが重要です。米国は世界第2位の金の生産国（南アフリカが1位）ですが、金価格の上昇が米ドルの上昇を招くことはありません。しかし米ドルが下落すると金が上昇し、米ドルが上昇すると金が下落する傾向があります。この一見非論理的な現象は、金に対する投資家心理の副産物です。地政学的に不安定な時期には米ドルが敬遠され、安全な投資対象として金が選ばれる傾向があります。現実として、金は多くのトレーダーに「アンチ・ダラー（anti-dollar）」と呼ばれています。慎重な投資家は米ドルが下落すると資産を米ドルから安定しているコモディティへ移すため、金の価格が押し上げられます。AUD/USD、NZD/USD、USD/CHFの各通貨ペアは金の動向を最も忠実に鏡映する傾向があります。これら通貨がすべて資源的・政治的に貴金属と大きな結びつきを持っているからです。

　南太平洋の豪ドルから始めると、**図9.12**で見られるように、AUD/USDには金ときわめて強い正の相関（0.80）があります。つまり、金の価格が上がると豪ドルが米ドルに対して高くなり、AUD/USDも上がる傾向があるのです。この関係の原因はオーストラリアが世界第3位の金の生産国であり、年間約50億ドルの貴金属を輸出していることにあります。そのことからAUD/USDは金価格の影響を2倍に増幅

図9.12　AUD/USDと金価格

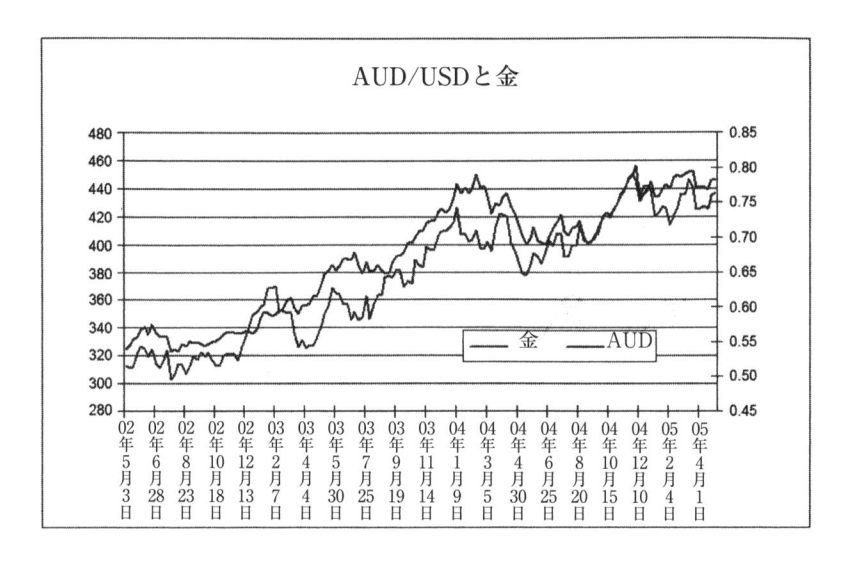

AUD/USDと金

して反映します。政情不安が原因で金価格が上昇している場合、それはおそらく米ドルがすでに下落し始めているシグナルです。金の輸入業者がコスト上昇に対応して豪ドルに対する需要を増やすと、AUD/USDはさらに押し上げられます。ニュージーランド経済はオーストラリア経済ときわめて密接にリンクしているため、NZドルもAUD/USDと同じ道をたどる傾向があります。NZD/USDの金との相関は約0.80です（**図9.13**のチャートを参照）。CAD/USDは0.84とさらに強い金価格との相関を持っています。その大きな原因は豪ドルと同様な理由です。カナダは世界5位の金の輸出国なです。

　欧州ではスイス通貨が金価格と強い関係があります。しかしCHF/USDと貴金属との0.88という相関は、NZD、AUD、CADの場合とは

図9.13　NZD/USDと金価格

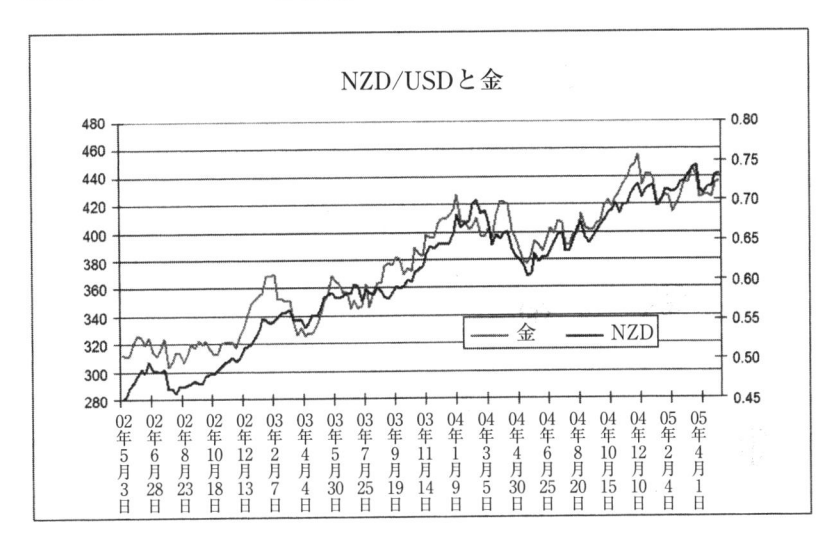

異なる理由から生じています。スイスはオーストラリアやカナダのように金の埋蔵量が豊富ではないため、特筆すべき貴金属類の輸出国ではありません。しかしスイスは世界第4位の金保有国であり、スイス憲法には通貨の40％を金準備によって裏づけることを求める条項が存在していました。その条項は削除されましたが、CHFトレーダーの脳裏には現在でも金とCHFの結びつきが深く刻みこまれており、セイフヘイブン通貨としてのステータスが維持されています。スイス通貨は地政学的に不安定な時期に上昇する傾向があります。その一例が米国によるイラク戦争です。多数の投資家が米ドルから資金を引き出し、金とスイスフランへ移しました。

　ですから金（または銅やニッケルなどのほかの金属）価格の上昇に

気がついたら、金の代わりに４つのコモディティ通貨のいずれかをロングすることが得策かもしれません。金の代わりにAUD/USDをロングすることの興味深いひとつの利点は、同じアイデアを体現しながらもポジティブキャリー（キャリー益）を稼ぐこともできることです。金は貴金属市場の大局的な状況を表す指標でもあるのです。

原油

　原油価格は世界経済に大きなインパクトを持ち、消費者と生産者の両方に影響を与えます。そのため、このコモディティと通貨価格との相関は金の場合よりもはるかに複雑かつ不安定です。実際問題として、コモディティ通貨のなかで原油価格と結びつきのようなものがあるのは１通貨（CAD）だけです。

　USD/CADとの相関は－0.4とかなり低い数値です。つまり原油価格の上昇がカナダドルの上昇につながることもあるという程度です。2004年の後半から2005年の前半の期間、この相関ははるかに強いものでした。カナダは世界第14位の石油産出国ですが、経済に対する原油の影響は金に比べてはるかに広範です。金価格の他分野への波及効果はあまりありませんが、原油価格は間違いなくあります。カナダは気候が寒く、１年のほとんどを通じて灯油に対する膨大な需要が存在するため、特に問題です。さらにカナダは輸出に大きく依存しているため、海外の不況にとりわけ敏感です。その結果、原油はカナダドルに対してきわめて複合的な影響を持っています。そのほとんどが高騰する原油価格に米国の消費者需要がどのように反応するかに依存しています。輸出の85％が米国向けであり、カナダ経済がその南接する隣国と密接に結びついているからです。

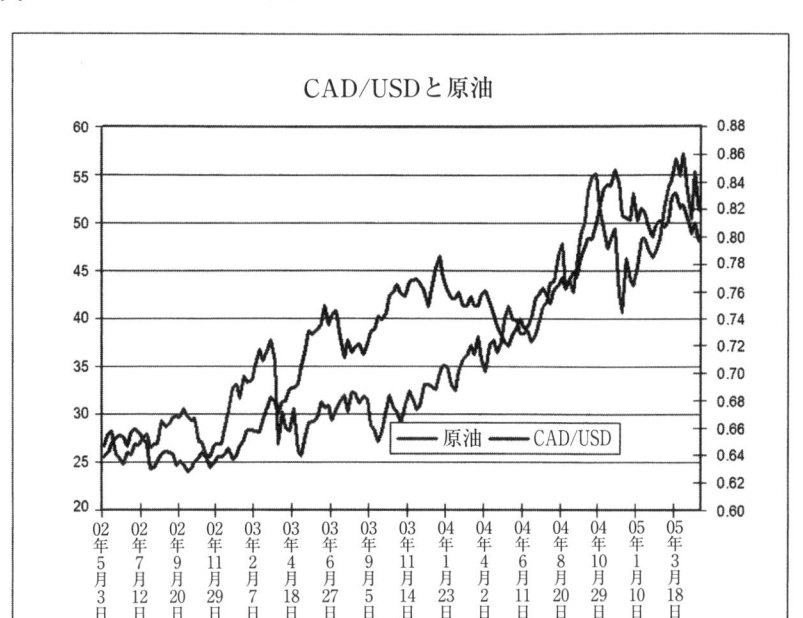

図9.14　CAD/USDと原油価格

[図：CAD/USDと原油の価格推移グラフ（2002年5月3日〜2005年3月18日）]

取引機会

　相関について理解できたら、次はそれをどう利用するかです。この知識を利用するには2つの方法があります。**図9.12、図9.13、図9.14**を見るとコモディティ価格が通貨価格の先行指標になっていることが分かります。**図9.13**のNZD/USDと金や**図9.14**のCAD/USDと原油との関係を見れば明白です。金や原油の価格をモニターしていたコモディティトレーダーなら、これら通貨ペアの値動きを予測できたはずです。この知識を利用する2つめの方法は、この同じアイデアをさまざまなコモディティを使って活用することです。そうすれば、

たとえ相関が高くてもリスクをいくらか分散させることができます。実際問題として、コモディティでよりも為替において実践することにはひとつの重要な優位性があります。それは2国間の金利差に応じてポジションに対して利息を稼ぐことができることです。金や原油の先物ではできないことです。

利回り格差を外為の先行指標として利用する

　金利が投資判断に不可欠であり、相場をいずれの方向にも促すことができることは、どんなトレーダーでも否定しないでしょう。FOMCによる金利決定は失業統計に次ぐ外為市場を動かす第2位の指標です。金利変更の影響は外為市場に対して短期だけでなく長期的な影響を及ぼします。ひとつの中央銀行による金利決定が、外為市場において相互に関連する複数のペアに影響を与えることがあります。LIBOR（ロンドン銀行間貸し手金利）に対する10年債利回りなどの利回り格差（イールドスプレッド）を為替動向の先行指標として使用することができます。外為取引における金利差とは、基準通貨（ペアの左側の通貨）の金利と建値通貨（ペアの右側の通貨）の金利との差のことです。毎日、米国東部標準時の午後5時、外為市場の1日の終わりに各ファンドは金利差の清算を行っています。金利差と通貨ペアの相関を理解すれば大きな利益が得られる可能性があります。中央銀行によるオーバーナイトレート（翌日物金利）の決定に加えて、予測される将来のオーバーナイトレートと予測される金利変更のタイミングも通貨ペアの動向にきわめて重要です。その理由は、大多数の国際投資家が利回りを追求しているからです。大手の投資銀行、ヘッジファンド、機関投資家は、世界中の市場へ投資する能力を有しているため、利回りの低い資産から利回りの高い資産へ活発にシフトしています。

図9.15 AUD/USDと利回り格差

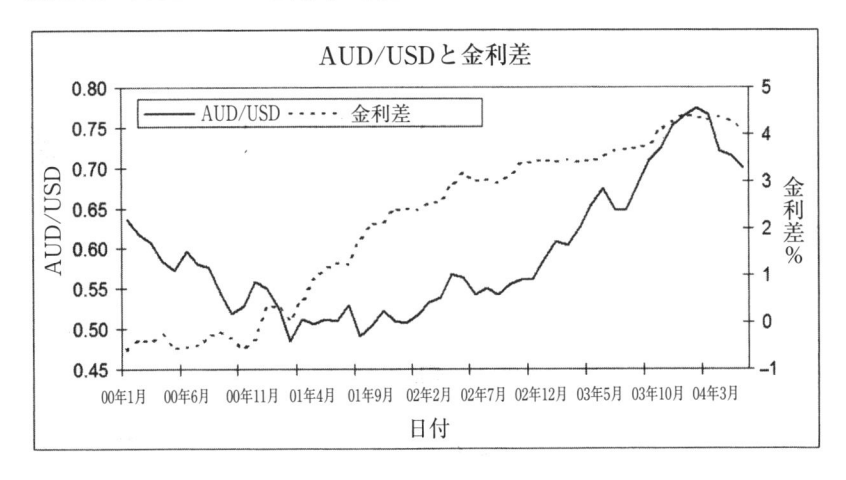

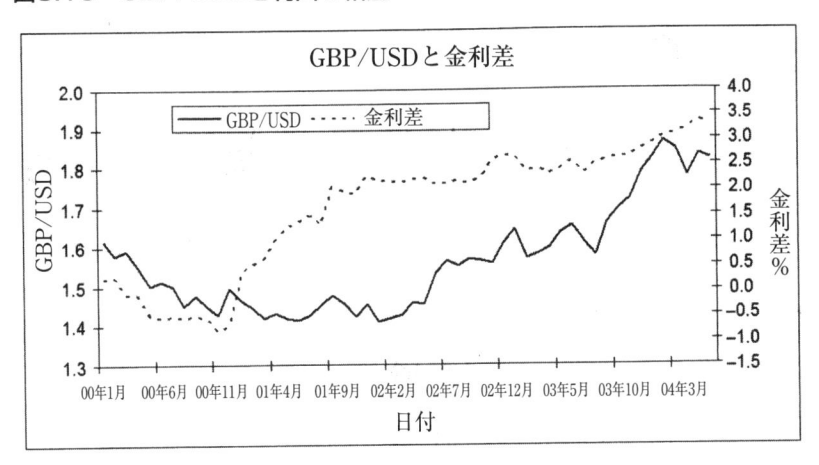

図9.16 GBP/USDと利回り格差

図9.17　USD/CADと利回り格差

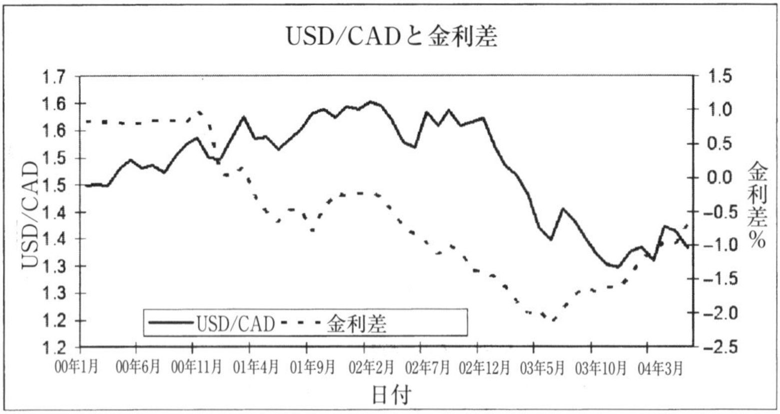

金利差――先行指標、一致指標、それとも遅行指標？

ほとんどの外為トレーダーは投資判断を下すときに現在と将来における金利差を考慮しているため、理屈から考えれば、利回り差と通貨ペア価格との間には何らかの相関が存在するはずです。では、通貨ペア価格が決定される金利を予測しているのでしょうか、それとも決定された金利が通貨ペア価格に影響を与えているのでしょうか。先行指標は将来の出来事を予測する経済指標です。一致指標は経済的な出来事とともに変化する経済指標です。遅行指標は経済的な出来事を追跡する経済指標です。例えば、金利差が通貨ペアの将来の価格を予測している場合、金利差は通貨ペア価格の先行指標になります。金利差が通貨ペア価格の先行指標、一致指標、あるいは遅行指標のいずれであるかは、トレーダーが現在の金利に加え、将来の金利に関してどの程度気にしているかに依存します。市場が効率的であると仮定すると、

外為トレーダーが現在の金利だけを気にし、将来の金利に関して無頓着である場合、一致関係が想定されます。外為トレーダーが現在と将来の両方の金利を考慮している場合、金利差は将来の通貨価格の先行指標になると想定されます。

経験上、利回り格差が特定の通貨にとって優位に拡大した場合、その通貨はほかの通貨に対して高くなります。例えば、現在のオーストラリア10年国債の利回りが5.50％で、現在の米国10年国債の利回りが2.00％である場合、利回り格差はオーストラリア優位の3.50％になります。オーストラリアが金利を0.25％上げると、新しい利回り格差はオーストラリア優位の3.75％になります。過去の実績から見ると、このシナリオでは豪ドル自体も米ドルに対して上昇することが予想されます。

2002年1月から2005年1月までの3年間のデータを分析した結果、私たちは金利差が通貨ペア価格の先行指標になる傾向があることを発見しました。図9.15、図9.16、図9.17はその発見内容をグラフィカルに示しています。

これらの図は、債券の利回り格差との相関が最も際立っている3つの通貨ペアの例を示しています。トレーダーが金利だけでなくさまざまな情報に基づきトレードを行うという事実から想像できるように、相関といえども完璧なものではありません。金利差分析は一般的に長期間を対象にする場合に適しているように思われます。しかし短期間を対象にした金利パスの見通しに対するセンチメントの変化は、通貨価格の先行指標になります。

金利差の計算と通貨ペアのトレンドのフォロー

金利差を利用した最善のトレード方法は、1カ月LIBOR金利または10年債利回りをエクセルに入力して追跡管理することです。

表9.1 利回り格差

	日付				
	04年10月29日	04年11月30日	04年12月31日	05年1月31日	05年2月28日
米国10年物利回り	2.00	2.29	2.40	2.59	2.71
GBP/USD	1.8372	1.9095	1.9181	1.8829	1.9210
英国10年物利回り	4.83	4.82	4.86	4.83	4.87
英国と米国の金利差	2.83	2.53	2.46	2.24	2.15
USD/JPY	105.81	103.07	102.63	103.70	104.63
日本10年物利回り	0.04	0.039	0.039	0.04	0.038
米国と日本の金利差	1.96	2.25	2.36	2.55	2.67

　これらレートはBloomberg.comなどのウエブサイトで一般に公開されています。金利差はペア内の１つめの通貨の利回りから２つめ通貨の利回りを差し引いて計算します。金利差は必ずペア内で現れる順番に左から右へ計算することが重要です。例えばGBP/USDの金利差は英国10年債の利回りから米国10年債のＴノートの利回りを差し引きます。ユーロの場合はドイツ10年国債の利回りを使用します。**表9.1**のような表を作成します。

　十分なデータが集まったら、通貨ペアの価値と利回りの２本軸でグラフを作成し、相関やトレンドを見ます。**図9.15**、**図9.16**、**図9.17**のグラフでは、X軸に日付、左のY軸に通貨価格、右のY軸に金利差を使用しています。このデータを取引で最大限に活用するには、通貨ペアの金利差のトレンドに細心の注意を払うことが必要です。

ファンダメンタル投資戦略――リスクリバーサル

　リスクリバーサルは取引のための一連の指標のひとつとなる、ファンダメンタルズをベースにした有用なツールです。為替取引の弱点のひとつは、出来高データとセンチメントを測る正確な指標がないことです。ポジショニングに関して一般に入手可能な唯一のレポートは、CFTC（全米先物取引委員会）によって発行されている『コミットメンツ・オブ・トレーダーズ（Commitments of Traders）』レポートですが、これでさえ3日遅れで発表されている状態です。その代替手段として有効なのがリスクリバーサルを使用する方法です。リスクリバーサルはFXCM（Forex Capital Markets）ニュースプラグインの「Options」にリアルタイムで提供されています。第7章で紹介したように、リスクリバーサルは同じ通貨に対する（ひとつのコールとひとつのプットという）オプションのペアから構成されています。プット・コール・パリティによれば、満期と行使価格が同じである25デルタのFOTM（ファー・アウト・オブ・ザ・マネー）オプションは、インプライドボラティリティも同じでなければなりません。ところが現実にはそうはなりません。センチメントがボラティリティに織り込まれているため、リスクリバーサルはマーケットセンチメントを測るための良いツールになります。プットよりもコールに対する選好度のほうがきわめて高いことは、プットよりもコールに対する需要のほうが大きいことを表しています。その逆も真です。コールよりもプットに対する選考度がきわめて高いことは、需要の増大によってプットオプションにプレミアムが乗っていることを示します。リスクリバーサルがゼロに近い場合、強気と弱気の間で迷いがあり、マーケットに強いバイアスが存在しないことを示しています。

図9.18 EUR/USDのリスクリバーサルチャート

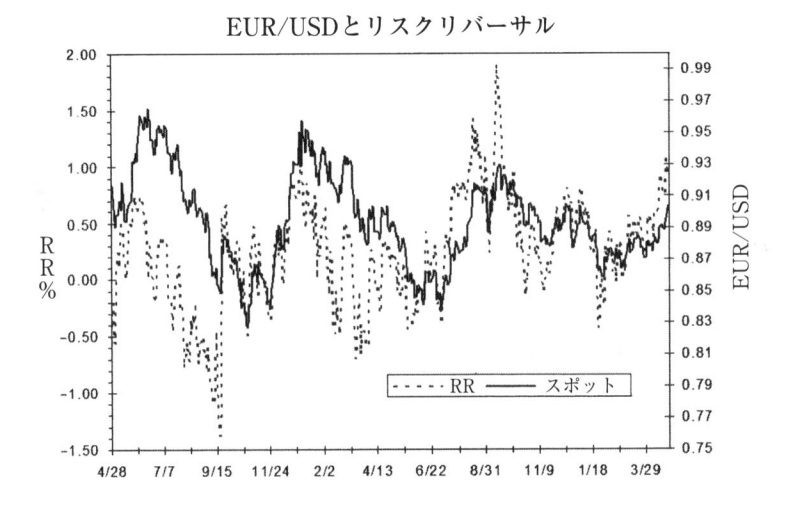

リスクリバーサル表の構成

前に第7章でリスクリバーサル表（**表7.3**）を紹介しましたが、十分に理解できるようにもう一度説明したいと思います。各通貨オプションは略称で記されていますが、ご覧のようにほとんどのリスクリバーサルは著しいバイアスが存在しないことを示すゼロ近辺です。ただしUSD/JPYの長期リスクリバーサルは、円のコール（JC）とドルのプットが市場で強力に選好されていることを示しています。

リスクリバーサルの利用方法

グラフの作成と追跡管理を容易にするために、**図9.18**ではコールとプットのプレミアムにそれぞれプラスとマイナスの整数を使用して

います。つまり正の数値はコールがプットよりも選好され、マーケット全体が原通貨の上昇を予測していることを示します。同様に、負の数はプットがコールよりも選好され、マーケットが原通貨の下落を予測していることを示します。慎重に使用すればリスクリバーサルはマーケットのポジショニングを判断するための貴重なツールになります。リスクリバーサルによって発せられたシグナルは完璧に正確とはいえませんが、マーケットが強気であるか弱気であるかを示すことはできます。

　値がエクストリーム（極限）水準にある場合、リスクリバーサルはきわめて重要になります。私たちはエクストリーム水準を1標準偏差プラスマイナス平均リスクリバーサルと定めています。リスクリバーサルがその水準にある場合、通貨ペアがセンチメントに基づき買われ過ぎ、または売られ過ぎであることを示すコントラリアン（逆張り）シグナルを発しています。この指標がコントラリアンシグナルとみなされるのは、マーケット全体が所定の通貨の上昇を前提にしてポジショニングされていると、同通貨の上昇が困難になり、ネガティブな材料や出来事によって下落しやすくなるからです。要するに、大きな負の数値は売られ過ぎを意味し、大きな正の数値は買われ過ぎを意味します。リスクリバーサルによって発せられる買いまたは売りのシグナルは完璧ではありませんが、投資判断を下すためのひとつの情報として使用することができます。

例

　最初の例は**図9.18**のEUR/USDです。25デルタのリスクリバーサルがEUR/USDの値動きの先行指標になっていることがビジュアルに確認できます。リスクリバーサルが9月30日に−1.39まで下落したことは、マーケットに強力な弱気バイアスがあるというシグナルでし

図9.19　GBP/USDのリスクリバーサルチャート

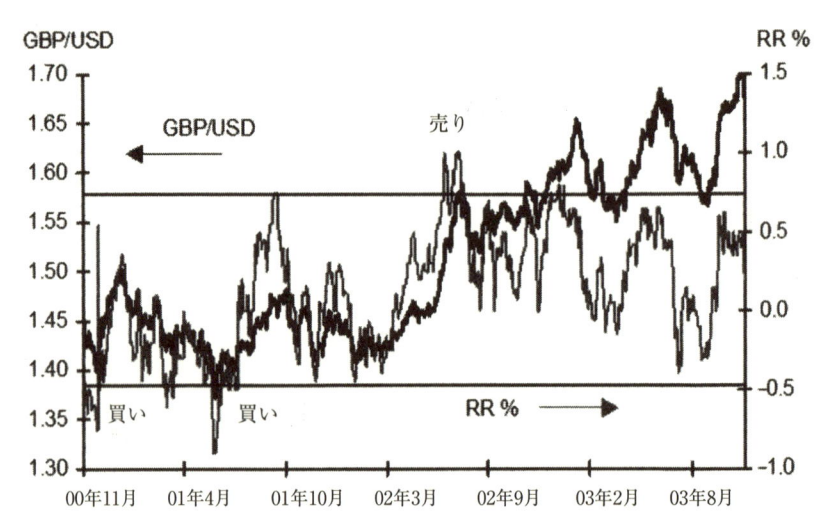

(グラフ内ラベル: GBP/USD、RR %、売り、買い、買い、RR %)

た。その後9日間でEUR/USDが300ピップス反発したことで、信頼できるコントラリアン指標であることが証明されました。続いて直ちに価格が再び0.67まで上昇した後、EUR/USDはさらに大きな急落によって強気が間違っていることを証明しました。リスクリバーサルが小さなスケールでトレンド反転のシグナルを発する状況は多々ありますが、次の大きなスパイクが現れたのは1年後でした。8月16日、リスクリバーサルは1.43、つまり強気センチメントがきわめて高い水準にあることを示しています。その後3週間でEUR/USDは260ピップス下落しました。1カ月後にリスクリバーサルが1.90へ再び急上昇し、EUR/USDが新たな天井を付け、それがさらに大きな下落に転じました。

　次の例はGBP/USDです。図9.19を見て分かるように、リスクリバーサルは買われ過ぎと売られ過ぎのエクストリーム状況を見事に識別しています。リスクリバーサルが相場転換を見極めるためにも使用

できることを明確に示すために、GBP/USDチャートに買いと売りの水準が付記されています。外為市場にはマーケットのポジショニングを示す価格や出来高のデータが存在しないため、リスクリバーサルをマーケットの全般的なセンチメントを測るために使用します。

オプションのボラティリティで相場変動を見極める

為替スポットの動きを見極めるためにオプションのボラティリティを使用する方法については第7章で簡単に触れました。これはプロのヘッジファンドの間で人気があるきわめて有効な戦略であるため、当然のことながらもっと詳しい説明が必要です。インプライドボラティリティとは、簡単にいえば、過去の価格変動に基づく一定期間にわたる通貨の予想変動率です。一般的に過去の日次価格変動の年間標準偏差として算出されます。インプライドボラティリティはオプションプレミアムの計算に使用されますが、インプライドボラティリティの決定には先物価格も加味されます。こういうとかなり複雑そうに聞こえますが、使い方は簡単です。オプションのボラティリティは基本的に過去の変動に基づく一定期間にわたる為替レートの幅を表します。そのため、EUR/USDの平均日次値幅が100ピップスから60ピップスに縮小し、その状態が2週間続いた場合、同期間中、長期ボラティリティと比較して短期ボラティリティも十中八九著しく縮小しています。

ルール

ガイドラインとして守るべき簡単なルールが2つあります。ひとつめのルールは、短期ボラティリティが長期ボラティリティと比較して著しく低い場合、ブレイクアウトが予測されます。ただしそのブレイクアウトの方向はこのルールでは定義されません。2つめのルールは、

図9.20　AUD/CADのボラティリティチャート

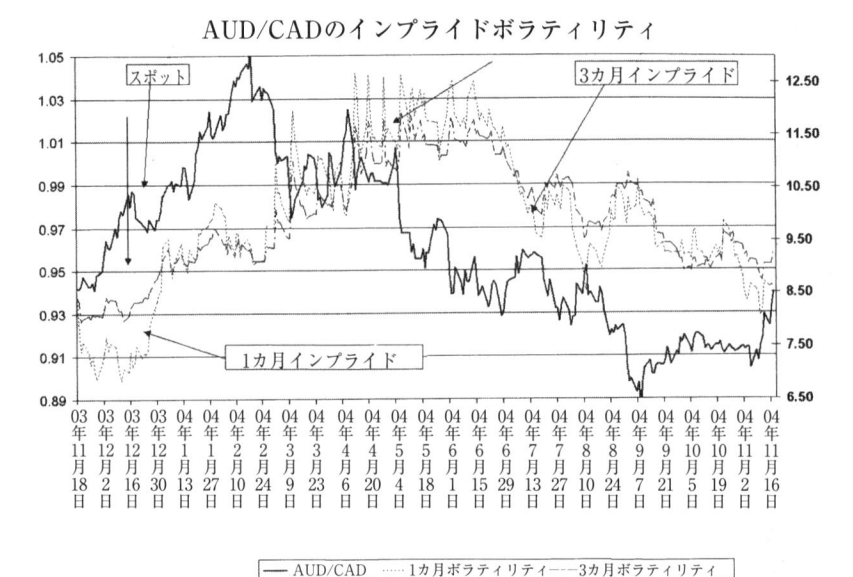

AUD/CADのインプライドボラティリティ

短期ボラティリティが長期ボラティリティと比較して著しく高い場合、レンジ相場への復帰が予測されます。

これらのルールが機能する理由

　レンジ相場でのインプライド・オプション・ボラティリティは低いか、下落しているかのいずれかです。このルールが示唆していることは、レンジ相場では動きがほとんどなくなる傾向があるということです。私たちが最も気にするのは、オプションのボラティリティが急落した場合です。それは収益性の高いブレイクアウトが進行中だというシグナルである可能性があるからです。短期ボラティリティが長期ボラティリティよりも高いことは、短期の値動きのほうが長期の平均値

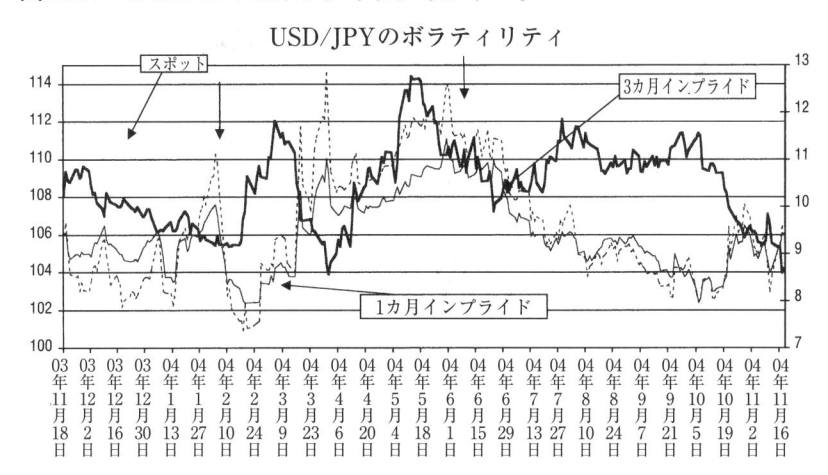

図9.21　USD/JPYのボラティリティチャート

動きよりもボラティリティが高いことを意味しています。つまり値幅が徐々に縮小し、平均水準に戻ることを示唆しているのです。その傾向は経験から見てきわめて顕著です。次にこのルールがトレンドまたはブレイクを正確に予測している例をいくつか示します。

チャートを分析する前に、短期ボラティリティとして1カ月ボラティリティ、長期ボラティリティとして3カ月ボラティリティを使用していることに注意してください。

図9.20のAUD/CADボラティリティのチャートでは、ほとんどの部分で短期ボラティリティが長期ボラティリティとかなり似通っています。しかしひとつめの矢印が指し示している部分では、短期ボラティリティが長期ボラティリティをかなり下回っています。これは、ルールによって示されるように、この通貨ペアにブレイクアウトが起こることを示唆しています。AUD/CADはそれから実際に上方に大き

229

くブレイクし、強力な上昇トレンドを形成しています。

図9.21のUSD/JPYボラティリティのチャートでも同様なシナリオを見ることができます。右の下向きの矢印は、１カ月インプライドボラティリティが３カ月ボラティリティをかなり上回っている部分を指し示しています。予想されたように、スポット価格は揉み合いを続けました。左の下向き矢印は、短期ボラティリティが長期ボラティリティを下抜けした部分を指し示しています。それからブレイクアウトへ進み、スポット価格が上昇しています。

これらのルールで儲けられるのはだれか？

この戦略はブレイクアウト派トレーダーだけでなく、レンジ派トレーダーもブレイクアウトを予測するために使用することができます。ボラティリティが著しく縮小するか、きわめて低くなった場合、レンジ相場が続く可能性は低下します。過去の値幅とボラティリティを見てから、スポットがその値幅内にとどまるかどうかを推測する必要があります。そのレンジでロングかショートで入ることを決めたら、手仕舞い時を見極めるためにずっとボラティリティを監視し続ける必要があります。短期ボラティリティが長期ボラティリティを大きく下抜けし、取引にとって不利な方向へブレイクしそうであれば、手仕舞うことを考えなければなりません。現在のスポット価格が指値に近く、損切りの逆指値から遠い場合、取引にとって有利な方向へブレイクする可能性が高いといえます。そのような状況では、指値を現在のスポット価格から離し、ブレイクが起こった場合の利益を増やすことが得策だと考えられます。スポット価格が損切りの逆指値に近く、指値から遠い場合、ブレイクは取引にとって不利に働く可能性が高いため、直ちに手仕舞いすべきです。

ブレイクアウト派トレーダーなら、ボラティリティをモニターする

図9.22　IFRボラティリティデータ

[IFR Forex Watch]
[FXO IMPLIED VOLS]

	EUR/USD	USD/JPY	GBP/USD	USD/CHF	AUD/USD
1 WK	8.45	7.3	7.75	10.25	8.25
1 MO	8.35	7.9	7.85	9.75	8.7
2 MO	8.5	8.1	8.05	9.75	9.15
3 MO	8.6	8.15	8.2	9.85	9.35
6 MO	8.9	8.3	8.35	10.05	9.8
1 YR	9.2	8.45	8.6	10.2	10.15

	EUR/CHF	EUR/JPY	EUR/GBP	GBP/CHF	USD/CAD
1 WK	3.65	7.4	5.6	5.7	7.35
1 MO	3.15	7.7	5.25	6.2	7.5
2 MO	3.15	7.95	5.3	6.2	7.5
3 MO	3.15	8.0	5.35	6.3	7.6
6 MO	3.3	8.2	5.6	6.5	7.7
1 YR	3.4	8.35	5.85	6.75	7.7

[LAST UPDATED 17:29 GMT May 26th 2005]

ことによってブレイクアウトを検証できます。ブレイクアウトが起こりそうだと思ったら、インプライドボラティリティを使用して検証することができます。インプライドボラティリティが一定か上昇しているなら、ボラティリティが低いか下落しているよりも、その通貨のレンジ状態が続く可能性は高いと考えられます。言い換えれば、ブレイクアウト派トレーダーは、短期ボラティリティが長期ボラティリティよりも著しく低いことを確認してからブレイクアウト取引に入るべきです。

オプションのボラティリティは、価格の主要な構成要素である以外に、マーケットの活動を予測するための手段としても使うことができます。オプションのボラティリティは為替レートの変動率（幅）を表します。一方、インプライドボラティリティは、過去の変動に基づく一定期間に対する為替レートの予測変動率（幅）を表します。

ボラティリティの追跡方法

ボラティリティを追跡するには、過去の日次価格変動の年間標準偏差を計算することが一般的に必要になります。ボラティリティはhttp://www.fxcm.com/forex/news/softwareexchange.jsp で入手可能なFXCMニュースプラグインを使用して見ることができます。私たちは一般的に長期ボラティリティには3カ月ボラティリティ、短期には1カ月ボラティリティを使用します。図9.22はニュースプラグイン上でのボラティリティの表示例を示します。

次のステップは、注目している通貨ペアに関して、日付、価格、インプライド1カ月ボラティリティ、インプライド3カ月ボラティリティからなるリストの作成を始めることです。そのリストの作成にはエクセルなどのスプレッドシートプログラムを使用するとトレンドのグラフ化がとても簡単にできるので便利です。また1カ月ボラティリティと3カ月ボラティリティの差を出して、差が大きいケースを見つけたり、3カ月ボラティリティに対する1カ月ボラティリティのパーセンテージを計算するのもいいかもしれません。

十分な量のデータが集まったら、そのデータをグラフ化して視覚的に確認します。グラフは、スポット価格に1本、短期と長期のボラティリティに1本、計2本のY軸を設定します。必要に応じて、ボラティリティの短期と長期の差を別のY軸1本のグラフにすることもできます。

ファンダメンタル投資戦略——市場介入

中央銀行による市場介入は外為市場において最も重要なファンダメンタル分野における短期と長期の相場変動要因のひとつです。短期的には、介入によって数分間で150から250ピップスクラスの急激な動き

が引き起こされることがあります。長期的には、介入がトレンドの著しい変化のシグナルとなることがあります。なぜかといえば、中央銀行がそのスタンスを変更しているか、固めていることを示唆しており、その通貨の特定の方向性を後押ししているというメッセージをマーケットへ送っているからです。介入には基本的に２種類あります。不胎化介入と非不胎化介入です。不胎化介入では国債の買いや売りなどによる相殺的な介入が伴いますが、非不胎化介入では介入を相殺するためのマネタリーベースでの変更操作が伴いません。不胎化介入よりも非不胎化介入のほうが通貨に対する持続的な影響力を持っていると主張する人が多くいます。

　以下のいくつかのケーススタディを見ると、通貨ペアの値動きに大きな影響力があり、注目に値することは明らかです。介入の実際のタイミングはサプライズになる傾向があるものの、実際に介入が実施される数日前もしくは数週間前にマーケットにおいて介入の必要性がささやき始められるのがほぼ常です。介入の方向はほぼ常に事前に分かっています。なぜなら中央銀行がその通貨が強すぎるとか、弱すぎると考えているという趣旨の配信ニュースを目にすることが普通だからです。そのような兆候は大きく儲けられるチャンスに乗ったり、相場から手を引いておく機会をトレーダーに与えます。これからケーススタディで見ていきますが、唯一注意すべきことは、介入に基づく急騰や急落は、中央銀行に対して逆張りしようとする投機筋がマーケットに入ってくるとあっという間に反転しまうことがあることです。マーケットが中央銀行に対して逆張りするか否かは、中央銀行による介入の頻度、勝率、規模、タイミング、ファンダメンタルズが介入をサポートしているか否かに依存します。また、介入はG7通貨よりも新興市場通貨においてのほうが重要性が高くなります。なぜなら、タイ、マレーシア、韓国では、通貨の上昇が景気回復を妨げ、輸出競争力を削ぐため、それぞれの現地通貨の著しい上昇を防止する必要があるか

図9.23 USD/JPY──2003年5月19日

USD/JPYの値動き──2003年5月19日

時間（米国東部標準時）

らです。G7の介入はまれであるだけに、実施されたときには重大な影響力を持ちます。

日本

　この数年間におけるG7市場最大の介入首謀者はBOJ（日本銀行）です。2003年に日本政府は介入に20.1兆円という記録的な巨費を投じました。ちなみに、それまでの記録は1999年の7.64兆円でした。2003年12月（11月27から12月26日の間）の1カ月だけで日本政府は2.25兆円を売りました。同年中に介入に使われたこの金額は日本の貿易黒字の84％に相当しました。輸出を基盤とした経済であるため、日本円が強くなりすぎると日本の製造業に著しいリスクを課すことになります。過去数年間における日銀による介入の頻度と規模は、USD/JPYの下

図9.24　USD/JPY──2004年5月9日

方に目に見えぬ下限の「床底」を作りました。この床底は2002年から2005年の間に115から100へと徐々に下降しましたが、マーケットにはいまだに日銀と日本の財務省の手口を見ることへの恐怖感が染みついています。その恐怖感には十分な根拠があります。なぜなら日銀が介入すると1日の値幅が平均の100ピップスから簡単にその3倍に広がってしまうからです。また介入実施時にUSD/JPYが数分間で100ピップスも簡単に急騰したこともあります。

　図9.23に示すひとつめのケーススタディでは、日本政府が市場に入り、米ドルを買い、2003年5月19日に1.04兆円（約90億米ドル）を売っています。その介入は午前7時（米国東部標準時）に起こりました。介入前、USD/JPYは115.20前後で取引されていました。午前7時ちょうど、介入が実施されると価格は1分間で30ピップス急騰しました。7時半、USD/JPYは丸々100ピップス上げていました。午後2

図9.25　USD/JPY——2003年11月19日

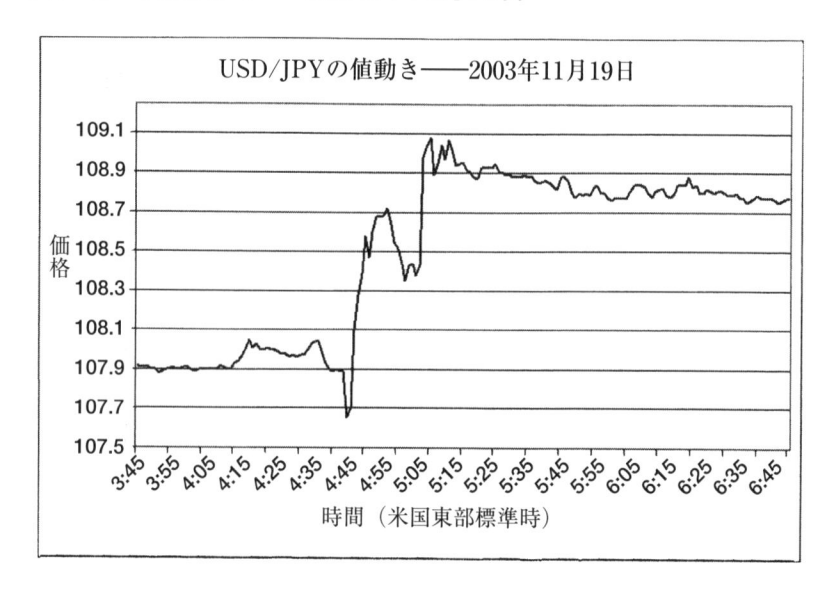

USD/JPYの値動き——2003年11月19日

時半、USD/JPYは220ピップス上げていました。介入は一般的に100から200ピップスの動きをもたらします。介入と同じサイドで取引すれば、価格が結局反転したとしても（リスクも大きいものの）大きく儲けられる可能性があります

　2つめのUSD/JPYの例（**図9.24**）は、介入と同じサイドに立てば、その日の終盤に価格が反転しても儲けられることを示しています。2004年1月9日、日本政府は市場に入り、ドルを買い、1.664兆円（約15億米ドル）を売りました。介入前、USD/JPYは106.60前後で取引されていました。日銀が午前12時22分（米国東部標準時）に市場に入ると価格が35ピップス急騰しました。3分後、USD/JPYは100ピップス上がっていました。数分後、USD/JPYは介入前の水準の150ピップス高でピークを打ちました。その30分後、USD/JPYは午前12時22

分時点の価格よりもまだ100ピップス上にありました。価格は徐々に106.60に下げ戻りましたが、市場を注視していれば介入時点に同じ方向で取引することによって儲けられる可能性はありました。

鍵は欲張りすぎないことです。なぜなら、このケースでいえば、ファンダメンタル的にさらなる円高ドル安が正当化され、日本政府は避けることのできない下落のスピードを遅くしているだけか、負け戦をしているとマーケットが考えた場合、USD/JPYが反転してしまう可能性がきわめて高いからです。例えば、（150から200ピップスの値幅のうちの）100ピップスを利益として確保するか、または15から20ピップスというきわめて短期の日中トレーリングストップを使用することによって利益を確保することができます。

日本による介入の最後の例は、**図9.25**に示すように、2003年11月19日、日銀がドル売り、9480億円（約80億米ドル）を買ったケースです。介入前、USD/JPYは107.90前後で取引されており、107.65へ押していました。日銀が午前4時45分（米国東部標準時）に市場に入ったとき、USD/JPYは1分足らずで40ピップス急騰しました。10分後、USD/JPYは100ピップス高値の108.65で取引されていました。介入20分後、USD/JPYは介入前の水準よりも150ピップス高値で取引されていました。

ユーロ圏

近年に通貨の介入を実施した主要国は日本だけではありません。ユーロ圏の中央銀行も2000年にその統一通貨が90セントから84セントに下落したとき、市場でユーロ買いを実施しました。1999年1月の発足時点におけるユーロのレートは対米ドルで1.17でした。それが急落したため、ECB（欧州中央銀行）は、米国、日本、英国、カナダに対してユーロを下支えするための調整介入に参加するよう初めて要請し

図9.26　EUR/USD──2000年9月

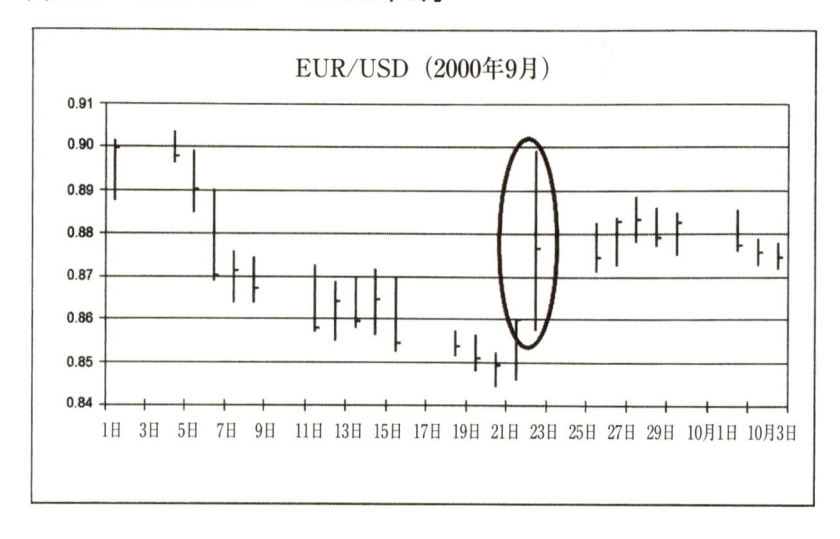

EUR/USD（2000年9月）

ました。ユーロ圏はその新通貨に対する市場の信頼感が欠如していることを懸念しましたが、同通貨の下落が同地域の原油輸入コストを増大させることも恐れていました。当時エネルギー価格は10年来の高水準にあり、原油を輸入に大きく依存する欧州は強い通貨を必要としていました。ユーロ買いとドル売りは欧州の輸入価額を上昇させ、拡大する一方の貿易赤字の補填に役立つとの判断から、米国は介入に合意しました。日本が介入に参加したのは、ユーロ安が日本の輸出にとって脅威になることを懸念していたからです。ECBはその介入規模の詳細について公表しなかったものの、FRBはECBの代わりに対ドルで15億ユーロを買ったことを報告しています。実際の介入そのものは市場を驚かせたものの、ECBはECBと欧州連合の要人たちによる無数の口先支援によって市場に良い警告を与えました。取引的には、介入期待でのユーロ買い、またはEUR/USDの空売りを避ける機会をト

レーダーに提供しました。

図9.26は介入日におけるEUR/USDの値動きを示します。残念ながら2000年９月の分足データはありませんが、日足チャートからECBが各貿易相手国の支援を得てユーロに介入した日（2000年９月22日）のEUR/USDの値幅が400ピップス以上あったことが分かります。

介入はあまり頻繁には実施されないものの、実施されると値が大きく動くため、ファンダメンタル投資戦略上きわめて重要です。

介入は取引にとって３つの重要な意味があります。

１．介入を利用する

中央銀行の要人たちによる一斉の警告を、介入が起こりうるシグナルとして受け止める。日本政府によって作られた目に見えない"床底"は、USD/JPY強気派に短期底をつかむ豊富な機会を提供している。

２．介入に逆張りする取引は避ける

どんなときでもコントラリアン（逆張りトレーダー）はいるし、時には儲けることもできるが、介入に逆張りするのはリスクがあまりに大きい。中央銀行がいったん介入すれば、損切り注文を執行させ、通貨ペアの動きを増幅させ、100から150ピップス（またはそれ以上）の動きが簡単に生じさせる可能性がある。

３．介入がリスクとなる場合はストップを使用する

外為市場は24時間制であるため、介入は１日中いつにでも起こりうる。仕掛け注文が執行されたらすぐに損切り注文を入れておくことは常識だが、介入が大きなリスクとなる場合はさらに重要になる。

第10章
主要通貨の要点と特徴
Profiles and Unique Characteristics of Major Currency Pairs

　どの経済指標と要因が為替の動向に最も大きく影響するかを見極めるには、よく取引されている各通貨の経済的な特徴を十分に把握しておくことが必要です。コモディティ価格に追随する通貨もあれば、完全に逆方向へ動く通貨もあります。また予測値と実績値との違いについても理解しておく必要があります。つまり、ニュースとその外為市場に対するその影響を解釈するうえで最も重要なポイントは、そのニュースがマーケットによって予期されているか否かを見極めることです。これは「マーケット・ディスカウント・メカニズム」と呼ばれます。外為市場とニュースとの関係はきわめて重要です。市場予想と一致している材料や指標は、予想されていない材料や指標と比べ、為替の動きに与える影響は小さくなります。そのため短期トレーダーは市場予想に注目していることが必要です。

米ドル（USD）

米国経済の概要

　米国は2004年GDP（国内総生産）が11兆米ドルの世界最大の経済大国です。購買力平価モデルに基づけば、日本の3倍、ドイツの5倍、

英国の7倍に相当します。米国は主としてサービスを基盤とした経済であり、GDPの80％近くが不動産、交通、金融、ヘルスケア、ビジネスサービスから生じています。とはいえ、製造セクターの規模自体が大きいため、米ドルが製造セクター内の動向に特に敏感であることは否定できません。米国は世界で最も流動性の高い株式債券市場を有しており、海外投資家による米国資産の購入は一貫して増加しています。IMF（国際通貨基金）によれば、米国への海外からの直接投資額は純流入総額の約40％を占めています。米国は正味ベースで海外貯蓄総額の71％を吸収しています。このことは、米国資産市場の利回りが満足できるものでなければ、海外投資家が資金を引き揚げてしまうことを意味します。引き揚げということになれば、米国の資産価値と米ドルに対して著しい影響があります。もっと具体的に言えば、海外投資家がほかの高利回り資産に乗り換えるために米ドル建て保有資産を売却すれば、米国資産の価値と米ドルの価値が下落することになります。

米国の輸出入額もほかのすべての諸国を圧倒しています。それは米国経済の大きさに起因しており、輸出入額自体はGDPの12％にしかすぎません。その大きさにもかかわらず、米国は正味ベースで2004年現在、6000億ドルを超えるきわめて膨大な経常赤字を抱えています。経常赤字は米国経済が10年以上にわたって苦闘している大きな問題です。この2〜3年、その問題はさらに深刻化しています。なぜなら海外の中央銀行がドルからユーロへの準備資産の分散化を進めており、海外からの資金流入による赤字補填が不振であるためです。米ドルは膨大な経常赤字のために資金フローの変化にきわめて敏感になっています。貿易を原因とする米ドルのさらなる下落を防止するために、米国は毎日著しい金額の資金流入（2004年にこの数字は毎日19億ドルに達しました）を引きつけ続ける必要があります。

米国はほとんどの国にとって最大の貿易相手国でもあり、全世界の

貿易の20%を占めています。ドルの価値とそのボラティリティの変化がそれぞれの国々との米国の貿易活動に影響を与えるため、貿易相手国のランキングはきわめて重要です。より具体的に言えば、ドル安は米国の輸出を増やし、ドル高は米国の輸出に対する海外からの需要を減らします。米国の重要な貿易相手国の内訳を重要な順に以下に示します。

輸出先リストの順番は、その国の成長と政治的安定が米国にとって重要である順位を示しているため重要です。例えばカナダの成長が鈍化すると米国からの輸出に対するカナダからの需要も低下するため、米国の成長に波及効果を及ぼします。

主な輸出先
1．カナダ
2．メキシコ
3．日本
4．英国
5．EU（欧州連合）

主な輸入元
1．カナダ
2．中国
3．メキシコ
4．日本
5．EU

出所 = 経済分析局（米商務省）『U.S. International Transactions』2003年報告書

米国の金融財政政策当局——FRB

　FRB（連邦準備制度理事会）は米国の金融政策当局です。FRBはFOMC（連邦公開市場委員会）を通じて金融政策の策定と実現に関して責任を有しています。FOMCの議決権メンバーは連邦準備委員会の7人の理事と12の地区連銀の5人の総裁から構成されます。FOMCは年に8回会議を開催し、金利の発表や予想成長率の変更などに関して大きな注目を集めます。

　FRBは金融政策の策定に関して高度な独立性を有しています。ほとんどのメンバーの任期は長期で、大統領と議会のどちらの支配政党が入れ替わっても職にとどまることが可能であるため、政治的な圧力を受ける可能性はあまりありません。

　FRBは年2回、2月と7月に『マネタリー・ポリシー・レポート（Monetary Policy Report）』を発行しており、それにハンフリー・ホーキンズ法に基づく議会証言が続きます。同証言では、FRB議長が同レポートに関して議会と銀行委員会からの質問に答えます。同レポートには、GDP成長、インフレーション、失業率に関するFOMCによる予測が含まれているため、要注目です。

　ほかの多くの中央銀行とは異なり、FRBは「価格の安定性と持続可能な経済成長」という「長期的な目標」を有しています。これら目標を達成するためにFRBは金融政策を通じてインフレと失業を抑制し、均衡のとれた成長を達成することが求められます。FRBが金融政策をコントロールするために使用する最も代表的な手段が、公開市場操作とフェデラルファンド金利です。

公開市場操作

　公開市場操作（オープンマーケットオペレーション）では、Tビル、Tノート、Tボンドなどの財務省証券をFRBが購入します。それが

政策変更のシグナルを発信し実施するためにFRBが使用する最も代表的な手法のひとつです。FRBによる国債購入の増加は金利を下げ、FRBによる国債売却は金利を上げることになるのが一般的です。

フェデラルファンドの誘導目標

FF（フェデラルファンド）金利はFRBの主要な方針目標であり、FRBが加盟銀行に提供する金利です。FRBはインフレを抑制したいときにこの金利を上げ、成長と消費を促進したいときにこの金利を下げます。マーケットはこの金利の変更を注視しており、この変更は政策の大幅な変更を意味する傾向があり、世界の債券や株式市場に対して大きな影響を与えるのが普通です。FRBが発表する声明は、将来の金融政策措置に関するシグナルを提供していることがあるため、マーケットによって特に注目されています。

財政政策は米国財務省に委ねられています。財政政策の決定には税金や政府支出に関する適切な水準の判断が含まれます。マーケットはFRBのほうにより注意を払っていますが、ドル政策を実際に決定する政府機関は米国財務省です。つまり財務省が外為市場におけるUSDレートが過大評価または過小評価されていると判断した場合、米ドルを実際に売買することによって外為市場に介入する権限と指示をニューヨーク連銀に与えているのです。そのため、ドル政策に関する財務省の見解とその変更は外為市場にとってきわめて重要です。

過去数十年間、財務省とFRBの要人たちは「ドル高」バイアスを維持してきました。その傾向はポール・オニール元財務長官の時代に特に顕著で、ドル高論を強硬に主張していました。ブッシュ政権のもとでは、ジョン・スノー財務長官がこの見解を引き継ぎ、彼もドル高を望んでいると語りました。しかしブッシュ政権は2003年と2005年におけるドル下落を食い止めるためにほとんど何もしませんでした。そこでマーケットは同政権が実際にはドル安を望んでおり、成長を促進

させる手段として使っていると見るようになりました。しかし政治的な理由から、同政権がドル安政策にスタンスを転換したことを明確にする可能性は低いでしょう。

USDの主な特徴

●**外為取引の90％以上にドルが絡んでいる**　外為市場において最も流動性の高い通貨ペアは、EUR/USD、USD/JPY、GBP/USD、USD/CHFです。これら通貨が世界で最も頻繁に取引される通貨であり、これら通貨ペアのすべてに米ドルが絡んでいます。それどころか通貨取引全体の90％以上にドルが絡んでいるのです。この事実はすべての外為トレーダーにとって米ドルがいかに重要であるかを示しています。そのためマーケットを通常動かす最も重要な経済指標はドル関連のファンダメンタルなのです。

●**9.11まで米ドルは世界でも格別のセイフヘイブン通貨のひとつと見られていた**　米ドルが元来世界有数のセイフヘイブン通貨のひとつと見られていたのは、2001年9月11日までは米国が深刻な政情不安に陥るリスクがきわめて低かったからです。米国は世界で最も安全で最も進んだ市場のひとつであると認識されていました。ドルが有事に強いということから、米国は割安の利回りで投資を引きつけることができ、世界の外貨準備高の76％が米ドルで保持されていました。外貨準備金が米ドルで保有されていたもうひとつの理由は、米ドルが世界の支配的なファクタリング用の通貨であったことです。準備通貨を選ぶにあたって、米ドルが有事に強いことは海外の中央銀行にとって大きな意味を持っていました。ところが9.11以降、各国中央銀行を含む海外の米国資産の保有者たちは、米国の不確実性増大と金利低下を受けてドル保有を縮小しました。ユーロの登場も世界有数の準備通貨としての米ドルの地位を脅かしました。多数の中央銀行が米ドル保有を削減し、

図10.1　金とドルのチャート

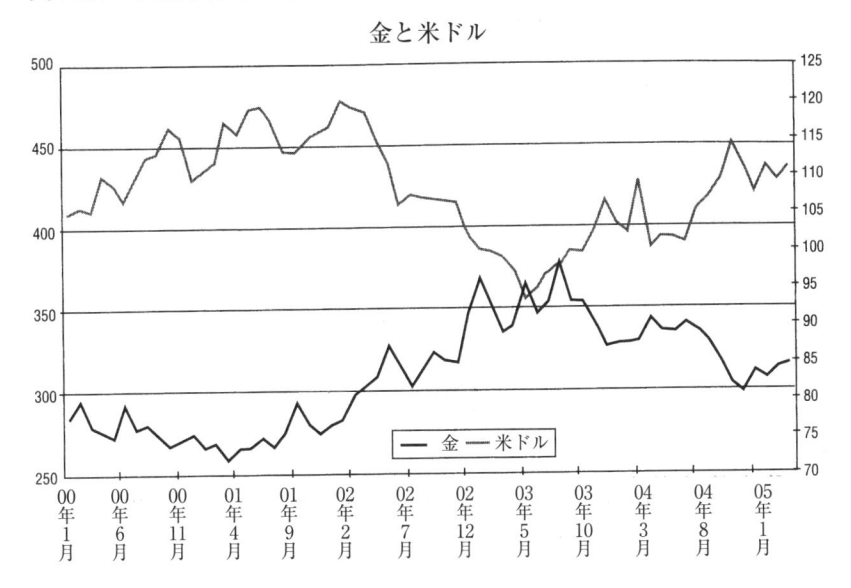

金と米ドル

ユーロ保有を増大させ、準備通貨の分散化を進めています。そのトレンドは今後一層拡大すると見られるため、この先数年間、十分に注視しておく必要があります。

●**米ドルは金価格と逆方法に動く**　図10.1で見られるように、金価格と米ドルには歴史的に完璧に近い逆の相関があり、互いに完璧に近い鏡映像を描いています。つまり金価格が上がると米ドルは下がり、金が下がると米ドルは上がるのです。この逆相関は、金が米ドルで評価されていることに起因します。世界的な不確実性をきっかけとする米ドルの下落が金価格上昇の主たる理由でした。金がお金の究極的な形態であると一般に見られているためです。金は有数の有事に強いコモディティとしても見られています。そのため、地政学的に不確実な

時期になると投資家たちは金に群がる傾向があり、それがひいては米ドルに打撃を与えることになります。

●**多くの新興市場国は自国通貨を米ドルにペッグしている**　自国通貨を米ドルに対して"ペッグ"するとは、その国の政府が自国通貨を準備通貨である米ドルに対して固定されたレートで売買することに合意することを意味します。多くの場合、それら政府は、流通している自国通貨の額に少なくとも等しい額の準備通貨を保持することを約束することも必要になります。その国の中央銀行は米ドルの大口保有者になり、固定ペッグまたは変動ペッグの管理に積極的な役割を果たすことになります。ドルペッグ制を採用している国には香港、そして2005年7月までは中国が含まれていました。1日当たりの最大変動幅を前日の対ドルレートの終値に基づく狭い範囲内に抑えるために、中国は外為市場のきわめて活発な参加者になっています。その範囲を超えるすべての変動は米ドルの売買を含む中央銀行による介入の対象になります。2005年7月21日まで中国は自国通貨を対ドル8.3元のレートでペッグしていました。何年にもわたる平価切り上げ圧力を受けていた中国は、為替レートを8.11元へ切り上げ、前日の終値を中心レートにするという改革の実施に伴い、通貨バスケットに連動した管理変動相場制へ徐々に移行しています。

　この1、2年、マーケットは特にそれら中央銀行の"購買習慣"に注意を払ってきました。アジア各国において準備通貨の分散化や為替レートの柔軟性向上が進むということは、それらの国々の中央銀行が米ドルやドル建て資産を保有する必要性が低下していることを意味します。もしそのとおりなら、長期的には米ドルにとってきわめて不利に作用する可能性があります。

●**米国債と海外債券との金利差が注視されている**　米国債と米国以外の海外債券との金利差は、プロの外為トレーダーたちが注視しているきわめて重要な指標です。米国市場は世界最大規模の市場であり、投

資家たちは米国資産が提供する利回りにきわめて敏感なため、通貨の動向を予測する強力な指標になります。大口投資家たちは常に最も利回りの高い資産を探し求めています。米国の利回りが低下するか、米国以外の利回りが上昇すると、投資家たちは米国資産を売却し、海外資産を購入するようになります。米国の債券や株式資産の売却は、米ドルの売りと海外通貨の買いが必要になるため、外為市場に影響を与えます。米国の利回りが上昇するか、海外の利回りが下落すると、投資家たちが米国資産を買うようになり、その結果米ドルが上昇します。

●**ドル指数に注目すべし**　市場参加者は米ドルの大まかな強気弱気の尺度としてUSDX（米ドル指数）を熱心に追跡しています。USDXはNYBOT（ニューヨーク商品取引所）で取引されている先物取引であり、6つの通貨を貿易ウエートで加重幾何平均して計算されています。市場参加者たちが米ドルが弱気だとか、貿易加重ドルが低下していると発言している場合、この指数を根拠にしていることが多いので、この指数を追跡することが重要です。また、米ドルがあるひとつの通貨に対して大きく動いた場合でも、貿易加重ベースではさほど動いていない場合もあります。米ドルに対する個々の通貨の動きよりも、貿易加重指数を重要視している中央銀行もあるため、これは重要です。

●**外為相場は株式債券相場の影響を受ける**　一国の株式債券相場と外為との間には強い相関があります。株式相場が上昇すると、その機会をとらえようと海外から投資ドルが入ってきます。株式相場が下落していると、国内投資家が海外の投資機会を求めるために国内公開企業の株式を売却します。債券市場の場合、最も利回りの高い、最も価値のある債券機会を提供できる経済だけが海外投資を引きつけることができます。それらの市場における日々の変動と動向には、海外のポートフォリオ投資の動向が反映されています。その動きにはどうしても外為取引が必要になります。国境を越えた合併や買収も外為トレーダーが注目すべききわめて重要な活動です。大型のM&A、特に膨大な

キャッシュが絡む取引は、外為市場に大きな影響を与えます。なぜなら買収側はその国境を越えた買収のための資金を用意するために米ドルを売買することが必要になるからです。

米国の主要経済指標

米ドルに関しては以下のすべての経済指標が重要です。ただし米国経済はサービス指向であるため、なかでもサービスセクターの数値に注意を払うことが重要です。

雇用統計——非農業部門雇用者数

雇用統計は、経済カレンダーで最も重要かつ広く注目されている指標です。FRBは失業率を抑えるという厳しい圧力を受けているため、純粋に経済的な理由というよりも政治的な影響から重要視されています。そのため金利政策は雇用状況から直接的な影響を受けます。月例報告は事業所調査と家計調査という2種類の調査統計から構成されます。事業所調査では非農業部門雇用者数、平均週間労働時間数、労働時間指数が網羅され、家計調査では就業者数や失業率に関する情報が提供されます。外為トレーダーは月々の失業率（季節調整済み）と非農業部門雇用者数に大きな変化がないか否かを重視する傾向があります。

消費者物価指数

CPI（消費者物価指数）はインフレの主な尺度です。この指数は一定の消費財が盛られているバスケットの価格を表します。エコノミストはCPI-U（都市部消費者物価指数）や変動の激しい食品やエネルギー分野を除外したコア・インフレ率を重視する傾向があります。この指標はさまざまな活動を推進させるため、外為市場では広く注目さ

れています。

生産者物価指数

PPI（生産者物価指数）は、国内生産者の販売価格の平均変化を表す指標です。PPIは、農業、電力・天然ガス、林業、漁業、製造業、鉱業を含む国内経済のほぼすべての生産業に関する価格変化を追跡します。外為市場は季節調整済み最終財PPIと同指数が月次、四半期、年次ベースでどのように反応したかを重視する傾向があります。

国内総生産

GDP（国内総生産）は、米国内の財とサービスの生産と消費の合計を表します。BEA（経済分析局）は、所得をベースにしたものと支出をベースにしたもの、2種類の補完的なGDP測定値を作成しています。各四半期末の翌月に発表されるGDP速報値には、各種の未発表統計、在庫、貿易収支に関するBEAによる推定値が含まれているため、きわめて重要です。GDPに関するその他の発表は大幅な修正がないかぎり一般的にはあまり重要ではありません。

貿易収支

貿易収支は財とサービスの輸出と輸入の差を表します。米国と米国以外のすべての国々との貿易、特定の国々と地域との貿易に関する詳細、そして個々の商品に関する商品統計が提供されます。トレーダーは、1カ月間では信頼性が乏しいという理由から、3カ月期間の季節調整済み貿易数値を重視する傾向があります。

雇用コスト指数

ECI（雇用コスト指数［Employment Cost Index］）は、四半期3カ月目の12日を末とする給与期間における雇用者数の調査に基づい

ています。この調査は約3600の民間産業雇用者と100の州、地方政府、公立学校、公立病院の確率サンプルを対象に実施されます。ECIが特に優れている点は、労働費用全体の30％にも相当する賃金以外のコストが含まれていることです。ECIはきわめて安定しているため、ECIに対する反応がないことも多いですが、FRBのお気に入りの指標であるため、注目しておくべきです。

ISM製造業景況指数

ISM（供給管理協会［Institute for Supply Management、旧NAPM］）は、生産活動に関連する20業種に属する全米300人の購買担当者に対する調査に基づく月次複合指数を公表しています。指数値が50超の場合は経済拡大を示し、50未満は縮小を示しています。アラン・グリーンスパン前FRB議長がお気に入りの指標のひとつであると発言したことがあることから、この数値は広く注目されています。

鉱工業生産指数

鉱工業生産指数は、米国の工場、鉱山、公益事業の月次物的生産量を表す指数です。この指数は工業タイプと市場タイプに分けられます。外為市場は総計値の季節調整済み月次変化に最も注目しています。この指数の上昇は一般的に米ドルにとってプラス材料です。

消費者信頼感指数

消費者信頼感指数は、経済の状態に対する個別家計による信頼度を表します。調査の質問表は全米5000のサンプル家庭へ送付され、そのうち約3500から回答が得られます。各世帯に課せられる質問は——①世帯の地域における景気の格付け、②過去6カ月間における景気の格付け、③同地域における雇用機会、④過去6カ月における雇用機会、⑤過去6カ月の世帯収入——の5種類です。回答は季節調整され、各

事項に対してひとつの指数が作成されます。それらを集計し
数が合成されます。マーケットは消費者信頼感の上昇を消費
上昇の前兆をとらえ、消費者支出の上昇をインフレを加速す
役として見ることがしばしばあります。

小売売上高

小売売上高指数は、サンプル抽出された小売店おける1カ月
上総額を表します。この指数は個人消費と消費者信頼感の尺度
使用されます。自動車の売上高は月ごとの変動が大きいため、
を除く数値が最も重要な数値として扱われるのがふつうです。
上高は季節による変動がかなり大きくなるものの、この指数は
全般的な健全性に関する重要な指標になっています。

米財務省TIC統計（対米証券投資状況）

米財務省TIC統計は、月次ベースでの米国への資金フロー額を
ます。米国の赤字の補填が大きな問題になってきているため、こ
年間、この経済指標の発表の重要性はますます高まっています。
ケットは、その見出し数値に加え、海外中央銀行による米国政府債
に対する需要を表すオフィシャルフローにも細心の注意を払ってい
す。

ユーロ（EUR）

ユーロ圏経済の概要

EU（欧州連合）は欧州統合を実現するための制度的枠組みとして
構築されました。EUは現在、オーストリア、ベルギー、デンマーク、
フィンランド、フランス、ドイツ、ギリシャ、アイルランド、イタリ

ルグ、オランダ、ポルトガル、スペイン、スウェーデ
の加盟国（2007年4月現在）から構成されています。
ェーデン、英国などを除く13カ国（2007年4月現在）
てユーロを共用しています。通貨を共有する13カ国
貨同盟）を結成し、ECB（欧州中央銀行＝European
策定する単一の金融政策を共有しています。

GDPが約12兆米ドルの世界第2位の経済圏です。
の市場が高度に発達しているEMUは、国内や海
2番目に魅力的な投資市場です。過去において、
直接投資や大口の資金フローを引きつけることが
して、EMUは海外直接投資に関して供給側とし
きく、世界の資金流出額の約45％を占めています
はわずか19％にしかすぎません。その主な理由は、
のほうが魅力的な利回りを提供してきているからで
米国は海外貯蓄総額の71％を吸収しています。しか
貨としての信認性を増し、EMU加盟国をさらに増や
前後して、準備通貨としてのユーロの重要性が高まっ
結果、欧州への資金フローが増大しています。各国の
備通貨の分散化をさらに進めていくものと予想されるこ
ーロに対する需要は今後も増大していくはずです。

易と資金フローを基盤とする経済であるため、EMU各
貿易はきわめて重要です。ほとんどの主要国とは異なり、
膨大な貿易赤字や貿易黒字もありません。ちなみに2003年
った貿易赤字は、2004年には少額の貿易黒字に変わってい
Uの輸出は世界貿易の約19％、輸入は17％を占めています。
外の国々との貿易規模が大きいため、国際貿易の分野におい
な影響力を有していますが、それがEU結成時の主たる目的で
国々がひとつの統一体としてまとまることによって、最大の

貿易相手である米国と同等な土俵で交渉できるようになるからです。EUの主要貿易相手国を以下に示します。

主な輸出先
1．米国
2．スイス
3．日本
4．ポーランド
5．中国

主な輸入元
1．米国
2．日本
3．中国
4．スイス
5．ロシア

　EMUは主としてサービスを基盤とした経済です。2001年のGDPでは、サービスが約70％を占めていたのに対して、製造業、工業、公益事業は22％にすぎませんでした。現実として、最終財の生産を主たる目的としている多数の企業が、ほとんどの生産をアジアへアウトソーシングし、自社内の活動を研究、開発、設計、マーケティングに集中させています。

　国際貿易におけるEUの役割の増大は、準備通貨としてのユーロの役割にとって大きな意味を持ちます。為替リスクと取引コストを軽減するために各国が多額の準備通貨を保有していることが重要です。ほとんどの国際貿易取引には伝統的に英ポンド、日本円、米ドルのいずれか、もしくはそのいくつかが絡んでいます。ユーロを導入する以前、

欧州の個々の国の通貨をそれぞれ大量に保有することは合理的な方策ではありませんでした。そのため準備通貨として米ドルが利用される傾向がありました。1990年代末、世界の準備資産の約65％が米ドルで保有されていましたが、ユーロ発足に伴って海外準備資産はユーロへシフトしています。EUが世界中のほとんどの国において主要貿易相手先のひとつになるにつれ、このトレンドは続いていくものと予想されます。

ユーロ圏の金融財政政策当局——ECB

ECB（欧州中央銀行）はEMU参加諸国の金融政策決定に関する責任を有する管理機関です。EMUの役員会は、ECB総裁、ECB副総裁、その他4人の理事の計6人で構成されます。役員会メンバーと各国中央銀行総裁によって政策委員会が構成されます。ECBでは政策委員会によって決定された方針が役員会によって実施されます。新たな金融政策の決定は2週間ごとに開催される会議において基本的に多数決投票で決められますが、同数の場合は総裁が決定票を投じます。ECB会議は2週間ごとに開催され、各会議において金融政策を変更する権限を持っていますが、会議後に公式の記者会見が予定されている場合にだけ政策変更があるものと想定されています。

EMUの主たる目的は物価の安定維持と成長の促進にあります。金融財政政策の変更はその目的を確実に達成するために実施されます。加盟各国にその目的達成を後押しすることを求めるために、EMU設立と同時にマーストリヒト条約が策定され、加盟各国が守るべきいくつかの基準が設定されました。その基準から逸脱した国には多額の罰金が科せられることになります。ECBがインフレと赤字に対してきわめて厳しいスタンスをとっていることはこの基準によって明らかです。ECBはHICP（統合消費者物価指数）の年間伸び率を2％未満、

M3（マネーサプライ）の年間伸び率を4.5％前後に維持することに努めています。

EMU基準

1992年欧州連合条約（マーストリヒト条約）では、EMUの加盟国に対して以下の基準が規定されています。

- インフレ率が、評価日前12カ月間における前年比平均でインフレ率が最も低い３カ国の平均＋1.5％以内に収まっていること
- 長期金利が、評価日前12カ月間におけるインフレ率が最も低い３カ国の平均金利水準＋２％以内に収まっていること
- 為替レートが、少なくとも２年間にわたりERM（為替相場メカニズム）の通常の変動幅に収まっていること
- 一般政府債務とGDPの比率が、60％以下であること（ただし「十分に減少」している場合はそれよりも高い比率でも許容されることがある）
- 一般財政赤字がGDPの３％を超えていないこと（ただし、多少または一時的な超過は許容されることがある）

ECBとESCB（欧州中央銀行制度）は、各国政府とその他EU機関のいずれからも独立した機関であり、金融政策に関する完全な権限が与えられています。この運営上の独立性は「意思決定機関のすべてのメンバーは、いかなる共同体機関、加盟国政府、その他の機関から指示を求めることも指示を受けることもできない」と規定しているマーストリヒト条約の第108条によって付与されています。ECBが金融政策をコントロールするために使用する主な手段を以下に示します。

公開市場操作

ECBは、金利誘導、流動性管理、金融政策スタンスの発信を行うための大別して4種類の公開市場操作（オープン・マーケット・オペレーション）を行っています。

1．主要リファイナンシング・オペ　通常の流動性を提供するために毎週実施される2週間満期のリバース取引（レポ取引）。金融セクターに対して大量の再融資を提供する。

2．中長期リファイナンシング・オペ　3カ月満期の流動性を提供するための月単位で実施されるリバース取引。相手先に追加の長期の再融資を提供する。

3．微調整オペ　市場における流動性状況の管理と金利の誘導の両方を目的に、特に予期しない流動性変動による金利への影響を平滑化するために、場当たり的に実施される。

4．構造オペ　負債証券の発行、リバース取引、アウトライト取引が含まれる。同オペは、ECBが金融セクターに対するユーロシステムの構造的ポジションを調整したい場合に（定期または不定期に）実施される。

ECM最低入札金利（レポ金利）

最低入札金利はECBの主要政策目標であり、ECBから各加盟国の中央銀行へ提供される借り入れ水準であり、2週間ごとに開催されるECB会議において変更の対象となる金利です。インフレはECBにとって大きな懸念であるため、インフレを防止するために金利を高い水準に維持する傾向があります。ECBの最低入札金利の変更はユーロにとって大きな意味を持ちます。

ECBは為替レート目標を設定していませんが、物価の安定に影響があるため、政策判断において為替レートが考慮されており、ECBがインフレ懸念ありと判断した場合、外為市場へ介入することがあり

ます。そのため、政策委員会の各メンバーの発言は外為市場参加者たちによって広く注目されおり、ユーロを動かすことがしばしばあります。

ECBは経済動向の分析と経済状況に関するその認識の変化を記した月報を発表しています。ECB月報をフォローし、金融政策の方向性に変化の兆候があるか否かをチェックすることが重要です。

EURの主な特徴

●**EUR/USDは流動性の高い通貨ペアであり、すべての主要ユーロ・クロスもきわめて流動性が高い**　ユーロは1999年1月1日に電子通貨として発足しました。その時点でユーロは、2001年1月になってからユーロに切り替えたギリシャの通貨を除いて、それまでのすべてのEMU通貨に取って代わりました。現在EUR/USDクロスは世界で最も流動性の高い通貨ペアであり、その動きは欧州と米国の経済の健全性の主たる尺度として用いられています。ユーロは「アンチダラー（anti-dollar）」とよく呼ばれます。2003年から2005年におけるEUR/USDの動きを支配したのがドルのファンダメンタルズだったからです(**図10.2**を参照)。

EUR/JPYとEUR/CHFもきわめて流動性の高い通貨ペアであり、日本とスイスの経済の健全性の尺度として一般に用いられています。EUR/USDとEUR/BGPの両クロスはスプレッドが狭く、秩序だった動きをし、ギャップを空けることがめったにないため、取引対象としてお勧めの通貨ペアです。

●**ユーロならではのリスクがある**　ユーロは新しい通貨であるため、ほかの通貨にはないいくつかの要素をリスクとして考慮する必要があります。ECBは歴史が浅く、その実力については未知数とみなされる傾向があります。そのためさまざまな政治経済的状況に対して

図10.2　EUR/USDの5年間のチャート

出所＝www.eSignal.com

　ECBがどのように反応するかを市場参加者が判断するための良い尺度がまだ得られていません。ECBは2004年にEUの安定成長協定の緩和を容認しており、同協定に規定されているルールに繰り返し違反している国々に対して具体的に制裁を発動するには至っていません。個別の国レベルでは否決されてもいるその改訂EU憲法には、財政赤字の違反をしても罰則を免れることできるという規定がいくつか含まれています。財政赤字違反が基本的に合法化されたという事実は、ユーロとECBに対する信頼感を損ないました。その結果イタリアなどの一部国々に、ユーロを捨ててリラへ戻ることを考えさせるまでの事態に発展しました。加えてユーロは、各加盟国のための通貨であるため、そのいずれの国における政治経済的な不安に対してもきわめて敏感で

す。ユーロ圏において大きく重要な国は、ドイツ、フランス、イタリア、スペインです。

●**米国10年債とドイツ10年債とのスプレッドがユーロのセンチメントを示す**　米10年物国債は、とりわけ米ドルに対する、ユーロの将来の為替レートに関する重要な指標になります。米10年債とドイツ10年債との金利差はユーロの動向を示す格好の指標です。ドイツ債の利回りが米国債の利回りよりも高く、その差が増大、つまりスプレッドが広がっている場合、それはユーロの強気を示唆します。一方、差の減少、つまりスプレッドの狭まりは、ユーロの弱気を示唆する傾向があります。ドイツ10年債はユーロ圏のベンチマーク債券として使用されています。

●**ユーロ圏における資金フローの予測**　指標として使えるもうひとつの金利は3カ月金利、いわゆるユーロ・インターバンク・オファー・レート（ユーリボー金利）です。これは大手銀行からほかの銀行に対してにインターバンク・ターム・デポジット（定期預金）に関して提示される金利です。トレーダーはユーリボー先物レートとユーロドル先物レートを比較する傾向があります。ユーロドルは米国以外の銀行やその他の金融機関における米ドル建て預金です。投資家は利回りの高い資産を好むため、ユーリボー先物とユーロドル先物とのスプレッドがユーリボー優位に広がるにつれて欧州債券資産の魅力が増大します。そのスプレッドが狭まると欧州資産の魅力が減少するため、ユーロへの資金フローも減少する可能性を示唆しています。

　企業による合併買収もEUR/USDの動きを示唆する重要な意味を持っています。近年、EUと米国の多国籍企業間でのM&Aが活発化しています。とりわけ現金による大口取引はEUR/USDに対して短期的に大きな影響を与えることがよくあります。

ユーロ圏の重要な指標

　以下に示す経済指標はいずれもユーロにとって重要です。EMUは13カ国から構成されているため、GDP成長、インフレ、失業など、すべての加盟国の政治経済的な動向を把握しておくことが重要です。ドイツ、フランス、イタリアがEMUの主要国であるため、EMUの全体的な経済統計に加えてこれら３カ国の経済統計が要注目です。

GDP暫定値
　GDP暫定値は、ユーロスタット（欧州共同体統計局）が推定値を作成するために十分な数の国々から統計を収集できた時点に公表されます。この暫定公表値には、通常、フランス、ドイツ、オランダが含まれ、イタリアは含まれずに最終的な数値で追加されます。EU－15とEMU－11の年間合計は各国GDPの単純合計です。四半期勘定の場合、一部の国々（ギリシャ、アイルランド、ルクセンブルグ）では四半期勘定統計が作成されないため、集計はもっと複雑になります。さらにポルトガルは四半期勘定を部分的にしか作成しておらず、それもかなりのタイムラグがあります。そのためEU－15とEMU－11の四半期パスは、EUの全GDPの95％以上に相当する国々の四半期統計に基づく推定値になっています。

ドイツ鉱工業生産指数
　鉱工業生産指数は季節調整済みであり、鉱業、製造業、エネルギー、建設業の４つの主要サブカテゴリに分かれています。製造業集計は、基本財や生産財、資産財、耐久消費財、非耐久消費財の４つの主要製品グループから構成されます。マーケットは年間変化率と季節調整済み前月比に注目する傾向があります。ドイツはユーロ圏で最大の国であるためにドイツの数値が最も重要ですが、マーケットがフランス鉱

工業生産に基づき反応することもあります。最初に公表される鉱工業生産統計は限られた統計サンプルに基づいているため、フルサンプルが利用可能になった時点に修正されます。予期される修正の方向性については、折に触れて財務省によって示唆されます。

インフレ指標

HICP ユーロスタットが公表しているHICP（総合消費者物価指数）は、EU法によって求められている国際比較を目的としています。ユーロスタットは1995年1月以来同指数を公表しています。1998年1月以来ユーロスタットはMUICPと呼ばれるEMU－11エリア専用の指数を公表しています。価格に関する情報は各国統計機関から入手されます。各国はユーロスタットにHICPの計算に使用される100個の指数を提供することが求められています。各国HICPはユーロスタットによって加重平均して集計されます。使用される加重は国ごとに異なります。HICPは、スペインとフランスからそれぞれのCPIが発表され、最終的なEMU－5諸国がそれぞれCPIを発表した約10日後となる基準期間後の月末に公表されます。公表時には部分的にとはいえその情報がすでにマーケットに伝わってはいるものの、ECBの基準インフレ指数としての役割を持つため、重要です。HICPはユーロ圏CPIを0から2％の範囲に収めることを目指しています。

M3 M3は手形や硬貨から銀行預金までのすべてを含む、広義のマネーサプライの指標です。ECBは、M3をインフレの主要指標とみなしており、その動向を逐一注視しています。1998年12月の会議においてECBの政策委員会はM3の伸びに関する初期基準値を4.5％に設定しました。この値は、2％未満のインフレ、2～2.5％の成長トレンド、通貨流通速度の0.5から1％の長期的減少の裏付けとなります。月次ボラティリティが集計値によって与えられた情報を歪めることがない

ように、伸び率は3カ月移動平均ベースで監視されています。金融目標に対するECBのアプローチは、操作と解釈上の大きな余地を残しています。ECBは、かつてドイツ中央銀行にしたように、M3の伸びにカセをはめることがないため、M3の伸びが基準値から逸脱しても自動的に措置がとられることはありません。さらにECBはM3を主要指標と考えていますが、ほかの金融集計値の変化も考慮に入れています。

ドイツの失業

連邦雇用庁（FLO＝Federal Labor Office）による発表には失業者数に関する情報とSA（季節調整済み）とNSA（非季節調整済み）の前月比情報が含まれています。NSA失業率とともに、求人、短期交代制、被雇用者（1999年に中断）に関する情報が提供されます。連邦雇用庁による発表1時間以内にドイツ中央銀行がSA失業率を発表します。発表前日、労働組合筋から公式統計がリークされることがよくあります。リークされるのは百万単位でのNSA失業者数であるのが普通です。細かい数値がNSA失業者数として「関係筋」提供としてロイターに流れた場合、それは公式数値を反映していることが一般的です。公式発表1週間前までうわさが流れることがよくありますが、それらは不正確であることがよく知られています。さらに過去においてドイツ要人による発言が海外メディアによって誤訳されたことがあるので、うわさは慎重に解釈することが必要です。

各国の財政赤字

安定成長協定では赤字をGDPの3％未満に収めることが規定されています。各国レベルの赤字を削減するための目標も設定されています。その目標達成の失敗は、マーケットにとって大きな関心事になります。

IFO景況指数

　ドイツは欧州において群を抜いて大きな経済であり、全GDPの30％以上を占めており、ドイツの景気動向に対する評価は欧州全体に対する評価としても見られます。IFO（Information and Forschung［research］）はIFO研究所によって実施される7000社を超えるドイツ企業を対象に、ドイツの景気状況の評価と短期計画に関して質問する月次調査です。最初に発表される調査結果は景気動向を示す代表値と、現在景気動向と景気予測という同等に加重された2つのサブ指数から構成されます。一般的には80から120の範囲の数値で、大きいほど企業の景況感は高くなります。この指標は以前の公表値と比較した場合に最も価値があります。

英国ポンド（GBP）

英国経済の概要

　英国は2004年GDPが約2兆米ドルの世界第4位の経済大国です。世界有数の有力な中央銀行を有する英国経済は、長年の力強い成長、低い失業率、生産の拡大、回復力に富む消費によって恩恵を受けています。個人消費の堅調さの大きな要因は2003年にピークに達した住宅市場の強さに起因しています。英国はサービスを基盤とした経済であり、GDPに占める製造業の割合は減少の一途をたどっており、現在ではGDPの5分の1にしかすぎません。世界最先端の資本市場システムを有し、金融と銀行がGDPに大きく寄与してています。英国GDPの大半はサービスが占めていますが、EU最大級の天然ガスの生産国であり輸出国であることも認識しておくことが必要です。エネルギー生産業界はGDPの10％に相当し、すべての先進工業国中最大規模のシェアを持っています。エネルギー価格（原油など）の上昇は多

数の英国石油業者に大きな利益をもたらすことになるため、この事実はきわめて重要です（英国は2003年における北海からの供給中断が原因で短期間純石油輸入国に転じたことがありますが、純石油輸出国としての地位をすでに回復しています）。

英国は全体としては一貫して貿易赤字を抱えている財の純輸入国です。最大の貿易相手はEUであり、EUとの貿易は英国の輸出入全体の50％を超えています。国別では米国が現在でも英国最大の貿易相手です。英国の主な貿易相手国はい以下のとおりです。

主な輸出先
1．米国
2．ドイツ
3．フランス
4．オランダ
5．アイルランド

主な輸入元
1．米国
2．ドイツ
3．フランス
4．オランダ
5．ベルギー

英国は2003年6月にユーロ採用を拒否したものの、ユーロ採用の可能性はポンドトレーダーの頭の隅にこの先何年にもわたり残り続けるでしょう。英国がEMU参加を決定した場合、英国経済は大きな影響を受けることになります。なかでも最も重要なことは、英国の金利をユーロ圏の対応する金利を反映するように調整することが必要になる

ことです。EMU参加反対の主な論拠のひとつは、英国政府がきわめて有効に機能する盤石なマクロ経済政策を有していることです。英国は金融財政政策が功を奏し、近年の景気後退局面においてもEUを含むほとんどの主要国を超えるパフォーマンスを達成しています。

英国財務省は以前にユーロ採用の前提条件として満たすべき経済的条件として以下の5項目を掲げています。

英国が掲げるユーロ採用のための5項目の経済テスト
1. 英国市民がユーロ金利で恒久的に快適に生活できるような景気サイクルと経済構造の収斂が英国とその他EMU加盟国との間で持続可能な形で存在するか？
2. 経済の変化に対応できるだけの柔軟性が存在するか？
3. EMU加盟によって、英国への企業による投資が促進される環境が出来上がるか？
4. EMU加盟は、英国の金融サービス業界の競争力にプラスの影響をもたらすか？
5. EMU加盟は、雇用の安定と成長の促進に役立つか？

英国は、政府要人たちが国民投票による承認に強い関心を持っているきわめて政治的なお国柄です。国民投票によってユーロ参加が支持されなければEMU加盟の可能性は低下するでしょう。ユーロ採用の賛否に関するいくつかの議論を以下に示します。

ユーロ採用に賛成する議論
- 英国企業にとって為替レートの不確実性が減少し、為替取引コストや為替リスクが低下する。
- ECBによる管理のもとで低インフレが持続するという見通しから、長期金利が低下し、持続的な経済成長が刺激されるはずである。

- 統一通貨は価格の透明性を促進する。
- EU各国の金融市場の統合化は、欧州における資金配分の効率性を向上させる。
- ユーロは米ドルに続く2番目に重要な準備通貨である。
- 英国のEMU加盟によって、EMUの政治的影響力が劇的に増大する。

ユーロ採用に反対する議論

- 通貨統合は過去に失敗崩壊している。
- ひとつの国の政治経済的な不安定がユーロに影響を与え、ほかの健全な国々の為替レートに悪影響を及ぼす。
- 安定成長協定によって厳しいEMU基準が規定されている。
- 加盟することは、金融政策上の権限が欧州中央銀行へ永久に移転してしまうことを意味する。
- 通貨統合参加によって金融面での柔軟性を失う結果、英国は労働・住宅市場においてさらなる柔軟性を持つことが必要になる。
- 一部の国々によってECBが支配されてしまうという恐れが存在する。
- 新通貨に対する調整には大きな取引コストが必要になる。

英国の金融財政政策当局――BOE

　BOE（イングランド銀行［Bank of England］）は英国の中央銀行です。MPC（金融政策委員会［Monetary Policy Committee］）は、中央銀行の総裁、2人の副総裁、2人の常任理事、そして4人の外部専門家の計9人で構成される英国の金融政策を策定する委員会です。MPCは1997年に金融政策の策定に関して運営上の独立性が与えられました。その独立性にもかかわらず、その金融政策は財務大臣が決定したインフレ目標を達成することが中心になっています。現在同目標はRPIX（小売価格指数［Retail Price Index］）で2.5％です。中央銀

行は同目標達成を可能にすると考える水準に金利を変更する権限を持っています。MPCは毎月会議を開催し、その直後に政策金利（レポ金利）の変更を含む金融政策の変更に関する発表が行われます。

　MPCはすべての会議後にその先2年間の成長とインフレに関するMPCによる予測とその政策動向に関する説明が記載された四半期『インフレーション・レポート（Inflation Report)』とともに声明を発表します。またこれとは別に、過去の金融政策の動向と国際経済環境とその英国経済への影響分析に関する情報が記載されている『クオータリー・ブルティン（Quarterly Bulletin）』も発行しています。これらレポートには、MPCの今後の政策動向に関する詳細な情報が含まれています。MPCとBOEが使用する主な政策手段は以下のとおりです。

レポ金利

　レポ金利（Bank Repo Rate）は財務省のインフレ目標を達成するために金融政策において使用される主要な金利です。この金利は短期貸し付けなど、BOEによる市場操作のために設定されています。この金利の変更は、商業銀行が預金者と借り手に対して設定している金利に影響を与え、さらに経済における支出と生産、つまりコストと価格に影響を与えることになります。この金利を引き上げることはインフレ抑制策を意味し、この金利を引き下げることは成長と拡大を刺激することになります。

公開市場操作

　公開市場操作（オープン・マーケット・オペレーション）の目標は、市場における適切な流動性と銀行制度の持続的な安定を確保しながら、レポ金利の変更を実施することにあります。これは通貨の完全性と価値を維持し、金融制度の安定を維持し、英国の金融サービスの有効性の確保を追求するというBOEの3つの主要目的を反映しています。

BOEは流動性を確保するために短期国債を売買するための公開市場操作を毎日実施しています。それで流動性ニーズを十分に満たすことができない場合、BOEはさらにオーバーナイトオペレーションも実施します。

GBPの主な特徴

●**GBP/USDの流動性はきわめて高い**　GBPは世界で最も流動性の高い通貨のひとつであり、外為取引全体の6％に基準通貨もしくは建値通貨のいずれかとして英ポンドがからんでいます。GBP/USDは外為市場において最も流動性の高い4つの通貨ペア（EUR/USD、GBP/USD、USD/JPY、USD/CHF）のひとつです。英ポンドの流動性が高い理由のひとつとして、英国の高度に発達した資本市場があります。米国以外で機会を求めている多くの海外投資家はその資金を英国に送っています。海外投資家はそのためにそれぞれの現地通貨を売り、英ポンドを買うことが必要になります（**図10.3**を参照）。

●**GBPには3つの名前がある**　英国通貨には「英ポンド（British pound）」「スターリング（Sterling）」「ケーブル（Cable）」という3種類の呼び名があります。いずれもまったく同じ意味です。

●**GBPには投機筋がいっぱい**　英ポンドは、本書の出版時現在、先進国中で最も金利の高い通貨のひとつです。オーストラリアとニュージーランドの金利はもっと高い水準にありますが、金融市場が英国ほど発達していません。そのためキャリートレードのポジションをすでに持っているか、または新たにポジションを始めようとする多くのトレーダーは、米ドル、日本円、スイスフランなどの通貨を売って、英ポンドを買うことが多くなります。キャリートレードでは、高い金利の通貨の買い（または貸し出し）と低い金利の通貨の売り（または借り入れ）が行われます。近年キャリートレードの人気が高まっており、

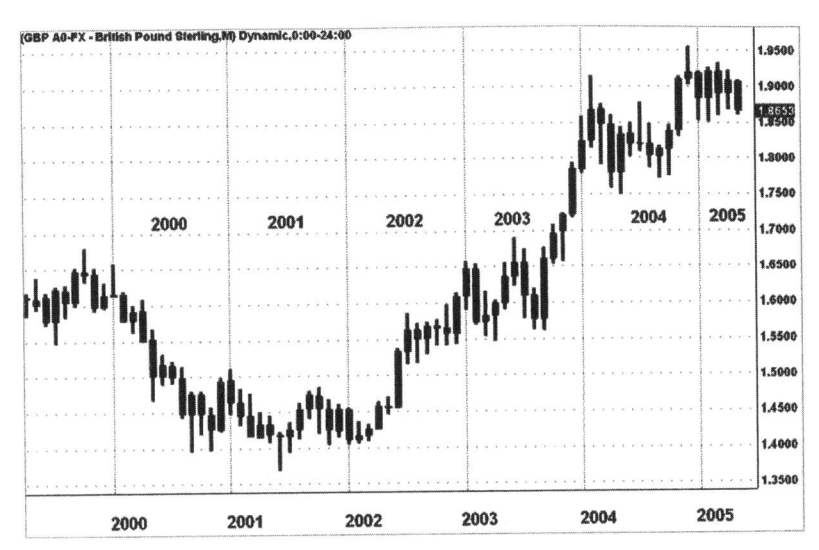

図10.3　GBP/USDの5年間のチャート

出所＝www.eSignal.com

それが英ポンドに対する需要に弾みをつけています。しかしポンドと他通貨との金利差が狭まると、キャリートレーダーが脱出し、英ポンドのボラティリティが高まることになります。

●**英国債と海外債券との金利差が注視されている**　英国債と米国債や英国債とドイツ国債との金利差は外為市場参加者によって注視されています。英国債と米国債との金利差はBGP/USDフローのバロメーターとなり、英国債とドイツ国債との金利差はEUR/GBPフローのバロメーターとして使用できます。より具体的にいえば、それら金利差は英国の債券資産が米国や欧州の債券資産（欧州の利回りのバロメーターとしては通常ドイツ国債が使用される）に対して、またはその逆に米国や欧州の債券資産が英国の債券資産に対して、どれくらいのプレ

ミアム利回りが乗っているかを示しています。世界の投資家たちは常に最も高い利回りを求めて資金を移動させているため、その差は潜在的な資金フローまたは通貨の動向に関する示唆をトレーダーに与えます。英国は現在、高い利回りとともに、米国と同等の信用の安定性と安全性も提供しています。

●**ユーロポンド先物は金利動向の指標になる**　英国の金利、つまりレポ金利は金融政策における主要な手段であるため、金利変化の可能性を把握しておくことが重要です。政府要人の発言は金利変更の方向性を探るひとつの方法ですが、BOEはMPCの各メンバーに投票記録の公表を求めている数少ない中央銀行のひとつです。この個人レベルでの説明責任は、委員会の各メンバーによる発言がBOEではなくその個人の意見を表していることを示しています。そのためBOEの金利が動く可能性については、その他の兆候に目を向ける必要があります。3カ月物ユーロポンド先物には、3カ月先のユーロポンド金利に対する市場の予測が反映されています。これらの先物も、究極的にはGBP/USD相場に影響を与えることになる、英国の金利動向の予測に役立ちます。

●**英国政治家によるユーロに関する発言はユーロに影響を与える**　ユーロに関するあらゆる（とりわけ首相や財務大臣の）演説、発言、世論調査が外為市場に影響を与えます。ユーロ採用の兆しはGBPに下方圧力を加え、ユーロ加盟反対の動きはGBPを押し上げる傾向があります。その理由は、GBPがユーロと互角になるには金利が大きく下がる必要があるからです（本書執筆時現在、英国金利は4.75％であるのに対してユーロ金利は2.00％）。金利の低下はキャリートレーダーによるポジションの解消、つまりポンド売りを招くことになります。ユーロ採用には不確実性が伴うため、GBP/USDも下落するでしょう。英国経済は現在の金融当局の管理下においてきわめて好調です。EMUは加盟諸国がEMU基準に違反するなど、現在多くの問題に直面

しています。EMUは、ひとつの金融当局が加盟13カ国（2007年4月現在）すべてに適したひとつの金融政策を策定できることを実証するにはまだ至っていません。

●**GBPにはエネルギー価格と正の相関がある**　英国にはブリティッシュ・ペトロリアムなど、世界有数のエネルギー企業が何社かあります。エネルギー生産がGDPの10％を占めているため、英ポンドはエネルギー価格と正の相関を持つ傾向があります。特にEUの多くの加盟国が英国から原油を輸入していることから、原油価格の上昇につれてエネルギー購入のためにそれまで以上に多くのポンドを買うことが必要になります。加えて原油価格の上昇は、英国のエネルギー輸出業者の利益にも貢献することになります。

●**GBPクロス**　流動性に関してはGBP/USDのほうが上ですが、GBPの強さに関してはEUR/GBPが代表的な指標です。GBP/USDは米国の動向に敏感な傾向がありますが、ユーロ圏は英国の貿易・投資の主たる相手先であるため、EUR/GBPはより純ファンダメンタルな取引になります。とはいえ当然ながら、これら通貨ペアは相互に依存しているため、EUR/GBPクロスの動きは徐々にGBP/USDの動きへ伝搬していきます。その逆も真で、GBP/USDの動きはEUR/GBP取引にも影響を与えることになります。そのためポンドトレーダーは、両方の通貨ペアの取引状況を意識しておくことが必要です。EUR/GBPのレートはEUR/USDをGBP/USDで割った値と完全に一致しなければなりません。そのレートにわずかでも差異が生じると、市場参加者がその機会に乗じることによってすぐに消滅するが常です。

英国の主要経済指標

英国に関して以下の指標はすべて重要ですが、英国は主としてサービスを基盤とした経済であるためサービスセクターの数値に注意を払

うことが特に重要です。

雇用統計

月次調査が統計局によって実施されています。その調査の目的は労働年齢人口を3つのカテゴリ（就労者、失業者、非労働者）に分け、各カテゴリに関する解説データを提供することにあります。同調査のデータは、産業セクター間での雇用の移動、労働時間、就業率、失業率など、労働市場の主要トレンドに関する情報を提供します。同調査はタイムリーであり、英国経済の強さに関する良いパラメータであるため、外為市場による注目度の高い指標です。

小売物価指数

RPI（小売物価指数［Retail Price Index］）は消費財バスケットの価格の変化を表す指標ですが、マーケットは基礎となるRPI、つまり住宅ローン金利を除いたRPI－Xを重視しています。現在、財務省がBOEに対してインフレ目標をRPI－Xで年間2.5％成長と設定しているため、RPI－Xは大いに注目されています。

GDP（国内総生産）

GDP（国内総生産）の四半期報告書が統計局によって作成されています。GDPは英国内の財とサービスの生産と消費の合計の指標です。GDPは世帯、企業、政府による支出と純海外購入を加算することによって算出されます。GDP価格デフレーターは現在価格で測られた生産を恒常ドルGDPに換算するために使用されます。この指標は英国が景気循環のどこにあるのかを判断するために使用されます。急成長はしばしばインフレを誘発すると見られ、低（またはマイナス）成長は景気後退または景気低迷を示唆します。

鉱工業生産指数

　IP（鉱工業生産）指数は、英国の製造業、鉱業、採石業、電力、ガス、水道の生産の変化を表します。生産とは、数量と価格の組み合わせである販売売却価値とは異なり、生産品目の物理的数量を指します。同指数には英国内の売上と輸出のための財と電力の生産が網羅されています。IPはGDPの４分の１近くに相当し、経済の現状に関するすぐれた考察を提供するため広く注目されています。

購買担当者指数

　PMI（購買担当者指数［Purchase Managers Index］）は、CPIS（Chartered Institute of Purchasing and Supply）によって実施される月次調査です。この指数は、生産、新規注文、在庫、雇用の季節調整済み値の加重平均に基づいています。指数値が50超の場合は経済拡大、50未満は縮小を示しています。

住宅着工件数

　住宅着工件数は所定の月に着手された住宅建設プロジェクト数を表します。住宅市場は英国経済のパフォーマンスを維持する主たる産業であるため、英国に関して重要な指標です。

スイスフラン（CHF）

スイス経済の概要

　スイスは2004年GDPが3600億米ドルの経済規模で世界19位の国です。経済規模は比較的小さいものの１人当たりのGDPでは世界で最も豊かな国のひとつです。多くの経済大国に匹敵する安定性を基礎に繁栄しており、先進技術を有しています。スイスの繁栄は主として製

造業、観光業、銀行業における高い専門能力に起因しています。より具体的にいえば、スイスは、化学薬品、機械、精密機器、時計、そして伝統的な投資家機密保護で有名な金融制度で知られています。これらの特徴とスイスの長い政治的中立性の歴史からセイフヘイブン（資金の安全な避難場所）としてのスイスとスイス通貨の評価が生まれました。その結果、スイスはオフショア資金の世界最大の目的地になっています。スイスはオフショア資産として2兆米ドル以上を保有し、世界の私有財産管理ビジネスの35％を引きつけていると推測されます。それが人口の50％以上を雇用し、GDP全体の70％以上を占める、大規模かつ高度に進んだ銀行保険業界を生み出しました。スイスの金融業界はセイフヘイブンとしての地位と有名な機密保持によって繁栄しているため、世界的にリスク回避が高まる時期に資金フローが経済を促進し、一方、リスク追求環境では貿易フローが経済を促進する傾向があります。そのため貿易フローは重要であり、貿易全体の3分の2近くの相手先が欧州になっています。スイスの主要な貿易相手は以下のとおりです。

主な輸出先

1. ドイツ
2. 米国
3. フランス
4. イタリア
5. 英国
6. 日本

主な輸入元

1. ドイツ
2. フランス

3．イタリア
4．オランダ
5．米国
6．英国

　近年、貿易フローは赤字と黒字の間で行き来しています。一方、経常収支は1966年以来黒字を続けています。2000年に経常収支の黒字がGDPの12.5％という高い水準に達しました。これは（ノルウェー、シンガポール、香港を除き）先進国中で最も高い経常黒字です。黒字のほとんどは、スイスの利回りの低さにもかかわらず資金の安全性を求めるスイスへの多額の海外直接投資によって支えられています。

スイスの金融財政政策当局──SNB

　SNB（スイス国立銀行［Swiss National Bank］）はスイスの中央銀行です。完全独立の中央銀行であり、金融政策の策定に責任を有する、総裁、副総裁、そしてSNB理事会に属する1人の計3人からなる委員会が存在します。同委員会は規模が小さいため、すべてが全会一致で決定されます。同委員会は少なくとも四半期に1回金融政策を発表しますが、金融政策が策定され、発表される可能性は常にあります。ほかのほとんどの中央銀行とは異なり、SNBがひとつの公式な金利目標を設定することはありませんが、その代わりに3カ月スイスLIBOR（ロンドン銀行間貸し手金利）レートの目標レンジを設定しています。

中央銀行の目標
　1999年12月、SNBはその焦点をM3から、消費者物価指数を基礎にしたインフレ目標（年率2％未満）へ移しました。とはいえ、マネー

サプライの水準は長期インフレに関する情報を提供する重要な指標であることに変わりはなく、SNBによって注視されています。この新たなインフレ重視策は中央銀行の透明性をも増大させます。SNBは「インフレが中期で2％を超えたら金融引き締めへスタンスを移すだろう」と明言しています。デフレの懸念があればSNBは金融を緩和するでしょう。SNBは為替レートも注意深く見守っています。なぜならスイスフランが強くなりすぎるとインフレの懸念が生じるからです。世界的にリスク回避ムードが高まるとその懸念はさらに高まります。リスク回避の状況ではスイスへの資金フローが大幅に増大するからです。そのためSNBはおおむね弱いフランを好み、流動性手段として介入を実施することをいといません。SNB要人は、流動性、マネーサプライ、通貨に関する発言（口先介入）を含め、さまざまな手法を駆使して為替相場に介入します。

中央銀行の手段

SNBが金融政策を実施するために最も一般的に使用する手段は以下のとおりです。

金利の目標レンジ　SNBは3カ月金利（スイスLIBORレート）に関して目標レンジを設定して金融政策を実施します。そのレンジは多くの場合1％の幅を持ち、四半期ごとに改訂されます。このレートが目標として使用されるのは、スイスフラン投資に関して最も重要な市場金利だからです。この目標の変更にあたっては、経済環境の変化に関する明確な説明が付与されます。

公開市場操作　レポ取引はSNBの主要な金融政策手段です。レポ取引では、資金調達者（借り手）が証券を資金提供者（貸し手）へ売り、後日、同じ種類と数量の証券を買い戻すことに合意します。こ

の構造は資金調達者が資金提供者に金利を支払わなければならない担保付きローンに似ています。これらレポ取引の満期は1日から数週間ときわめて短い傾向があります。SNBはレポ取引を利用して3カ月LIBORレートの望ましくない動きに対処します。3カ月LIBORレートがSNB目標を上回らないようにするために、レポ取引を通じてより低いレポ金利で商業銀行に供給することによって追加の流動性を生み出します。逆にレポ金利を切り上げることによって流動性を削減したり、3カ月LIBORレートの上昇を誘導することができます。

　SNBは経済の現状に関する詳細な評価と金融政策のレビューが記された『クオータリー・ブルティン（Quarterly Bulletin）』を発行しています。経済動向に関する短いレビューが記載されている『マンスリー・ブルティン（Monthly Bulletin）』も発行されています。これらレポートからスイスの現状に対するSNBの評価の変化を読みとれることがあるため注目しておく必要があります。

CHFの主な特徴

●**セイフヘイブンとしてのステータス**　おそらくこれがスイスフランの最もユニークな特徴でしょう。セイフヘイブンは銀行による秘密保持とともにスイスが有する主要な優位性であるため、スイスのセイフヘイブンとしての地位は絶えず強調されています。スイスフランは国内の経済状況よりも主として海外の出来事によって変動します。つまり前述したように、政治的中立性ゆえにスイスフランは世界で最も優れたセイフヘイブン通貨とみなされています。世界的な不安定や不確実性の時代、投資家たちは資金の増大よりもその維持により関心を持つ傾向があります。そのような時期には、成長条件が整っているか否かに関係なく、資金がスイスへ流れ込み、スイスフランを押し上げることになります。

●**スイスフランは金と高い相関がある**　スイスは世界第4位の金保有国です。スイス憲法には通貨の40％を金準備によって裏づけることを求める条項が存在していました。その条項が削除されたにもかかわらず、金とCHFとの結びつきは現在でもCHF投資家たちの脳裏に深く刻み込まれています。結果、CHFは金に対して80％近いの正の相関があり、金が上昇すればCHFも上昇する可能性がきわめて高いのです。加えて、金は資金の究極のセイフヘイブンであるとも見られているため、金とCHFはともに世界的に政治経済が不確実な時期に値を上げます。

●**キャリートレード効果**　この数年間、先進国中最も低い金利のひとつであるCHFは、キャリートレードで使用される最も人気のある通貨のひとつです。本書でたびたび言及しているように、投資家は常に利回りの高い資産を求めていることから、近年キャリートレードの人気が著しく高まっています。キャリートレードでは高い金利の通貨の買い（または貸し出し）と低い金利の通貨の売り（または借り入れ）が行われます。CHFの金利は全先進国中で最低クラスであり、キャリートレードで売却される（または借り入れられる）主要な通貨のひとつです。つまりCHFを利回りの高い通貨に対して売ることが必要になります。キャリートレードは一般にGBP/CHFやAUD/CHFなどクロス通貨間で行われます。キャリートレードを手仕舞うにはCHFを買うことが必要になります。

●**ユーロスイス先物と海外金利先物との金利差が注視されている**　プロのCHFトレーダーは3カ月ユーロスイス先物とユーロドル先物との金利差に注目しています。その金利差は米国債券とスイス債券の利回りの差を示しているため、資金フローの見通しに関する優れた指標になります。投資家は常に最も高い利回りの資産を探し求めているため、この差は通貨の将来の動向に関する指標になります。世界各国の債券の利回り差に基づきポジションを組み替えるキャリートレーダー

にとって、これは特に重要です。

●**銀行規制が変わる可能性**　この数年間、欧州連合（EU）の加盟諸国はスイスに対して銀行制度の機密性を緩和し、顧客口座の透明性を向上させるよう強い圧力を加えています。EUがこの問題にこだわるのは、EU内の脱税者を厳しく取り締まるためです。この状況は今後も変わりそうにありませんが、スイスにとっては難しい決断になります。なぜなら顧客口座の機密性こそがスイス銀行制度の強みの核心だからです。EUはスイスに対して提案をのまなければ厳しい制裁を加えると脅しをかけたことがあります。現在双方で公正な解決策が模索されています。銀行規制が変わるというニュースやうわさはスイス経済とCHFに影響を与えることになります。

●**合併買収**　スイスの主要産業は銀行と金融です。すべての産業において統合化が進んでいるなかで、この産業においてもM&Aがきわめて活発に行われています。それらM&AがCHFに著しい影響を与えることがあります。海外企業がスイスの銀行や保険会社を買収する場合、自国通貨を売り、CHFを買うことが必要になります。一方、スイスの銀行が海外企業を買収する場合、CHFを売り、外国通貨を買うことが必要になります。いずれにしても、CHFトレーダーはスイス企業がからんでいるM&Aに関する情報に逐一注目していることが必要です。

●**取引におけるクロス通貨の特徴**　EUR/CHFはCHFの動きに加わろうとするトレーダーが最も一般的に取引する通貨ペアです。USD/CHFは流動性も、ボラティリティも高いため、取引される頻度はEUR/CHFよりも低いですが、そのボラティリティゆえにデイトレーダーはEUR/CHFよりもUSD/CHFのほうを好む傾向があります（**図10.4**を参照）。実のところUSD/CHFは、EUR/USDとEUR/CHFから導出された合成通貨ペアにしかすぎません。マーケットメーカーやプロのトレーダーは、USD/CHF取引の先行指標として、または

図10.4 USD/CHFの5年間のチャート

出所＝www.eSignal.com

　USD/CHFの流動性が低い場合に現在水準を見極めるために、それらペアを利用する傾向があります。USD/CHFレートは理論的にはEUR/CHFをGBP/USDで割った値とぴったり一致することになります。USD/CHF独自の相場が出現するのは、イラク戦争や9.11など世界的なリスク回避の時期だけです。それらレート間にわずかでも差異が生ずれば、市場参加者がすぐに食らいつき、消滅してしまいます。

スイスの主要経済指標

KOF先行指数

　KOF（チューリッヒ工大経済観測所）先行指数は国際景気循環研

究センター（Swiss Institute for Business Cycle Research）によって発表されます。この指数はこの先のスイス経済の健全性を判断するために使用されます。6つの要素——①製造業者の受注状況の変化、②製造業者のこの先3カ月間の購買計画、③卸売業の株式に関する評価、④消費者による自らの財政状態の評価、⑤建設業者の受注残高、⑥製造業者の受注残高——から構成されています。

消費者物価指数

CPI（消費者物価指数）はスイスにおいて支払われた小売価格に基づき毎月計算されています。国際的な慣行に従い、国民勘定において個人消費として集計される財とサービスを計算に含めるなど、消費という概念に基づき選別されています。財のバスケットには、直接税、社会保障費、健康保険料などのいわゆる移転支出は含まれません。この指数はインフレに関する主要な指標です。

国内総生産

GDP（国内総生産）はスイス内の財とサービスの生産と消費の合計の指標です。GDPは世帯、企業、政府による支出と純海外購入を加算することによって算出されます。GDP価格デフレーターは現在価格で測られた生産を恒常ドルGDPへ換算するために使用されます。GDPはスイスが景気サイクルのどこにあるのかを見極めるために使用されます。急成長はインフレを誘発すると見られることが多く、低（またはマイナス）成長は景気後退または景気低迷を示唆します。

国際収支

国際収支はスイスによる海外との取引勘定に対する総称です。経常収支は貿易とサービスの部分における収支です。スイスは経常収支が常に強いため、CHFトレーダーにとって国際収支は重要な指標です。

プラスであれ、マイナスであれ、経常収支の変化は大きなフローを生む可能性があります。

鉱工業生産指数

鉱工業生産指数は、鉱工業生産の数量（または生産業者による物的生産量）に関する四半期ごとの変化を示す指標です。

小売売上高

スイスの小売売上高は、基準月の40日後に毎月発表されます。この統計は消費者の消費性向に関する重要な指標であり、季節調整されていません。

日本円（JPY）

日本経済の概要

日本は2004年GDPが4兆6000億米ドルの（米国とユーロ圏EMU全体に次ぐ）世界第3位の経済規模を有しています。単一国家としては第2位です。日本は世界最大の輸出国のひとつでもあり、年間5000億米ドル超の輸出を行っています。電子機器や自動車などの商品の生産と輸出は、GDPの20％近くを占める日本経済の象徴的な原動力です。貿易は一貫して黒字を続けているため、深刻な構造的欠陥を有しているにもかかわらず、日本円に対する内在的な需要が生まれています。輸出国であることとは別に、日本はモノの生産用原料の大きな輸入国でもあります。輸出と輸入の両面における日本の主な貿易相手は米国と中国です。中国は低価格を武器に日本の輸入市場において大きなシェアを占めています。貿易相手としての中国の重要性はますます高まっており、2003年には米国を抑えて日本最大の輸入元になっています。

主な輸出先
1．米国
2．中国
3．韓国
4．台湾
5．香港

主な輸入元
1．中国
2．米国
3．韓国
4．オーストラリア
5．台湾

日本のバブル崩壊

　日本経済を理解するには、まず日本のバブルとその崩壊の原因について理解することが必要です。
　1980年代、日本の金融市場はアジアに投資機会を求める国際投資家にとって最も魅力的な市場のひとつでした。アジア地域で最も発達した資本市場を持ち、その銀行システムは世界最強のひとつとみなされていました。当時日本はトレンドを上回る経済成長とゼロに近いインフレを経験していました。その結果、急成長への期待が生まれ、資産価格が押し上げられ、信用が急拡大し、資産バブルの形成へとつながりました。1990年から1997年にかけて資産バブルが崩壊し、資産価格が10兆米ドル下落しましたが、その65％を不動産価格の下落が占めました。それはGNP２年分に相当しました。その資産価格の下落

が日本における銀行危機の発端になりました。1990年代初頭に始まり、1997年に全面的なシステム危機に発展し、その後いくつもの大手金融機関が倒産しました。その銀行と金融機関の多くは1980年代の資産バブルの最盛時に土地を担保に建設業者や不動産開発業者に対する融資を拡大していきました。一部の開発業者は資産バブル崩壊後に倒産し、日本の銀行に大量の不良債権と一部ではローン時の60％から80％減の価値しかない担保を残しました。これらの銀行の規模と企業の資金調達における役割の大きさゆえに、この危機は日本経済と世界経済の両方に大きな影響を与えました。膨大な不良債権、株価の下落、不動産業界の崩壊が日本経済をほぼ20年間にわたり骨抜きにしたのです。

日本は銀行危機に加え、GDPの140％以上という先進国中最も高い水準の負債を抱えています。財政状態悪化と公的債務増大の結果、日本は10年間を超える不況を経験しました。この高い債務負担によって日本はいまだに流動性危機のリスクを抱えています。銀行業界が政府による救済策に大きく依存することになったため、JPYは政治の動向や金融財政政策の変更、救済策の提案をほのめかす政府要人の発言やその他のうわさにきわめて敏感です。

日本の金融財政政策当局──日本銀行

日本銀行（BOJ）は日本における主要な金融政策決定機関です。1998年日本政府は日銀にMOF（財務省、当時大蔵省）からの運営上の独立性を与える法律を通過させました。ところが、意思決定を分散化するという政府による試みにもかかわらず、外為政策の指揮権はいまだに財務省が握っています。日銀は財務省の指示に従って日本のすべての公式の外為取引を実施する責任を有しています。日銀の政策委員会は、日銀総裁、2人の副総裁、6人の審議委員の計9人で構成されています。金融政策会合は月に2回開催され、その直後にブリーフ

ィングとプレスリリースが提供されます。また『日本銀行政策委員会月報』と『金融経済統計月報』が発行されています。日本政府は常に成長を刺激するイニシアティブを求めているため、これらの報告書は日銀のセンチメントの変化や新しい金融財政政策のシグナルを探るのに重要です。

　財務省と日銀はきわめて重要な機関であり、いずれも通貨の動向に影響を与えることができます。財務省は外為介入のディレクターであるため、財務省要人による発言は常に把握しておくことが必要です。輸出主導の国であることから日本政府は円安を好む傾向があるため、JPYがUSDに対して著しく上昇したり、上昇速度が速すぎると、日銀と財務省の要人たちはJPYの水準や動きに関する懸念や不満を頻繁に口にするようになります。こうした発言によって相場が動く傾向がありますが、口先介入だけで実際の市場介入が実施されなければ、市場は反応しなくなることに注意する必要があります。とはいえ、財務省と日銀には、日本の利益をはかるために外為市場に介入してJPYの積極的な操作を行うという伝統と実績があるため、彼らの発言を完全に無視することはできません。日銀が金融政策をコントロールするために最もよく使用する手段が公開市場操作です。

公開市場操作

　公開市場操作の対象は無担保コール翌日物レートのコントロールが中心です。日銀はここしばらくゼロ金利政策を維持しています。それは、日銀が成長、消費、流動性を刺激するために金利をさらに引き下げることができないことを意味しています。結果、ゼロ金利を維持するためには、翌日物コールレートのゼロ金利を目標としながら公開市場操作を通じて流動性を操作することが必要になります。手形、レポ、または日本国債の現買いまたは現売りによって流動性を操作します。レポ取引では、資金調達者（借り手）が証券を資金提供者（貸し

手)へ売り、後日に同じ種類と数量の証券を買い戻すことが合意されます。この構造は、資金調達者が資金提供者に金利を支払わなければならない担保付きローンに似ています。これらレポ取引の満期は1日から数週間ときわめて短い傾向があります。

財政政策では、日銀は不良債権に対処するためにいくつかの手法を検討し続けています。それには、インフレ目標、民間銀行の部分的国有化、銀行不良債権の再パッケージ化による割引販売が含まれます。政策は決定されていませんが、日本政府はこれらを含む多様な代替策を積極的に検討しています。

JPYの主な特徴

●**アジア全体の代理指標** 日本はアジア最大のGDPを有する国であるため、アジア全体の相場基調を表す代理指標とみなされる傾向があります。最も発達した資本市場を有する日本は、かつてアジア地域での投資を考える投資家がまず手を出す市場でした。日本はアジア各国とも大きな額の貿易を行っているため、日本の経済問題や政治不安がほかのアジア諸国へ波及する傾向があります。しかしこの波及は一方通行ではありません。ほかのアジア諸国における政治経済的な問題も、日本経済ひいてはJPYの動きに劇的な影響を与えることがあります。例えばG7諸国のなかで韓国と最も結びつきが強いのが日本であるため、韓国の政情不安は日本とJPYにとって大きなリスクになります。

●**日本銀行による介入操作** 日銀と財務省は外為市場のきわめて積極的な参加者です。JPYの水準に不満があれば外為市場に入るというのが長年の伝統になっているのです。日本は政府要人たちと大手民間機関の幹部たちの結びつきが緊密な、きわめて政治的な経済であるため、財務省が強いJPYを引き下げようと決めるとき、きわめて狭いセグメ

ントを考慮して行っています。日銀はきわめて積極的な参加者であるため、市場の動きやほかの参加者たちに関してかなり通じています。日銀は各銀行から定期的に大口ヘッジファンドのポジションに関する情報を受け取り、投機筋と反対の立場で市場へ介入し、結果として投機筋に大きなチャンスを与えてしまう傾向があります。日銀と財務省による介入の背景には一般的に3つの主な要因があります。

1．JPYの上昇と下降の幅　歴史的に見ると、介入は円が6週間以内に7円以上動いた場合行われてきました。USD/JPYをバロメーターとして使用すると、7円は700ピップス、例えば117.00から125.00の動きに相当します（**図10.5**を参照）。
2．USD/JPYのレート　歴史的に見ると、円高対策のために日銀によって実施された介入で115水準よりも上で実施されたのは全体のわずか11％にしかすぎません。
3．投機的ポジション　介入の効果を最大限に利用するために、日銀と財務省は市場参加者たちが反対方向のポジションを保有している場合に介入します。市場参加者のポジションについては、CFTC（全米先物取引委員会）ウエブサイトの http://www.cftc.gov/ でIMM（国際通貨先物市場）ポジションを見て判断することができます。

●JPYの動きは時期、時間帯に敏感　輸出業者がドル建て資産を引き揚げるため、日本の会計年度末（3月31日）が近づくとJPYクロスの動きがきわめて活発になることがあります。これは日本の各銀行にとって特に重要です。なぜなら、FSA（金融サービス機構）のガイドラインに従って、保有証券を値洗いし、貸借対照表を作り直す必要があるからです。本国送金のためのJPY購入ニーズを期待して、投機筋がこの流入増大に乗じようとJPYを高めに指値することもよくあります。そのため、年度末後に投機筋がそのポジションを手仕舞いする

図10.5　USD/JPYの5年間のチャート

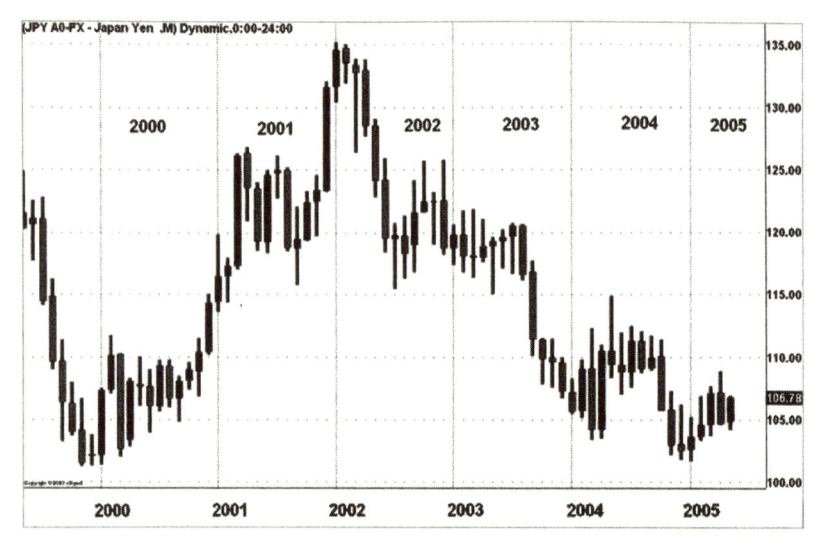

出所＝www.eSignal.com

につれてJPYが下落していく傾向があります。

　会計年度末以外に時間帯も日常的に重要な要素になります。ランチもそれぞれのトレーディングデスクで済ませてしまうのがふつうのロンドンやニューヨークのトレーダーたちとは異なり、日本のトレーダーは米国東部標準時の午後10時から午後11時までの１時間、オフィスには若手のトレーダーたちだけを残してランチに出かけてしまうことが多いのです。結果、日本のランチタイムは流動性がきわめて高くなり、ボラティリティが高まることがあります。その時間帯を別にすれば、日本タイムとロンドンタイム中、突然の発表や政府要人の発言や驚くような経済指標が発表されないかぎり、JPYはかなり整然と推移する傾向があります。しかし米国タイム中に米国トレーダーがUSD

とJPYの両方のポジションを積極的に取り始めると、JPYのボラティリティが高まる傾向があります。

●**銀行株の注目度が高い**　日本の経済危機の核心が日本の銀行の不良債権問題から発していることから、銀行株が外為市場参加者によって注視されています。銀行による不履行の可能性、期待はずれの決算、膨大な不良債権に関する新たな報告などがあれば、日本経済の問題がさらに根深いものであることを示すことになります。そのため銀行株の動きがJPYの動きを先導することがあります。

●**キャリートレード効果**　投資家は常に利回りの高い資産を求めているため、近年キャリートレードの人気が著しく高まっています。JPYは先進国中最低クラスの金利であり、キャリートレードで売却（または借り入れ）される主要な通貨になっています。最も人気のあるキャリートレード通貨ペアとしては、GBP/JPY、AUD/JPY、NZD/JPY、さらにはUSD/JPYがあります。キャリートレーダーは利回りの高い通貨に対してJPYをショートします。スプレッドが狭まりキャリートレードと反対の取引が行われると、JPYは上昇します。なぜなら、反対の取引ではほかの通貨に対してJPYが買われるからです。

日本の主要経済指標

以下の経済指標はいずれも重要です。しかし日本は製造業を基盤とした経済であるため、製造業の数値に特に注意を払うことが重要です。

国内総生産

GDP（国内総生産）は、日本国内の四半期または1年間にわたり測定された財とサービスの生産と消費の合計に関する広義の指標です。GDPは世帯、企業、政府による支出と純海外購入を加算することによって算出されます。GDP価格デフレーターは現在価格で測られた

生産を恒常ドルGDPへ換算するために使用されます。外為市場参加者にとっては速報値が最も重要です。

日銀短観

短観（企業短期経済観測調査）は、年に4回（2月、5月、8月、11月）発表される日本企業を対象とした短期経済調査です。この調査では、大企業、中堅企業、中小企業の3つの規模区分（さらに製造業・非製造業の2区分）からなる9000社を超える企業が対象となります。この調査は日本における全般的な景況感を示すため、外為市場参加者によって注目され、予想されています。

国際収支

国際収支は、財、サービス、投資所得、資金フローを含む日本の国際的な経済取引に関する情報を提供します。国際収支のうちの経常収支が国際貿易の優れた尺度として最もよく使用されています。月ごと、四半期ごとに公表されています。

雇用

雇用関係の統計は総務省によって毎月発表されています。雇用統計は日本全体の被雇用者数と失業率の指標です。統計は労働力の統計調査を通じて得られます。公表は適時に行われ、経済活動の先行指標として重要であるため、注目度の高い経済指標です。

鉱工業指数

鉱工業指数は、日本の製造業、鉱業、公益事業会社の生産トレンドに関する指標です。生産とは生産された品目の総量を指します。同指数は日本における国内販売と輸出のための財の生産を網羅しています。農業、建設、交通、通信、貿易、金融、サービスの各産業における生

産、政府生産、輸入は含まれません。鉱工業生産指数は基準期間中の相対的重要性に従って各構成要素に重みを加えて作成されます。マーケットは同指数と在庫積み増しが総生産との間に強い相関があり、経済の現状に関する良いヒントが得られると感じています。

オーストラリアドル（AUD）

オーストラリア経済の概要

オーストラリアはアジア太平洋地域においてGDPで第5位の国です。2004年のGDPは約7500億米ドルでした。経済規模は比較的小さいものの、1人当たりGDPでは多くの西欧先進国に匹敵します。オーストラリアはサービスを基盤とする経済であり、GDPの79％が金融、不動産、ビジネスサービスなどの産業から出ています。一方、貿易は赤字を抱えており、輸出は一次産品が主力です。農産物と鉱産物の輸出が商品輸出全体の60％以上を占めています。そのためオーストラリア経済はコモディティ価格の変化にきわめて敏感です。主要貿易相手国の不況や急成長はオーストラリアの輸出入需要に影響を与えるため、オーストラリアの主要貿易相手国を認識しておくことが重要です。

主な輸出先

1．日本
2．米国
3．中国
4．ニュージーランド
5．韓国
6．英国

主な輸入元
1．米国
2．日本
3．中国

　日本とASEAN（東南アジア諸国連合）諸国がオーストラリア産品の主要な輸入地域です。ASEANには、ブルネイ、カンボジア、インドネシア、ラオス、マレーシア、ミャンマー、フィリピン、シンガポール、タイ、ベトナムが含まれます。このことからオーストラリア経済がアジア太平洋地域諸国のパフォーマンスにきわめて敏感であることが論理的に想定できます。ところがアジア危機の時期に、そのアジアが中心的な輸出先であるにもかかわらず、オーストラリアは1997年から1999年にかけて平均年率4.7％の成長を達成しています。オーストラリアは国内消費という強力な基盤に支えられてその勢いを維持し、アジア危機を乗り越えることができたのです。消費は1980年代以降着実に増大しています。そのため、個人消費は、世界的な景気後退の時期に、オーストラリアの国内消費に対する景気後退の影響を見極めるために注視すべき重要な指標です。

オーストラリアの金融財政政策当局——RBA

　RBA（オーストラリア準備銀行［Reserve Bank of Australia］）はオーストラリアの中央銀行です。中央銀行内の理事会は、総裁（議長）、副総裁（副議長）、大蔵次官、それに政府から任命された6人の独立メンバーから構成されます。金融政策の変更は同理事会の総意に基づき決定されます。

中央銀行の目標

RBA憲章では、下記の事項の確保に金融・銀行政策の重点を置くことが準備銀行理事会の役割として規定されています。
- オーストラリア通貨の安定
- オーストラリアにおける完全雇用の維持
- オーストラリア国民の経済的繁栄と福祉

上記の目的を達成するために、年率2～3％の消費者物価インフレ目標が政府によって非公式に設定されています。RBAは、長期的に持続可能な経済成長を達成するための鍵は、通貨の価値を守ること、つまりインフレ抑制にあると考えています。これに加え、インフレ目標は金融政策決定に関する規律と民間セクターによるインフレ期待に対するガイドラインも提供します。さらにRBAの活動の透明性も向上させます。インフレもしくはインフレ期待がその2～3％の目標を超えた場合、RBAは警戒態勢に入り、金融引き締め、つまりさらなる利上げに動くことを知っていることが必要です。

金融政策の決定には金融市場における翌日物金利の設定が含まれます。オーストラリア経済におけるその他の金利は、程度の差こそあれこの金利の影響を受けるため、金融市場における借り手と貸し手の振る舞いは（金融政策だけではないにしても）金融政策の影響を受けます。金融政策はこれらチャネルを通じて前述した目標に向けて経済に影響を与えます。

キャッシュレート

キャッシュレート（短期市場金利）はRBAの公開市場操作においてターゲットとなる金利です。キャッシュレートは金融機関間で翌日物に課せられる金利です。そのためキャッシュレートは金融市場の各種実勢金利と緊密な関係があります。金融政策の変更は金融システ

図10.6　AUD/USDと利回り格差

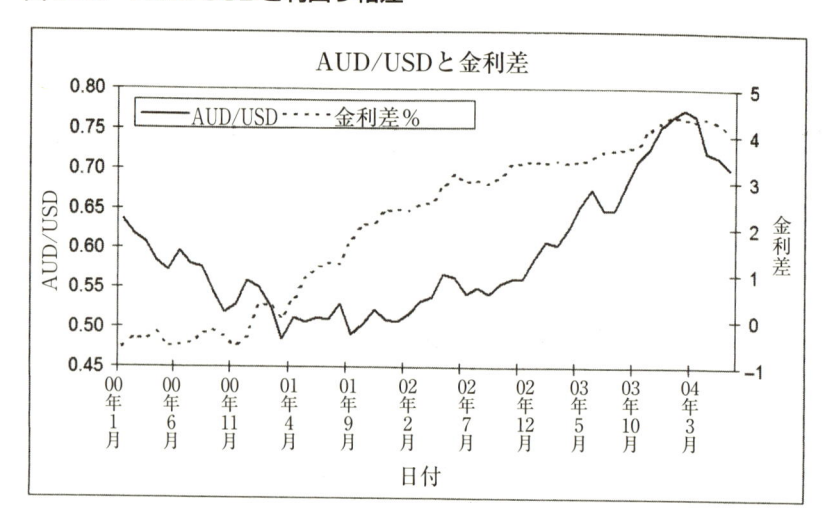

AUD/USDと金利差

ムの金利構造に直接影響を与え、為替におけるセンチメントに影響を与えます。**図10.6**のチャートは、オーストラリアと米国の金利差とAUD/USDの動きを示しています。大まかに見れば、金利差と為替の動きには正の相関が明確に存在します。ちなみに、1990年から1994年の間、オーストラリアは17％の高金利から4.75％へと劇的な利下げを行い、AUD/USDの急落を招きました。別のシナリオが2000年から2004年の間に見ることができます。当時オーストラリアは利上げ、米国は利下げを行いました。この金融政策の相違がその先5年間にわたるAUD/USDのきわめて強い上昇につながりました（**図10.7**を参照）。

キャッシュレートの維持――公開市場操作

　日々の公開市場操作の狙いは、金融市場を通じて商業銀行へ提供される流動性を管理することでキャッシュレートをターゲット近くに維

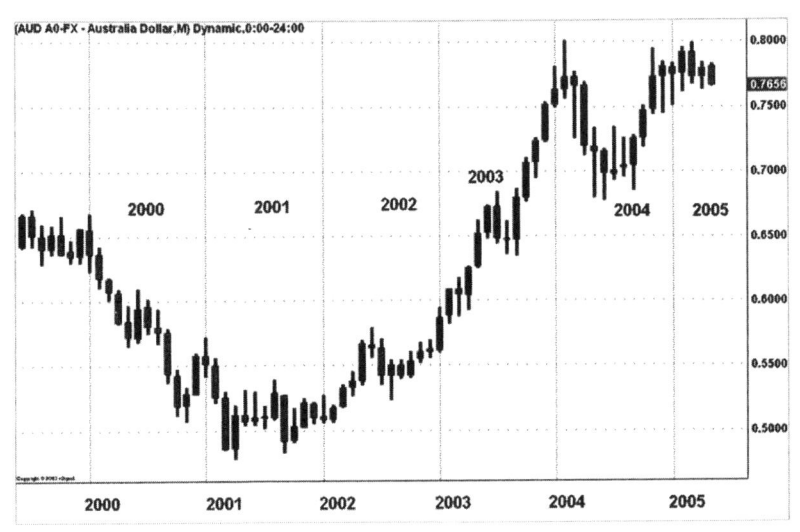

図10.7　AUD/USDの5年間のチャート

出所＝www.eSignal.com

持することにあります。RBAがキャッシュレートを下げたいと考えた場合、実勢短期市場金利よりも低い金利の短期のレポ取引の供給を増やすことによってキャッシュレートを引き下げます。RBAがキャッシュレートを上げたいと考えた場合、短期のレポ取引の供給を減らすことによってキャッシュレートを引き上げます。レポ取引では、資金調達者（商業銀行）が証券を資金提供者（RBA）へ売り、後日に同じ種類と数量の証券を買い戻すことに合意します。この構造は、資金調達者が資金提供者に金利を支払わなければならない担保付きローンに似ています。これらレポ取引の満期は1日から数週間ときわめて短い傾向があります。

　オーストラリアは1983年から変動相場制へ移行しています。RBA

は、マーケットのボラティリティが過度になるおそれがある場合や為替レートが経済のファンダメンタルズと明らかにかけ離れている場合に、市場介入を行うことがあります。RBAは貿易加重指数や米ドルに対するクロスレートを監視してます。介入操作は、為替レート目標に合わせることよりも、市場環境の安定を常に狙いとしています。

金融政策決定会合（定例理事会）

RBAは毎月（1月を除く）の第1火曜日に金融政策の変更の必要性に関して議論するために会合を開催します。会合後、RBAは金融政策変更の理由を概説したプレスリリースを発行します。金利変更がない場合は発行されません。RBAは『RBA月報（Reserve Bank Bulletin）』を発行しています。RBA月報の5月号と11月号には、金融政策実施に関する半期声明が掲載されています。2月号、5月号、8月号、11月号には、経済と金融市場に関する四半期報告が含まれています。金融政策変更の可能性を探るためにこれらのRBA月報に目を通しておくことが重要です。

AUDの主な特徴

●**コモディティに連動した通貨**　AUDはコモディティ価格、もっと具体的には金の価格と歴史的にきわめて強い相関（約80％）があります。その相関はオーストラリアが世界第3位の金の産出国であり、毎年約50億ドルの金を輸出しているという事実に由来します。そのためAUDはコモディティ価格が上昇すると上昇します。もちろん逆にコモディティ価格が下がれば一緒に下がります。コモディティ価格が強気の場合、インフレ懸念が現れ始め、RBAはインフレを抑制するために利上げに傾きます。しかし金価格は世界的に政治経済状況が不確実な時期に上昇する傾向があるため、これは慎重を要する問題です。

そのような状況でRBAが利上げを実施すると、海外からの影響に対するオーストラリアの脆弱性が増大してしまうからです。

●**キャリートレード効果**　オーストラリアは先進国中最も高金利の国のひとつです。流動性のかなり高い通貨であるAUDは、キャリートレードで使用される最もポピュラーな通貨のひとつです。キャリートレードでは高金利通貨の買い（または貸し出し）と低金利通貨の売り（または借り入れ）が行われます。キャリートレードの増大によってAUDは2001年から2005年の間に対米ドルで57％上昇しました。株式投資によるリターンが低かっため、多くの海外投資家が高い利回りを探し求めていました。しかしキャリートレードは利回り上の優位性が実際に存在している間しか続きません。世界各国の中央銀行が利上げを実施し、オーストラリアとの金利差が縮まれば、AUD/USDはキャリートレーダーの集団脱出によって打撃を受ける可能性があります。

●**干ばつの影響**　輸出の大半がコモディティであるため、オーストラリアのGDPは農業に打撃を与える可能性のある厳しい気象条件に対してきわめて敏感です。例えば2002年は深刻な干ばつに見まわれ、オーストラリアにとってとりわけ困難な年になりました。その干ばつは農業に大きな損害を与えました。農業はGDPの３％に相当することから、この問題は重要です。RBAは「農業生産の減少によってGDP成長率が１％前後低下する可能性がある」と推定しています。干ばつは農業以外のオーストラリア経済の側面にも間接的な影響を与えます。卸売りや輸送セクターなど、農業に対してモノやサービスを供給している各産業、そして農業地域における小売業も干ばつによってマイナスの影響を受けます。とはいえ、オーストラリア経済は歴史的に干ばつからの復元力が強いという事実に注目する必要があります。1982年から1983年の干ばつによってGDP成長が１〜1.5％低下しましたが、その後回復してます。1991年から1995年の干ばつでは、1991年から1992年と1994年から1995年にGDPが0.5〜0.75％低下しましたが、その

後0.75％上昇しています。

●**金利差** オーストラリアのキャッシュレートとほかの先進諸国の短期金利利回りとの金利差も、AUDトレーダーが注目すべきポイントです。これらの金利差は先行きの資金フローに関する優れた指標になります。なぜならAUD建ての短期債券が海外の短期債券資産に対して、またはその逆に海外の短期債券資産がAUD建ての短期債券に対して、いくらのプレミアム利回りを提供しているかを示しているからです。投資家は常に最も高い利回りを提供する資産を探し求めているため、この金利差は先行きの為替動向に関する指標になります。世界各国の債券間の金利差に基づきポジションを組み替えるキャリートレーダーにとって特に重要です。

オーストラリアの主要経済指標

国内総生産

GDP（国内総生産）はオーストラリア内の財とサービスの生産と消費の合計を表す指標です。GDPは世帯、企業、政府による支出と純海外購入を加算することによって算出されます。GDP価格デフレーターは、現在価格で測られた生産を恒常ドルGDPへ変換するために使用されます。この指標はオーストラリアが景気循環のどこにあるかを判断するために使用されます。急成長はしばしばインフレを誘発すると見られ、低（またはマイナス）成長は景気後退または景気低迷を示唆します。

消費者物価指数

CPI（消費者物価指数）は、CPI母集団（つまり都市部世帯）による支出の高い割合に相当する財とサービスからなるバスケット価格の四半期変化に関する指標です。そのバスケットには、食品、住宅、教

育、交通、医療を含む、広範な財とサービスが盛られています。金融政策の変更はインフレの指標であるこの指数に基づいて行われるため、注視すべき重要な指標です。

貿易収支

貿易収支（財とサービスの収支）は、国際収支上での財とサービスに関するオーストラリアの国際貿易に関する月次指標です。一般商品の輸出入は主としてオーストラリア税関局の記録に基づく国際貿易統計から取られています。経常収支は貿易とサービスの部分に関する収支です。

個人消費

個人消費は世帯と世帯に対する民間非営利サービス生産者による経常支出を反映した国民勘定指標です。これには耐久財と非耐久財の購入が含まれています。しかし個人による住宅の購入と非法人企業による資本的支出は含まれません。個人消費つまり消費者消費はオーストラリア経済の復元力の基礎であるため、注視すべき重要な指標です。

生産者物価指数

PPI（生産者物価指数）は、国内生産者の販売価格の平均変化を表す指標です。PPIは、農業、電力と天然ガス、林業、漁業、製造業、鉱業を含む、国内経済のほぼすべての財生産セクターにおける価格の推移を追跡します。外為市場は、季節調整済み最終財PPIと、月・四半期・半期・年間の各期間で同指数がどのように反応したかを重視する傾向があります。オーストラリアのPPI統計は四半期ごとに公表されています。

ニュージーランドドル（NZD）

ニュージーランド経済の概要

　ニュージーランドは2004年GDP約860億米ドルのきわめて小さな国です。ちなみに本書発行時におけるその人口はニューヨーク市の半分にも足りません。かつてはOECD（経済協力開発機構）で規制の最も厳しい国のひとつでしたが、この20年間で、より開放的で、より現代的で、より安定した経済へと移行してきました。1994年財政節度法（Fiscal Responsibility Act）の通過によって、栽培農法共同体から、高い技能、高い雇用、高い付加価値生産に基づく先進的な知識ベースの経済を目指す社会へと移行しています。この法律によって、政府が大衆に対してその財政収支に関して公式に責任を持つという法的基準が定められています。また同国のマクロ経済政策に関する枠組みも定められています。以下は財政節度法に規定されている原則です。

● 毎年財政黒字を達成することによって、債務を常識的な水準まで削減しなければならない
● 債務を常識的な水準まで削減し、政府は支出を収入よりも低く抑えなければならない
● 将来の事態の悪化に備えるために、十分な水準の政府純資産を構築し、維持しなければならない
● 合理的な課税政策を採用しなければならない
● 政府が直面している財政リスクに慎重に対処しなければならない

　ニュージーランドには高度に発達した製造とサービスセクターもありますが、農業が輸出の大部分を担っています。経済は貿易に大きく基盤を置いており、財とサービスの輸出がGDPの約3分の1を占め

ています。経済規模が小さく、貿易が重要であることから、ニュージーランドは世界の景気、とりわけ主要な貿易相手国であるオーストラリアと日本の景気にきわめて敏感です。オーストラリアと日本を合わせた貿易額は全体の30％に相当します。アジア危機の期間、輸出需要の減少、加えて農業と関連生産を減少させた連続２回の干ばつによって、GDPは1.3％減少しました。ニュージーランドの最も重要な貿易相手は以下のとおりです。

主な輸出先
1．オーストラリア
2．米国
3．日本

主な輸入元
1．オーストラリア
2．米国
3．日本

ニュージーランドの金融財政政策当局——RBNZ

　RBNZ（ニュージーランド準備銀行［Reserve Bank of New Zealand］）はニュージーランドの中央銀行です。金融政策委員会は、金融政策を週１回の頻度で検討する銀行幹部たちによって構成される内部委員会です。金融政策の変更を決定するための会合は年に８回、つまり約６週間ごとに開かれます。ほかの多くの中央銀行と異なり、金利変更の決定は最終的にはRBNZ総裁によって行われます。大臣と総裁によって設定された現在の政策目標協定は、政策の安定性を維持し、生産、金利、為替レートの不要な不安定性を回避することに重点

が置かれています。物価の安定とは、CPIインフレを年率1.5％に維持することを指しています。RBNZがこの目標を達成しないと、政府はRBNZ総裁を解任することができますが、実際に行われることはめったにありません。このことはRBNZにとって、インフレ目標を達成するための強いインセンティブとして機能します。RBNZが金融政策の変更を実現するために使用する最も一般的な手段は以下のとおりです。

オフィシャル・キャッシュ・レート

　OCR（オフィシャル・キャッシュ・レート）は金融政策を実施するためにRBNZによって設定される金利です。RBNZはオーバーナイトキャッシュをOCRの0.25上で貸し出し、OCRよりも0.25下で預金の受け入れまたは金利の支払いを行います。商業銀行の流動性コストをコントロールすることによって個人と企業へ提供される金利に影響を与えることができます。その結果、銀行間オーバーナイトレート（翌日物金利）の上限、下限を設定する0.50の"回廊"が効果的に形成されます。理屈はこうです。どこかの銀行がその上限を上回る金利で資金を提供しても、その金利を受け入れる相手はほとんどいません。なぜならもっと低いコストでRBNZから借りられるからです。下限を下回る金利を提供しても受け入れる相手はほとんどはいません。なぜならRBNZが提供する利回りよりも低いからです。オフィシャル・キャッシュ・レートは経済の安定性を維持するために発表され、操作されているのです。

財政政策の目標

　キャッシュターゲットを達成するために公開市場操作が使用されています。キャッシュターゲットとは登録銀行が保有する準備額の目標です。現在の目標は2000万NZドルです。RBNZはキャッシュターゲットに関する日々の変動を予測し、その予測を使用してキャッシュタ

ーゲットを達成するために注入もしくは撤収する資金額を決定します。下記のニュージーランド大蔵省の目標は、金融政策手段に関するガイドラインを提供します。

●**支出**　支出は、将来のNZS（国民年金）コストに対する負担金の算出基準期間にわたり、平均でGDP比35％前後になるでしょう。将来のNZSコストに見合う財源を蓄積中の支出と負担金の合計はGDP比35％前後になるでしょう。長期的には、NZSコストのための引き出し分差し引き後の支出はGDP比35％前後になるでしょう。
●**収入**　財政収支目標を達成するために十分な収入を上げる（公正かつ効率的な方法によって収入を上げる頑健かつ包括的な税）。
●**収支差額**　将来のNZSコストの分担金要件を満たし、借入金目標との一貫性を確保するために十分な財政余剰を景気変動にかかわらず平均で達成する。
●**借入金**　債務総額を景気変動にかかわらず平均でGDP比30％未満に抑える。将来のNZSコストに見合う資産を除外した純負債は、景気変動にかかわらず平均でGDP比20％未満に抑える。
●**純資産**　財政収支目標に合わせて純資産を増やす。これは将来のNZSコストに見合う資産を蓄積することによって達成される。

NZDの主な特徴

●**AUDとの強い相関**　オーストラリアはニュージーランドの最大の貿易相手です。両国の地理的な近さ、そしてニュージーランド経済が貿易を強く志向していることと相まって、両国経済の間には強い結びつきがあります。オーストラリア経済が好調で、オーストラリア企業が輸入を増やした場合、その恩恵を真っ先に受ける国のひとつがニュージーランドです。現実に1999年以来オーストラリア経済はきわめて

図10.8　AUD/USDとNZD/USDのチャート

AUD/USDとNZD/USD

好調、住宅市場が活況を呈し、建築用品の輸入を増加させる必要性が生じました。その結果1999年から2002年のオーストラリアのニュージーランドからの輸入額が10％増加することになりました。**図10.8**はこれら２つの通貨ペアが互いに完璧に近い鏡映像を描いていることを示しています。過去５年間、これら２つの通貨ペアには約97％の正の相関がありました。

●**コモディティに連動した通貨**　ニュージーランドは輸出を原動力とした経済であり、コモディティが輸出の40％以上を占めています。そのためNZDとコモディティ価格には50％の正の相関があります。つまりコモディティ価格が上昇すると、NZDも上昇バイアスを持つことになります。AUDとNZDとの相関は、コモディティに連動した通貨としてのNZDの特徴をさらに強いものにしています。とはいえ

NZDとコモディティ価格との相関の原因はニュージーランド自体のコモディティ貿易に限定されていません。オーストラリア経済のパフォーマンスもコモディティ価格と高い相関があるため、コモディティ価格が上昇するとオーストラリア経済が恩恵を受け、ニュージーランドとの貿易を含む、あらゆる側面での活動が増大します。

●**キャリートレード** 先進国中最も高い金利のひとつであるNZDは、伝統的にキャリートレードにおいて買われる最もポピュラーな通貨のひとつです。キャリートレードでは、高金利通貨の買い（または貸し出し）と低金利通貨の売り（または借り入れ）が行われます。キャリートレードの広がりは、多数のトレーダーが高い利回りを得る機会を探し求めることになるため、NZDを押し上げる役割を果たしてきました。しかし同時にNZDを金利の動向にきわめて敏感な通貨にもしたのです。つまり米国が利上げを開始したときにニュージーランドが金利を据え置くか、切り下げた場合、キャリートレード上のNZDの優位性は低下することになります。そのような状況では、投機筋がキャリートレード・ポジションを反転させるという圧力をNZDが受ける可能性があります（**図10.9**を参照）。

●**金利差** ニュージーランドのキャッシュレートとほかの先進諸国の短期金利利回りとの金利差は、NZDのプロトレーダーたちによって熱心に注視されています。その金利差はNZD建ての短期債券が海外の短期債券に対して、またはその逆に海外の短期債券がNZD建ての短期債券に対して、いくらのプレミアム利回りを提供しているかを示しているため、先行きの資金フローに関する優れた指標になります。投資家は常に最も高い利回りの資産を探し求めているため、その金利差は先行きの通貨の動向に関する指標をトレーダーに提供します。そのため世界の債券の金利差に基づきポジションを組み替えるキャリートレーダーにとって特に重要です。

●**人口移動** 前述したように、ニュージーランドの人口はニューヨー

図10.9　NZD/USDの5年間のチャート

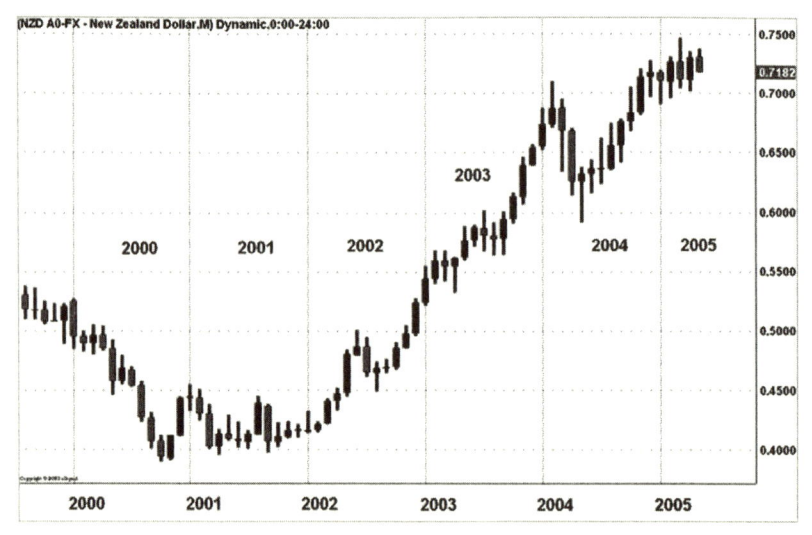

出所＝www.eSignal.com

ク市の人口の半分に満たないほどきわめて少数です。そのため同国への移住の増大は経済に著しい影響を与える可能性があります。2001年から2002年におけるニュージーランドの人口増加は1700人であったのに対して、2002年から2003年には3万7500人増加しました。この数字は絶対値としては小さく思えますが、ニュージーランドにとってはかなり大きな数字です。現実として、この人口増加は経済のパフォーマンスに著しい貢献を果たしています。なぜなら人口が増加すれば、家財に対する需要が増加し、全体的な消費の増加につながるからです。

●**干ばつの影響**　ニュージーランドの輸出の大半がコモディティであるため、GDPは農業に打撃を与える可能性のある厳しい気象条件に対してきわめて敏感です。1998年における干ばつコストは5000万ドル

を超えました。これに加えて干ばつは最大の貿易相手であるオーストラリアでもきわめて頻繁に発生しています。オーストラリアにおける干ばつコストはGDPの1％に達し、ひいてはニュージーランドにもマイナスの影響を与えています。

ニュージーランドの主要経済指標

ニュージーランドは経済指標を頻繁には公表していませんが、以下の各指標が最も重要です。

国内総生産

GDP（国内総生産）は、ニュージーランド国内の財とサービスの生産と消費の合計に関する四半期指標です。GDPは、世帯、企業、政府による支出と純海外購入を加算して算出されます。GDP価格デフレーターは、現在価格で測られた生産を恒常ドルGDPへ換算するために使用されます。この統計はニュージーランドが景気循環のどこにあるかを判断するために使用されます。急成長はしばしばインフレを誘発すると見られ、低（またはマイナス）成長は景気後退または景気低迷を示します。

消費者物価指数

CPI（消費者物価指数）は、CPI母集団（つまり都市部世帯）による支出の高い割合に相当する財とサービスが盛られたバスケット価格の四半期変化に関する指標です。バスケットには、食品、住宅、教育、交通、医療を含む、広範な財とサービスが盛られています。金融政策の変更はインフレの指標であるこの指数に基づき行われるため、注視すべき主要な指標です。

貿易収支

ニュージーランドの貿易収支（財とサービスの収支）は、海外との財、サービス、所得、移転に関する取引額、そしてニュージーランドの海外に対する金融的請求権（資産）と海外に対する負債の変化に関する記録です。ニュージーランドの対外資産負債残高は、特定の時点における同国の対外金融資産と対外金融負債の残高を示します。

個人消費

個人消費は世帯と世帯に対する民間非営利サービスの生産者による経常支出を反映した国民勘定指標です。これには耐久財と非耐久財の購入が含まれますが、個人による住宅の購入と非法人企業による資本的支出は含まれません。

生産者物価指数

PPI（生産者物価指数）は、国内生産者による取引価格の平均変化を表す指標です。PPIは、農業、電力と天然ガス、林業、漁業、製造業、鉱業を含む国内経済にあるほぼすべての財の生産業における価格変化を追跡します。外為市場は、季節調整済み最終財PPIと同指数が月、四半期、半期、年間の各期間でどのように反応するかを重視する傾向があります。ニュージーランドのPPI統計は四半期ベースで公表されます。

カナダドル（CAD）

カナダ経済の概要

カナダは2004年GDPが9800億米ドルの経済規模で世界第7位の国です。1991年以来一貫して成長を続けています。初期の経済発展が天

然資源の利用と輸出に依存していたため、一般には資源を基盤にした経済であると理解されています。現在、金では世界第5位、原油では世界14位の生産国ですが、実際にはGDPの3分の2近くがサービスセクターから生じており、カナダ人の4人に3人がサービスセクターに従事しています。サービスセクターの強さは、企業がサービスの大きな部分を外注する傾向に一因があります。これには製造会社が配送サービスを輸送会社へ外注していることなどが含まれていると考えられます。とはいえ、製造業と資源がカナダ経済にとってきわめて重要であることに変わりありません。なぜなら、製造品と資源が輸出の25％以上を占め、いくつかの州では主たる収入源になっているからです。

　カナダ経済は、米ドルに対する通貨の切り下げと1989年1月1日に発効したFTA（自由貿易協定）によって発展し始めました。FTAによって米国とカナダ間の貿易関税がほぼ取り除かれ、その結果、カナダは現在その財の85％以上を米国へ輸出しています。1994年1月1日にメキシコの参加によってNAFTA（北米自由貿易協定）が誕生し、さらに高度な協定によってこれら三国間の貿易関税がほぼ撤廃されました。米国との貿易関係が緊密であるため、カナダは米国経済の状態にとりわけ敏感です。米国経済の調子があやしくなると、カナダの輸出に対する需要が打撃を受けることになります。同じことは逆のシナリオでもいえます。米国経済が堅調に成長すれば、カナダの輸出も恩恵を受けることになります。以下は、カナダの主な貿易相手です。

主な輸出先

1. 米国
2. ユーロ圏
3. 日本
4. 英国
5. 中国

主な輸入元

1．米国
2．中国
3．メキシコ
4．日本
5．英国

カナダの金融財政政策当局——BOC

　カナダの中央銀行（カナダ銀行［Bank of Canada］）はBOCと呼ばれています。BOC理事会は、金融政策の決定を行います。この理事会は総裁と副総裁6人の計7人で構成され、金融政策の変更に関して議論するために年に約8回招集されます。また年に2回『マネタリー・ポリシー・レポート（Monetary Policy Report)』を発行しています。

中央銀行の目標

　BOCの焦点は「通貨の品位と価値」の維持にあります。これは主として物価の安定を意味します。物価の安定は大蔵省と合意したインフレ目標を守ることによって維持されます。インフレ目標は現在1～3％に設定されています。BOCは、高インフレはカナダ経済の機能を損ない、一方、低インフレは物価安定と等しく、長期的に持続可能な経済成長を促すことができると考えています。BOCは短期金利を通じてインフレを抑制しています。インフレが目標を上回っていれば金融引き締めを実施し、目標を下回っていれば金融緩和を行います。BOCは1998年以来全体としてインフレを目標の範囲内に維持するという見事な実績を上げています。
　BOCはMCI（Monetary Condition Index）という指標を使用して

金融情勢を評価しています。MCIは90日物短期金利と6通貨に対する為替レートを貿易加重平均して算出されます。金利と為替レートの加重比は3対1です。それが、過去の研究に基づく為替レートに対する金利変動に影響を与えます。つまり短期金利の1％上昇は、貿易加重平均による実効為替レートの3％上昇と等しいことを意味します。BOCは金融政策を変更するために、為替レートに影響を与える短期金利を操作します。為替レートが望ましくない水準まで上昇したら、金利を引き下げてその上昇分を相殺することができます。為替レートが下落したら、金利を引き上げることで対応できます。しかし金利の変更は為替レートを操作する目的では使用されてはおらず、インフレ抑制のために使用されています。BOCが金融政策を実施するために最も一般的に使用する手段は以下のとおりです。

バンクレート

バンクレート（BOCが定める翌日物金利）はインフレ抑制のために使用される主な金利であり、BOCが商業銀行に対して課す金利です。この金利を変更すると、商業銀行が設定する住宅ローン金利や最優遇貸付金利（プライムレート）など、ほかの金利に影響を与えることになります。そのためこの金利の変更は経済全体に波及することになります。

公開市場操作

LVTS（大口ネット決済システム［Large-Value Transfer System］）はBOCが金融政策を実施するための枠組みです。この枠組みを介してカナダの商業銀行は日々の取引のための資金として翌日物を互いに貸し借りします。LVTSは金融機関が大口取引を行う電子的なプラットフォームです。この翌日物ローンに課せられる金利は、翌日物金利（オーバーナイトレート）もしくはバンクレートと呼ばれます。

翌日物貸出金利が目標よりも上（または下）で取引されている場合、BOCは現在市場金利よりも低い（または高い）貸出金利をオファーすることによって翌日物金利を操作することができます。

　BOCは注視すべきいくつかの刊行物を定期的に発行しています。経済の現状とインフレの影響に関する評価が掲載される『マネタリー・ポリシー・レポート（Monetary Policy Report）』が年2回、そして経済解説、特集記事、BOC理事会メンバーによる講演、重要な発表が掲載される『バンク・オブ・カナダ・レヴュー（Bank of Canada Review）』が四半期ごとに発行されています。

CADの主な特徴

●**コモディティに連動した通貨**　カナダの経済はコモディティに大きく依存しています。前述したようにカナダは世界第5位の金の生産国、世界第14位の原油の生産国です。カナダドルとコモディティ価格との正の相関はほぼ60％あります。コモディティ価格が強気の場合は国内生産者にとって有利になり、輸出による所得が増加します。ただし注意すべきことは、強気のコモディティ価格がやがて米国などの海外需要に悪影響を与え、カナダの輸出に対する需要を削減させる可能性があることです。

●**米国との強い相関**　米国はカナダからの輸出の85％を輸入しています。カナダは1980年代以降、米国に対して財の貿易（貿易収支）で黒字を出し続けています。米国に対する経常黒字は2003年に過去最高の900億ドルに達しました。米国からの堅調な需要と強気のエネルギー価格によって、2001年のエネルギー輸出額は過去最高の約360億ドルに達しました。それだけにカナダ経済は米国経済の変化にきわめて敏感です。米国経済が加速すると、カナダ企業との貿易が増加し、経済全体のパフォーマンスに恩恵を与えます。一方、米国経済が減速する

と、米国企業が輸入を減らすため、カナダ経済は著しい打撃を受けることになります。

●**合併買収**　米国とカナダは地理的に隣接しているため、世界的に企業のグローバル化が進むなかで、国境を越えたM&Aがきわめて日常的に行われています。M&Aは2国間の資金フローにつながり、ひいては通貨に影響を与えます。ちなみに2001年におけるカナダのエネルギー企業の大型買収によって、米国企業がカナダに250億ドルを注入することになりました。米国企業は買収資金用にUSDを売り、CADを買う必要があったため、USD/CADの急騰を招きました（**図10.10**を参照）。

●**金利差**　カナダのバンクレートとほかの先進諸国の短期金利利回りとの金利差は、プロのCADトレーダーたちによって熱心にウオッチされています。CAD建ての短期債券が海外の短期債券に対して、またはその逆に海外の短期債券がCAD建ての短期債券に対して、いくらのプレミアム利回りを提供しているかを示しているため、これら金利差は先行きの資金フローに関する優れた指標になります。投資家は常に最も高い利回りの資産を探し求めているため、これら金利差は先行きの通貨の動きに関する指標をトレーダーに提供します。この事実は、世界の債券間の金利差に基づきポジションを組み替えるキャリートレーダーにとって特に重要です。

●**キャリートレード**　2002年4月から7月の期間で75ポイントの利上げが実施された以降、CADはキャリートレードでよく使用される通貨になりました。キャリートレードでは、高金利通貨の買い（または貸し出し）と低金利通貨の売り（または借り入れ）が行われます。カナダの金利が米国の金利よりも高くなると、2国が地理的に近いことから、ショートのUSD/CADキャリートレードがポピュラーなキャリートレードのひとつになります。多数の海外投資家やヘッジファンドが高い利回りを得る機会を探し求めているため、キャリートレードは

図10.10　USD/CADの5年間のチャート

出所 = www.eSignal.com

ポピュラーな取引ですが、米国が引き締め策を実施に移すか、カナダが利下げを開始すると、カナダとほかの通貨との間の金利差が縮まります。そのように状況で投機筋がキャリートレードのポジションを解消すると、CADに圧力が加わる可能性があります。

カナダの主要経済指標

雇用

失業率は、労働人口に対するパーセンテージとして表された失業者数を表します。

消費者物価指数

　CPI（消費者物価指数）は物価の平均上昇率を表す指標です。エコノミストたちがインフレを経済問題として語る場合、通貨の購買力の低下をもたらす、一定期間にわたる全般的な物価水準の持続的な上昇を意味しています。インフレはCPIのパーセンテージ増加によって表されることが一般的です。連邦政府とカナダ銀行によって策定されるカナダの対インフレ政策は、インフレを目標範囲の1～8％に維持することを狙いとしています。インフレ率が年間10％だとすると、前年に100ドルで購入できたものが、今年は平均で110ドル必要になります。同じインフレ率が続くとすれば、その商品は次の年には121ドル……となります。

国内総生産

　カナダのGDP（国内総生産）は所定の年度にカナダ国内で生産されたすべての財とサービスの合計価値を表します。カナダ国内の生産によって生み出された所得に関する指標です。GDPは経済産出量とも呼ばれます。同じ産出の重複計上を避けるために、GDPにはほかの製品を生産するために使用されない最終財とサービスだけが含まれています。つまりGDPにはパン自体は含まれますが、パンを作るために使用される小麦は含まれていません。

貿易収支

　貿易収支は一国の財（商品）とサービスの貿易に関する統計です。工業製品、原材料、農産物、さらには旅行や輸送などの製品の貿易が網羅されています。貿易収支は、一国が輸出する財とサービスの価値と輸入する財とサービスの価値の差を表します。一国の輸出額がその輸入額よりも大きい場合、貿易黒字が出ており、貿易収支が黒字であるといわれます。輸入額が輸出額を上回っている場合は、貿易赤字を

抱えており、貿易収支が赤字であるといわれます。

生産者物価指数

　PPI（生産者物価指数）は、国内生産者の販売価格の平均変化を表す指標です。PPIは、農業、電力と天然ガス、林業、漁業、製造業、鉱業を含む国内経済のほぼすべての財の生産業にかかわる価格の変化を追跡します。外為市場は、季節調整済み最終財PPIと同指数が月、四半期、半期、年間の各ベースでどのように反応したかを重視する傾向があります。

個人消費

　個人消費は、世帯と世帯に対する民間非営利サービス生産者による経常支出を表す国民勘定指標です。これには耐久財と非耐久財の購入が含まれますが、個人による住宅の購入と非法人企業による資本的支出は含まれません。

■著者紹介
キャシー・リーエン(Kathy Lien)
フォレックス・キャピタル・マーケッツ(FXCM)のチーフ・カレンシー・ストラテジスト。きわめて広範なリサーチとニュースを無料で提供しているオンラインサイト http://DailyFX.com における調査・分析の責任者。テクニカルとファンダメンタルの両面からの調査レポート、マーケット解説、投資戦略を執筆。ベテランのFXアナリスト兼トレーダーであり、FXCM入社前はJPモルガン・チェースにおいてクロスマーケットと外為トレードにアソシエイトとして従事。FXのスポットとオプションにテクニカルとファンダメンタルの両方の分析手法を使用した、インターバンク市場における取引に豊富な経験を有している。また、金利デリバティブ、債券、株式、先物など、FX以外の商品取引の経験もある。ニューヨーク大学ファイナンス学士号。ストック・アンド・コモディティーズ誌、CBS MarketWatch、アクティブトレーダー、フューチャーズ、SFOの各誌に寄稿。CBS MarketWatchやロイターで頻繁に引用され、CNBCに出演、全米各地のセミナーで講演している。また、EliteTrader、eSignal、FXStreetなどのトレーダーチャットでホストを務めながら、テクニカルとファンダメンタルの両分析手法の普及に努めている。

■訳者紹介
古河みつる(ふるかわ・みつる)
慶応義塾大学卒、南カリフォルニア大学MBA。(有)フルクサス代表。訳書に『マベリック投資法』『くそったれマーケットをやっつけろ!』『ターナーの短期売買入門』『オニールの相場師養成講座』『トレンドフォロー入門』『ロビンスカップの魔術師たち』(パンローリング)ほか。

```
2007年6月3日  初版第1刷発行
2007年7月2日      第2刷発行
2007年8月3日      第3刷発行
2007年11月5日     第4刷発行
2009年3月3日      第5刷発行
2010年12月2日     第6刷発行
2017年3月1日      第7刷発行
```

ウィザードブックシリーズ ⑱

ＦＸトレーディング
通貨取引で押さえておきたいテクニカルとファンダメンタルの基本

著 者	キャシー・リーエン
訳 者	古河みつる
発行者	後藤康徳
発行所	パンローリング株式会社
	〒160-0023　東京都新宿区西新宿 7-9-18-6F
	TEL 03-5386-7391　FAX 03-5386-7393
	http://www.panrolling.com/
	E-mail　info@panrolling.com
編 集	エフ・ジー・アイ（Factory of Gnomic Three Monkeys Investment）合資会社
装 丁	パンローリング装丁室
組 版	パンローリング制作室
印刷・製本	株式会社シナノ

ISBN978-4-7759-7084-3

落丁・乱丁本はお取り替えします。
また、本書の全部、または一部を複写・複製・転訳載、および磁気・光記録媒体に
入力することなどは、著作権法上の例外を除き禁じられています。

本文　©Mitsuru Furukawa／図表　© Panrolling　2007 Printed in Japan

トレーダーのバイブル

ウィザードブックシリーズ 19
マーケットの魔術師
著者：ジャック・D・シュワッガー
定価 本体 2,800円+税　ISBN:9784939103407

【いつ読んでも発見がある】
トレーダー・投資家は、そのとき、その成長過程で、さまざまな悩みや問題意識を抱えているもの。本書はその答えの糸口を「常に」提示してくれる「トレーダーのバイブル」だ。「本書を読まずして、投資をすることなかれ」とは世界的トレーダーたちが口をそろえて言う「投資業界の常識」だ！

ウィザードブックシリーズ 13
新マーケットの魔術師
著者：ジャック・D・シュワッガー
定価 本体 2,800円+税　ISBN:9784939103346

【世にこれほどすごいヤツらがいるのか!!】
株式、先物、為替、オプション、それぞれの市場で勝ち続けている魔術師たちが、成功の秘訣を語る。またトレード・投資の本質である「心理」をはじめ、勝者の条件について鋭い分析がなされている。関心のあるトレーダー・投資家から読み始めてかまわない。自分のスタイルづくりに役立ててほしい。

ウィザードブックシリーズ 14
マーケットの魔術師 株式編《増補版》
著者：ジャック・D・シュワッガー
定価 本体 2,800円+税　ISBN:9784775970232

投資家待望のシリーズ第三弾、フォローアップインタビューを加えて新登場!!　90年代の米株の上げ相場でとてつもないリターンをたたき出した新世代の「魔術師＝ウィザード」たち。彼らは、その後の下落局面でも、その称号にふさわしい成果を残しているのだろうか？

◎アート・コリンズ著 マーケットの魔術師シリーズ

ウィザードブックシリーズ 90
マーケットの魔術師 システムトレーダー編
著者：アート・コリンズ
定価 本体 2,800円+税　ISBN:9784775970522

システムトレードで市場に勝っている職人たちが明かす機械的売買のすべて。相場分析から発見した優位性を最大限に発揮するため、どのようなシステムを構築しているのだろうか？ 14人の傑出したトレーダーたちから、システムトレードに対する正しい姿勢を学ぼう！

ウィザードブックシリーズ 111
マーケットの魔術師 大損失編
著者：アート・コリンズ
定価 本体 2,800円+税　ISBN:9784775970775

スーパートレーダーたちはいかにして危機を脱したか？　局地的な損失はトレーダーならだれでも経験する不可避なもの。また人間のすることである以上、ミスはつきものだ。35人のスーパートレーダーたちは、窮地に立ったときどのように取り組み、対処したのだろうか？

心の鍛錬はトレード成功への大きなカギ！

ゾーン 相場心理学入門
ウィザードブックシリーズ32
著者：マーク・ダグラス

定価 本体2,800円＋税　ISBN：9784939103575

【己を知れば百戦危うからず】
恐怖心ゼロ、悩みゼロで、結果は気にせず、淡々と直感的に行動し、反応し、ただその瞬間に「するだけ」の境地、つまり「ゾーン」に達した者こそが勝つ投資家になる！　さて、その方法とは？　世界中のトレード業界で一大センセーションを巻き起こした相場心理の名作が究極の相場心理を伝授する！

規律とトレーダー
ウィザードブックシリーズ114
著者：マーク・ダグラス

定価 本体2,800円＋税　ISBN：9784775970805

【トレーダーとしての成功に不可欠】
「仏作って魂入れず」──どんなに努力して素晴らしい売買戦略をつくり上げても、心のあり方が「なっていなければ」成功は難しいだろう。つまり、心の世界をコントロールできるトレーダーこそ、相場の世界で勝者となれるのだ！　『ゾーン』愛読者の熱心なリクエストにお応えして急遽刊行！

ウィザードブックシリーズ 107
トレーダーの心理学
トレーディングコーチが伝授する達人への道
著者：アリ・キエフ
定価 本体2,800円＋税　ISBN：9784775970737

高名な心理学者でもあるアリ・キエフ博士がトップトレーダーの心理的な法則と戦略を検証。トレーダーが自らの潜在能力を引き出し、目標を達成させるアプローチを紹介する。

ウィザードブックシリーズ 124
NLPトレーディング
投資心理を鍛える究極トレーニング
著者：エイドリアン・ラリス・トグライ
定価 本体3,200円＋税　ISBN：9784775970904

NLPは「神経言語プログラミング」の略。この最先端の心理学を利用して勝者の思考術をモデル化し、トレーダーとして成功を極めるために必要な「自己管理能力」を高めようというのが本書の趣旨である。

ウィザードブックシリーズ 173
トレードのストレス解消法
著者：エイドリアン・トグライ、アントニア・ウィークス
定価 本体2,800円＋税　ISBN：9784775971406

【トレーダーにとって「最難関」の壁は負の人生経験が作り出す「心の障壁」である】さまざまな心の問題を抱えるトレーダーに、解決策や改善策を提示し、洞察、平穏、一筋の光をもたらす。

相場で負けたときに読む本 ～真理編～
著者：山口祐介
定価 本体1,500円＋税　ISBN：9784775990469

なぜ勝者は「負けても」勝っているのか？　なぜ敗者は「勝っても」負けているのか？　10年以上勝ち続けてきた現役トレーダーが相場の"真理"を詩的に表現。

※投資心理といえば『投資苑』も必見！！

投資心理を鍛える

ウィザードブックシリーズ 160
ポジションサイジング入門
著者：バン・K・タープ

定価 本体2,800円+税　ISBN:9784775971277

『新版 魔術師たちの心理学』入門編。
普通のトレーダーからスーパートレーダーへ変身する近道！物事の本質を見抜く目と優れたトレーディングテクニックで多くの投資家をとりこにしてきたタープが、成功するフルタイムトレーダーになるための心身一体アプローチを提供。スーパートレーダーへと脱皮するための鍵は、物事を順序立てて考え、しっかりとした計画を立て、最後までやり抜くという強い意志を持つことである。あなたを本物のトレーダーに鍛え直してくれるのは、トレーダー教育にかけては右に出る者のいないバン・K・タープ博士を除いてほかにはいない。

ウィザードブックシリーズ 168
悩めるトレーダーのためのメンタルコーチ術
著者：ブレット・N・スティーンバーガー

定価 本体 3,800 円+税　ISBN:9784775971352

自分で不安や迷いを解決するための101のレッスン。自分も知らない内なる能力をセルフコーチで引き出す！不安や迷いは自分で解決できる！本書の狙いは皆さんが自分のトレードのセルフコーチになるのをお手伝いすることだが、それはひいては皆さんが自分の人生のセルフコーチになるのをお手伝いすることでもある。読者自身も知らない、無限の可能性を秘めた潜在能力を最大限に引き出すとともに、それを十二分に発揮するための道筋を示し、明日から適用できる実用的な見識や手段をさまざまな角度から紹介している。

ウィザードブックシリーズ 126
トレーダーの精神分析
自分を理解し、自分だけのエッジを見つけた者だけが成功できる
著者：ブレット・N・スティーンバーガー
定価 本体 2,800 円+税　ISBN:9784775970911

DVD 成功するトレーダーのイメージトレーニング
講師：ブレット・N・スティーンバーガー
定価 本体 7,800円+ 税　ISBN:9784775990728

トレードとはパフォーマンスを競うスポーツのようなものである。トレーダーは自分の強み（エッジ）を見つけ、生かさなければならない。そのために求められるのが「強靭な精神力」なのだ。

精神的に安定したトレーダーこそが、安定的なトレード収益を手に出来る。分かっているのに止められない、自滅のワナから抜け出せる心理テクニックがここに!!!

マンガ 投資の心理学
原作：青木俊郎　作が：麻生はじめ
定価 本体 700 円+ 税
ISBN:9784775930700

生き残る投資家に共通する"脳内ルール"！相場は人の感情で動き、自分の感情を制する者が勝つ。知識を身につけて相場からチャンスを見いだし、冷静に自分のトレードと売買ルールを見直が、トレード技術の向上へ。

アレキサンダー・エルダー

ウィザードブックシリーズ 9
投資苑
心理・戦略・資金管理
定価 本体5,800円+税　ISBN:9784939103285

現在17刷

世界12カ国語に翻訳され、各国で超ロングセラー！
精神分析医がプロのトレーダーになって書いた心理学的アプローチ相場本の決定版！成功するトレーディングには3つのM（マインド、メソッド、マネー）が肝心。投資苑シリーズ第一弾。

ウィザードブックシリーズ 50
投資苑がわかる203問
定価 本体2,800円+税　ISBN:9784775970119

ウィザードブックシリーズ 56
投資苑2
定価 本体5,800円+税　ISBN:9784775970171

ウィザードブックシリーズ 120
投資苑3
定価 本体7,800円+税　ISBN:9784775970867

ウィザードブックシリーズ 57
投資苑2 Q&A
定価 本体2,800円+税　ISBN:9784775970188

ウィザードブックシリーズ 121
投資苑3 スタディガイド
定価 本体2,800円+税　ISBN:9784775970874

ウィザードブックシリーズ 194
利食いと損切りのテクニック
トレード心理学とリスク管理を融合した実践的手法
定価 本体3,800円+税　ISBN:9784775971628

自分の「売り時」を知る、それが本当のプロだ！
「売り」を熟知することがトレード上達の秘訣。
出口戦術と空売りを極めよう！
『投資苑』シリーズでも紹介されている要素をピンポイントに解説。多くの事例が掲載されており、視点を変え、あまり一般的に語られることのないテーマに焦点を当てている。

読みやすいが内容の非常に濃い専門書

マーケットの魔術師 システムトレーダー編

ウィザードブックシリーズ 90
著者：アート・コリンズ

定価 本体2,800円+税　ISBN:9784775970522

本書に登場した14人の傑出したトレーダーたちのインタビューによって、読者のトレードが正しい方向に進む手助けになるだろう！

新版 魔術師たちの心理学

ウィザードブックシリーズ 134
著者：バン・K・タープ

定価 本体2,800円+税　ISBN:9784775971000

儲かる手法（聖杯）はあなたの中にあった!!あなただけの戦術・戦略の編み出し方がわかるプロの教科書！「勝つための考え方」「期待値でトレードする方法」「ポジションサイジング」の奥義が明らかになる！

バーンスタインのデイトレード入門／実践

ウィザードブックシリーズ 51・52
著者：ジェイク・バーンスタイン

入門 定価 本体7,800円+税　ISBN:9784775970126
実践 定価 本体7,800円+税　ISBN:9784775970133

ストキャスティックスの新たな売買法を提示。RSI、日中のモメンタム、ギャップなど重要なデイトレーディングのツールについて実用的な使用法を紹介。

アペル流テクニカル売買のコツ

ウィザードブックシリーズ 103
著者：ジェラルド・アペル

定価 本体5,800円+税　ISBN:9784775970690

『マーケットのテクニカル秘録』169ページで紹介のMACDの本。トレンド、モメンタム、出来高シグナルなどを用いて相場の動向を予測する手法を明らかにした。

FXトレーディング関連書

FXマーケットプロファイル 市場の心理と動きを読み取る
著者：柏木淳二

定価 本体各 1,800 円+税　ISBN:9784775991046

マーケットプロファイルの作り方から、基本用語、パターン、応用分析まで紹介。株式や日経225先物にも応用できるよう、一般的な分析技法や短期売買（デイトレード）についても掲載。

待つFX 1日3度のチャンスを狙い撃ちする
著者：えつこ

定価 本体各 2,000 円+税　ISBN:9784775991008

毎月10万円からスタートして、月末には数百万円にまで膨らませる専業主婦トレーダーがその秘密を教えます。

魔術師に学ぶFXトレード
著者：中原駿

定価 本体各 2,800 円+税　ISBN:9784775990704

個人トレーダーならではの優位性！個人トレーダーには、状況の変化に臨機応変に行動できるという、職業トレーダーにはないエッジがある。本書から「新時代のFXトレード戦略」を組むときの考え方を学んでほしい。

ローソク足パターンの傾向分析
著者：伊本晃暉

定価 本体各 2,800 円+税　ISBN:9784775991039

システムトレード大会優勝者がチャートの通説を統計解析。酒田五法は事実か迷信か？27年間3862銘柄1483万5838取引のデータから株価の「特性」が明らかに！定説のウソを解き明かす！

ウィザードブックシリーズ228
FX 5分足スキャルピング
プライスアクションの基本と原則

定価 本体5,800円+税　ISBN:9784775971956

132日間連続で1日を3分割した5分足チャート 【詳細解説付き】

本書は、トレーダーを目指す人だけでなく、「裸のチャート（値動きのみのチャート）のトレード」をよりよく理解したいプロのトレーダーにもぜひ読んでほしい。ボルマンは、何百ものチャートを詳しく解説するなかで、マーケットの動きの大部分は、ほんのいくつかのプライスアクションの原則で説明でき、その本質をトレードに生かすために必要なのは熟練ではなく、常識だと身をもって証明している。

ウィザードブックシリーズ200
FXスキャルピング
ティックチャートを駆使した
プライスアクショントレード入門

定価 本体3,800円+税　ISBN:9784775971673

無限の可能性に満ちたティックチャートの世界！ FXの神髄であるスキャルパー入門！

日中のトレード戦略を詳細につづった本書は、多くの70ティックチャートとともに読者を魅力あふれるスキャルピングの世界に導いてくれる。そして、あらゆる手法を駆使して、世界最大の戦場であるFX市場で戦っていくために必要な洞察をスキャルパーたちに与えてくれる。

ウィザードブックシリーズ225
遅咲きトレーダーの スキャルピング日記
1年間で100万ドル儲けた喜怒哀楽の軌跡

定価 本体3,800円+税　ISBN:9784775971925

トレード時の興奮・歓喜・落胆・逆上・仰天・失望・貪欲の心理状態をチャートで再現

アル・ブルックス

1950年生まれ。医学博士で、フルタイムの個人トレーダーとして約20数年の経験を持つ。ニューイングランド地方の労働者階級出身で、トリニティ大学で数学の理学士号を修得。卒業後、シカゴ大学プリッツカー医科大学院に進学、ロサンゼルスで約10年間眼科医を開業していた。その後、独立したデイトレーダーとしても活躍。

ウィザードブックシリーズ 206

プライスアクショントレード入門
足1本ごとのテクニカル分析とチャートの読み方

定価 本体5,800円+税　ISBN:9784775971734

指標を捨てて、価格変動と足の動きだけに注視せよ
単純さこそが安定的利益の根源! 複雑に組み合わされたテクニックに困惑する前に、シンプルで利益に直結するチャートパターンを習得しよう。 トレンドラインとトレンドチャネルライン、前の高値や前の安値の読み方、ブレイクアウトのダマシ、ローソク足の実体やヒゲの長短など、相場歴20年のトレーダーが体得した価格チャートの読み方を学べば、マーケットがリアルタイムに語りかけてくる仕掛けと手仕舞いのポイントに気づくことができるだろう。

ウィザードブックシリーズ 209

プライスアクションとローソク足の法則
足1本の動きから隠れていたパターンが見えてくる

定価 本体5,800円+税　ISBN:9784775971734

プライスアクションを極めれば、隠れたパターンが見えてくる!
トレードは多くの報酬が期待できる仕事だが、勤勉さと絶対的な規律が求められる厳しい世界である。成功を手にするためには、自分のルールに従い、感情を排除し、最高のトレードだけを待ち続ける忍耐力が必要だ。

トーマス・K・カー博士

銘柄選択とトレーダー教育を提供するビーフレンド・ザ・トレンド・トレーディング（http://www.befriendthetrend.com/）の CEO。数年間テクニカル分析を学んだのち、1996年から積極的に市場にかかわってきた。プリンストン大学で神学の修士号を修得し、オックスフォード大学で修士号と博士号を修得。著書に『トレンド・トレーディング・フォア・ア・リビング（Trend Trading for a Living）』など。

ウィザードブックシリーズ 202

株式超短期売買法
ミクロトレンドを使ったスキャルピング法

トーマス・K・カー【著】

定価 本体3,800円+税　ISBN:9784775971673

デイトレーダー絶滅後のスキャルピング売買法

「寄り付き」「大引け」「月末」でも好きなときにパートタイムトレーダーでも、専業主婦でもできる！　ベテラントレーダーであれ、退職後に備えて貯蓄している虎の子を管理したい人であれ、この本を読めばサイドラインで傍観してはいられなくなるに違いない。

目次

● 第1部 準備編

第1章 ミクロトレンドトレードのワークステーション
第2章 ミクロトレンドトレードに打ってつけの市場
第3章 ミクロトレンドトレードを成功に導くための5つのステップ
第4章 注文の種類、損切り、手仕舞い目標

● 第2部 ワンデイ・ミクロトレンドシステム

第5章 ブレッドアンドバター・システム
第6章 5分トレンド・トレードシステム
第7章 VIXリバーサルシステム
第8章 ランチタイムスキャルピング・システム
　　　　・ランチタイムスキャルピング・システムの概要
　　　　・ランチタイムスキャルピング・システムのパラメーター
　　　　・ランチタイムスキャルピング・システムの実例
第9章 アフタヌーンリバーサル・システム

● 第3部 マルチデイ・ミクロトレンドシステム

第10章 オーバーナイトトレード・システム
第11章 スナップバック・ボリンジャーバンド・システム
第12章 ターン・オブ・ザ・マンス・システム

● 第4部 補遺

第13章 トレードとはギャンブルなのか
第14章 最後のことば

バカラ村

国際テクニカルアナリスト連盟 認定テクニカルアナリスト。得意通貨ペアはドル円やユーロドル等のドルストレート全般である。デイトレードを基本としているが、豊富な知識と経験に裏打ちされた鋭い分析をもとに、スイングトレードやスキャルピングなどを柔軟に使い分ける。1日12時間を超える相場の勉強から培った、毎月コンスタントに利益を獲得するそのアプローチには、個人投資家のみならず多くのマーケット関係者が注目している。

DVD 15時からのFX

定価 本体3,800円+税　ISBN:9784775963296

毎月の利益をコンスタントに獲得する、人気テクニカルアナリスト初公開の手法!

専業トレーダーとして講師が実際に使用している「ボリンジャーバンド」と「フォーメーション分析」を使ったデイトレード・スイングトレードの手法について、多くの実践例や動くチャートをもとに詳しく解説。実際にトレードしたときのチャートと併せて、そのときにどう考えてポジションを建てたのか・手仕舞いしたのかを説明。

DVD 15時からのFX実践編
定価 本体3,800円+税　ISBN:9784775963692

トレード効果を最大化するデイトレード術実践編。勝率を高めるパターンの組み合わせ、他の市場参加者の損切りポイントを狙ったトレード方法などを解説。

DVD 新しいダイバージェンス
定価 本体3,800円+税　ISBN:9784775963562

バカラ村氏が信頼している「ダイバージェンス」を使ったトレード手法。より信頼度が高いダイバージェンスを含め、実践的チャートをもとに詳しく解説。

DVD バカラ村式 ハンタートレード
定価 本体4,800円+税　ISBN:9784775963838

勝ち組になるための3つのステップ、「相場観」「タイミング」「資金管理」。そのなかで利益を具現化させるための過程で一番重要であるのは資金管理である。

DVD バカラ村式 FX短期トレードテクニック【変動幅と乖離率】
定価 本体3,800円+税　ISBN:9784775964026

トレードの基本は、トレンドに乗ること。今の為替市場であれば円安トレンドに乗ること。短期売買での、順張り・逆張りの両面に対応できるトレードを解説。

DVD バカラ村式 FX短期トレードテクニック 相場は相場に聞け
定価 本体3,800円+税　ISBN:9784775964071

講師が専業トレーダーとして、日々のトレードから培ったスキルを大公開!「明確なエントリーが分からない」・「売買ルールが確立できない」・「エントリー直後から含み損ばかり膨らむ」などのお悩みを解決!

世界の"多数派"についていく 「事実」を見てから動くFXトレード

正解は"マーケット"が教えてくれる

定価 本体2,000円+税　ISBN:9784775991350

「上」か「下」かを当てようとするから当たらない

一般的に、「上に行くのか、下に行くのかを当てることができれば相場で勝てる」と思われがちですが、実は、そんなことはありません。逆説的に聞こえるかもしれませんが、上か下かを当てようとするから、相場が難しくなってしまうのです。なぜなのか。それは、「当てよう」と思った瞬間は、自分本位に動いているからです。

「当てたい」なら、正解を見てから動けばいい

では、当てにいこうとしてはいけないなら、どうすればよいのでしょうか？　私たち個人投資家がやるべきことは、「動いた」という事実を客観的に確認することです。例えば、世界中のトレーダーたちが「上だ」と考えて、実際に買いのポジションを持ったと確認できてから動くのです。正解がわかったら、自分も素早くアクションを起こします。自分の意思は関係ありません。世界の思惑に自分を合わせるのです。

FXトレード会社 設立運営のノウハウ 改訂版

個人投資家が法人でハイレバレッジと節税を享受するために

定価 本体2,800円+税　ISBN:9784775991381

復興特別税など情報を更新した改訂版

「資金管理」は、トレードを"ビジネス"として成功させるのに不可欠な要素の ひとつ。しかし、資金管理というと、多くのトレーダーが「最適なリスク管理」や「効率的な利回り」に目を向けがちで、もうひとつの大切なポイントを見落としがちだ──「税金対策」である。

せっかくトレードで効率的に利益を挙げたとしても、税制度に無頓着であるがた めに、殖やした資金を"非効率的に"減らしている可能性があるのだ。トレーダーは、自分の生活環境や人生観と照らし合わせながら、最適な節税方法 について考える必要がある。

ウィザードブックシリーズ 123

実践FXトレーディング
勝てる相場パターンの見極め法

定価 本体3,800円+税　ISBN:9784775970898

ソロス以来の驚異的なFXサクセスストーリーを築き上げた手法と発想！予測を排除した高勝率戦略！勘に頼らず、メカニカルで簡単明瞭な「イグロックメソッド」を公開

本書には、トレードの勝率を高めるイグロックメソッドの詳しい説明、FX取引口座を破滅もさせれば大躍進もさせる各国中央銀行による介入を察知・利用するための戦略、短期トレードやデイトレード用のテンプレートなど、深い洞察と専門的なアドバイスが満載されている。

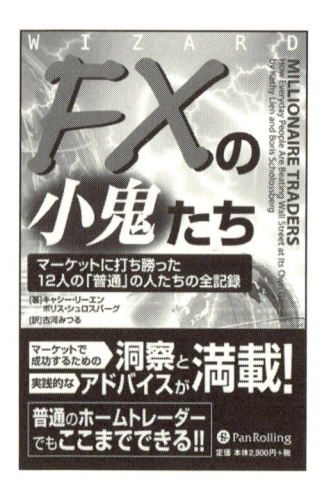

ウィザードブックシリーズ 148

FXの小鬼たち
マーケットに打ち勝った12人の「普通」の人たちの全記録

定価 本体2,800円+税　ISBN:9784775971154

普通のホームトレーダーでもここまでできる!!マーケットで成功するための洞察と実践的なアドバイスが満載！

本書を参考にすれば、成功したトレーダーたちの経験から、普通の人が現在の金融市場で成功し、初期資金を6桁や7桁のひと財産にするためのさまざまな戦略や心構えを学ぶことができるだろう。並外れたトレーダーになった12人の普通の人たちとのインタビューで、「普通のあなた」ができるウォール街のプロたちを打ち負かす方法が今、明らかになる！

ウィザードブックシリーズ 186

ザFX
キャシー・リーエン【著】

定価 本体2,800円+税　ISBN:9784775971536

これからFXトレードを目指す初心者とFXトレードで虎視眈々と再挑戦を狙っている人のためのバイブル

FXの専門家である著者は本書で、世界最大のマーケットである通貨市場で効率的にトレーディングと投資をする方法を初心者にも分かりやすく説明。

FXメタトレーダー入門

定価 本体2,800円+税　ISBN:9784775990636　　　　豊嶋久道【著】

高機能ソフトが切り開く
新時代のシステムFXトレード!!

無料でリアルタイムのテクニカル分析からデモ売買、指標作成、売買検証、自動売買、口座管理までできる！模擬売買のできるデモ口座、検証のできる価格データ、独自のテクニカル指標をプログラムして表示し、しかも売買システムの構築・検証や自動売買ができる理想的なソフト。

FXメタトレーダー実践プログラミング

定価 本体2,800円+税　ISBN:9784775990902　　　　豊嶋久道【著】

MetaTrader4の売買システム開発過程を
段階的に学ぶ

自動売買で成果を上げている人たちは、超一流のアスリートと同じように、人一倍の努力を重ねている。好成績を上げるその裏側で、自分のスタイル構築のため、たゆまぬ研究と検証、実践を続けているのだ。その「パートナー」としてうってつけなのが、メタトレーダーなのである。

FXメタトレーダー4&5
一挙両得プログラミング

定価 本体2,800円+税　ISBN:9784775991251　　　　豊嶋久道【著】

MT4ユーザーのためのMT5システムトレード

オリジナルライブラリーでメタトレーダー4の自動売買プログラムをバージョン5に簡単移行！自動売買プログラムの"肝"である売買ロジックの部分が、MQL4でもMQL5でも、ほぼ同じような書式で記述できる。

ウィザードブックシリーズ191
FXメタトレーダー4
MQLプログラミング

定価 本体2,800円+税　ISBN:9784775971536　　　　アンドリュー・R・ヤング【著】

メタエディターを自由自在に使いこなす！
MQL関数徹底解説！

MQLプログラミングのための初めての総合ガイドが登場！　MetaEditorを使ってFXの自動売買を行うトレーディングシステム開発のプロセスを紹介。

iCustomで変幻自在のメタトレーダー

定価 本体2,800円+税　ISBN:9784775991077　島崎トーソン【著】

今まで、メタトレーダーでEA作りに挑戦し、挫折してきた人に読んでほしい本

自分のロジックの通りにメタトレーダーが動いてくれる。自分自身はパソコンの前にいなくても自動で売買してくれる。そんなことを夢見てEA（自動売買システム）作りに励んでみたものの、難解なプログラム文に阻まれて挫折した人に読んでほしい。本書の中で使っている定型文と、ひな型として、一目均衡表を使ったEAのプログラム文をダウンロードし、メタエディターにコピペ。必要な部分だけ自分の好きなものに変えれば、すぐにEAが完成。

たすFX
脱・受け売りのトレード戦略

定価 本体2,000円+税　ISBN:9784775991145　島崎トーソン【著】

「足し算の発想」なくして、独自のトレードはできない

テクニカル指標にしたがったのでは勝てない？しかし、テクニカル指標を使って利益を上げている人も現実に存在している。テクニカル指標を使っていることには変わりないのに結果が大きくちがってしまう……。その要因はどこにあるのか。何らかの条件を足していかなければ"負"の引力に引きずりこまれてしまう。では、負の引力に打ち勝つためにどうすればよいのか。

DVD メタトレーダーとiCustom はじめの一歩

定価 本体2,000円+税　ISBN:9784775963616　西村貴郁【講師】

本では書かなかったインディケータをicustom関数を使ってEAに変化させるノウハウを公開！

簡単にコピペできる「icustom関数」を使って、インディケータをEAに瞬時に変身させるプロセスを解説。